本书是 2016 年国家社科基金一般项目"能源效率推进法律机制研究"（16BFX148）和 2015 年教育部人文社会科学重点研究基地重大项目"应对气候变化背景下的能源效率管理法律机制研究"（15JJD820008）的研究成果，也是教育部新世纪优秀人才支持计划资助项目"应对气候变化背景下的石油产业法律规制研究"（10912340）和司法部 2013 年度国家法治与法学理论研究项目"面向低碳经济的可再生能源法制研究"（13SFB3042）的研究成果。

面向低碳经济的
能源法制研究

ENERGY LAW IN CONTEXT
OF LOW-CARBON ECONOMY

于文轩 ◎ 著

中国社会科学出版社

图书在版编目(CIP)数据

面向低碳经济的能源法制研究 / 于文轩著 . —北京：中国社会科学出版社，2018.9

ISBN 978-7-5203-2359-8

Ⅰ.①面… Ⅱ.①于… Ⅲ.①能源法-研究-中国 Ⅳ.①D922.674

中国版本图书馆 CIP 数据核字(2018)第 075620 号

出 版 人	赵剑英	
责任编辑	梁剑琴	
责任校对	闫 萃	
责任印制	李寡寡	

出　　版	中国社会科学出版社
社　　址	北京鼓楼西大街甲 158 号
邮　　编	100720
网　　址	http：//www.csspw.cn
发 行 部	010-84083685
门 市 部	010-84029450
经　　销	新华书店及其他书店

印刷装订	北京君升印刷有限公司
版　　次	2018 年 9 月第 1 版
印　　次	2018 年 9 月第 1 次印刷

开　　本	710×1000　1/16
印　　张	17.75
插　　页	2
字　　数	285 千字
定　　价	78.00 元

序

对于社会经济发展而言，能源的作用无论如何强调都不为过。能源产业的发展状况，是衡量国家综合国力的一个核心指标，是影响国际关系的重要因素，也与全球可持续发展密不可分。能源产业也如同一个"枢纽"，连接着影响社会经济发展的诸多方面、诸多环节和诸多要素。

在我国，能源开发利用历史悠久。自《易经》记述"泽中有火"①开始，我们的先人就开始了对能源的关注。至宋代，我国已出现石油工坊和油池，清代（1861年）开发出亚洲第一口油井。但自近代以来，我国能源产业并未获得突飞猛进的发展，直到新中国成立之后才大规模开发煤炭和石油。重要原因之一，是能源法制未能提供足够的制度支持。法作为重要的上层建筑，在促进能源产业发展中发挥着无可替代的重要作用。

近些年来，无论作为一个法律领域，还是作为一个学科领域，抑或作为一个研究领域，能源法都在受到越来越高的重视。概言之，理论界和实务界主要关注的问题包括但不限于：能源法理论基础的建构，能源法律体系的健全（包括能源基本法与能源单行法的制定与完善），能源管理体制改革的理想方案与现实选择，能源法律制度的健全，各能源品种（包括一次能源和二次能源）相关产业的法律规制，有关能源环境保护、能源效率、应对气候变化、能源国际合作的立法及其实施，等等。这些问题，也构成了本书的主要内容。

本书在我主持国家社科基金项目和几项教育部研究项目的研究成果基础上整理和完善而成。这些项目不仅提供了完成本书研究必需的资金支持，而且还提供了诸多学术交流和实地调研的机会。同时，与国家发展改革委、国家能源局、国家电网、环境保护部以及一些研究机构和行业协会

---

① 《易经·革卦·象传》。

开展合作的过程，也为本书研究提供了宝贵的视角和资料。另外，我自 2012 年起在中国政法大学面向研究生开设"能源法学"课程，备课与授课过程中的不断累积，也丰富了本书的内容。

　　是为序。

于文轩

2017 年 12 月 3 日

于中国政法大学学院路校区

目　录

第一章

导　论

正确的理论必须结合具体情况并根据现存条件加以阐释和发挥。

——马克思①

能源是现代经济社会持续发展的最重要的物质基础之一。我国能源资源总量丰富，但人均能源资源拥有量较低，能源资源赋存分布不均衡，能源资源开发难度较大，能源产业发展面临能源缺口大、进口来源单一、环境成本高等问题。加强能源法制建设，对于解决这些问题至关重要。

第一节　能源与低碳经济

无论是解决传统能源短缺及其负面环境影响，还是推动经济发展模式的转变，均内在地要求发展低碳经济。低碳经济要求积极推动传统能源清洁利用，促进和鼓励新能源开发和利用，提高能源利用效率，发挥企业节能减排能动性，同时引导能源理性消费。

一　能源

能源（Energy）是指能够提供能量的物质或者物质运动。② 我国《节约能源法》规定，能源是指煤炭、石油、天然气、生物质能和电力、热力以及其他直接或者通过加工、转换而取得有用能的各种资源。③

能源可依不同标准进行分类。按照产生方式，能源可以分为一次能源

---

① ［德］马克思：《致达哥贝尔特·奥本海姆》，载《马克思恩格斯全集》（第47卷），人民出版社1979年版，第35页。

② 肖乾刚、肖国兴：《能源法》，法律出版社1996年版，第21页。

③ 《节约能源法》第2条。

和二次能源。其中，一次能源是指从自然界开采、能够直接被使用的能源，即自然资源中所蕴含的未经人为转化或转换的能源，如煤炭、原油、天然气、煤层气、水能、核能、风能、太阳能、地热能、生物质能等；二次能源是指由一次能源经过加工转换以后得到的能源，如电力、热力、成品油等。[①]

按照能源的可再生性，能源可以分为可再生能源和非可再生能源。可再生能源是指可以连续再生、永续利用的一次能源，包括风能、太阳能、水能、生物质能、地热能、海洋能等非化石能源。[②] 非可再生能源是指开采利用后在可预见的期间内难以再生的能源，一般指化石能源。[③]

按照利用状况，能源可以分为常规能源和新能源。常规能源是指在一定的科学技术水平条件下已被广泛利用的能源，如煤炭、石油、天然气、水能等。[④] 新能源是指在新技术的基础上开发利用的能源，[⑤] 具体包括可再生能源、氢能、热核聚变能、天然气水合物、页岩气等。[⑥]

此外，按照经济属性划分，能源可以分为商品能源和非商品能源；按照生产和利用对环境的影响划分，能源可以分为清洁能源和非清洁能源；[⑦] 按照使用方式划分，能源可以分为燃料性能源和非燃料性能源；按照赋存状态划分，可以分为固体能源、液体能源、气体能源、核燃料和载能体。[⑧]

二　低碳经济

能源利用过程中产生的二氧化硫、二氧化碳、氮氧化物、一氧化碳、烟尘和汞等污染物，是造成气候变暖、大气污染和酸雨的主要原因。不同种类的能源在开发过程中，会不同程度地对气候系统造成影响。太阳能、

---

① 于文轩：《石油天然气法研究——以应对气候变化为背景》，中国政法大学出版社 2014 年版，第 9 页。

② 《可再生能源法》第 2 条。

③ 肖乾刚、肖国兴：《能源法》，法律出版社 1996 年版，第 22 页。

④ 同上书，第 21、23 页。

⑤ 陈新华：《能源改变命运——中国应对挑战之路》，新华出版社 2008 年版，第 268 页。

⑥ 李艳芳等：《新能源与可再生能源法律与政策研究》，经济科学出版社 2015 年版，第 4—6 页。

⑦ 赵小平主编：《能源管理工作手册》，中国市场出版社 2008 年版，第 2 页。

⑧ 肖乾刚、肖国兴：《能源法》，法律出版社 1996 年版，第 23 页。

风能、生物质能等新能源对气候的影响相对较小，而一次性能源中的煤炭、石油、天然气、大中型水电等常规能源对气候的影响相对较大。与煤炭和石油相比，天然气作为仅含碳氢元素的能源，相对清洁，但在使用过程中仍排放二氧化碳。[①]

在应对气候变化背景下，"低碳经济"理念和实践逐渐进入人们的视野，并日益受到重视。2003 年英国能源白皮书《我们能源的未来——创建一个低碳经济体》提出了"低碳经济"概念，即低碳经济是低碳基能源消耗、低二氧化碳排放的经济发展模式。我国有学者将低碳经济的内涵概括为"兼顾经济稳定增长的同时实现温室气体排放的低增长或负增长的经济模式"[②]。低碳经济的实质是以对碳基能源的低消耗、对碳中和、碳捕获与封存技术（Carbon Capture and Storage，CCS）的密集使用以及对清洁能源及可再生能源的充分利用为基础的可持续发展模式。[③] 发展低碳经济，是应对能源危机、转变经济发展模式和承担应对气候变化国际责任的内在要求。

首先，发展低碳经济，是应对能源危机的迫切需要。20 世纪 70 年代和 80 年代的两次石油危机，使世界经济遭受严重创伤；进入 21 世纪，世界面临更加严峻的能源安全形势。石油价格是能源危机的晴雨表，石油价格波动对世界经济的影响日益显著。有研究表明，每桶油上涨 10 美元，全球经济将减缓 0.5 个百分点。[④] 近些年来，国际石油价格频繁波动。2008 年纽约市场西德克萨斯（WTI）原油期货价格最高涨至 147 美元/每桶，2009 年受金融危机冲击国际油价出现大幅回落，WTI 原油期货价格跌至 33 美元/每桶，此后几年石油价格均出现不同程度的波动，2014 年国际油价又大幅下跌，WTI 油价跌幅近 40.61 美元，年内下跌约42.59%。[⑤] 国际油价与我国经济联系密切。根据国务院新闻办公室 2016

---

① 于文轩：《石油天然气法研究——以应对气候变化为背景》，中国政法大学出版社 2014年版，第 11 页。

② 孙桂娟、殷晓彦、孙相云、杨锐、孙少叶、王莹：《低碳经济概论》，山东人民出版社2010 年版，第 26 页。

③ 参见《低碳经济发展模式下的新兴产业革命》，http：//www.wefweb.com/news/2009114/0950149856_ 0.shtml，最后访问时间 2011 年 11 月 10 日。

④ 何建坤：《低碳发展：应对气候变化的必由之路》，学苑出版社 2010 年版，第 3—4 页。

⑤ 参见中华人民共和国商务部《2014 年原油价格走势分析》，http：//www.mofcom.gov.cn/article/fyqr/maoyi/201502/20150200888895.shtml，最后访问时间 2015 年 5 月 10 日。

年发布的《中国的能源状况与政策》，我国石油、天然气资源储量相对不足。石油、天然气人均资源量仅为世界水平的 1/15 左右，石油资源进口依赖严重。[①] 由此，一方面是国际油市和油价的波动和震荡，另一方面是我国石油资源的对进口严重依赖，这使得我国能源安全甚至国家经济安全受到前所未有的挑战。面对时隐时现的能源危机，积极开发替代能源、发展低碳经济，便成为迫切之需。

其次，发展低碳经济，是转变经济发展模式的客观需要。长期以来，我国经济发展一直是"高投入、高消耗、高污染、低效益"的粗放型发展模式，造成资源浪费，生态环境破坏。[②] 2016 年我国单位 GDP 能耗为3.7 吨标准煤/万美元，是 2015 年世界能耗强度平均水平的 1.4 倍，是发达国家平均水平的 2.1 倍，是美国的 2.0 倍，日本的 2.4 倍，德国的 2.7倍，英国的 3.9 倍。[③] 同时随着工业化和城市化进程的不断加快，我国温室气体排放量的增长也越来越快。唯有改变这种"三高一低"的经济发展模式，才能促进经济社会的可持续发展。为此，应推动化石能源的清洁利用，鼓励新能源开发利用，提高能源利用效率，发挥企业节能减排能动性，同时注重引导能源理性消费。

最后，发展低碳经济，也是承担应对气候变化国际责任的内在要求。《联合国气候变化框架公约》将"气候变化"定义为"经过相当长的一段时间的观察，在自然气候变化之外由人类活动直接或者间接地改变全球大气组成所导致的气候改变"[④]。当前气候变化大部分归因于人类的活动，特别是以二氧化碳为主的温室气体排放量的增加。因此，通过改变能源结构，控制二氧化碳排放量，成为当前各国在制定能源立法和能源政策时的一个重要关注点。2009 年美国《清洁能源和安全法》提出，2020 年温室气体排放量比 2005 年降低 17%，到 2050 年，再比 2005 年降低 83%；欧盟在 2007 年出台新能源政策，提出温室气体减排承诺、可再生能源发展

---

① 国务院新闻办公室：《中国能源状况与政策（2016）》，第 3 页。

② 迟福林主编：《经济转型低碳经济崛起》，国家行政学院出版社 2011 年版，第 42—43页；《世界新兴产业报告：主要国家单位 GDP 能耗比较》，http://cn.chinagate.cn/reports/2010-11/12/content_ 21330887. htm，最后访问时间 2012 年 4 月 13 日。

③ 《2010—2016 年我国单位 GDP 能耗情况》，http://www.ahjn.gov.cn/DocHtml/1/17/03/00003286. html，最后访问时间 2017 年 10 月 16 日。

④ 《联合国气候变化框架公约》第 1 条。

目标及提高能源计划等。欧盟决定单方面执行温室气体减排目标，到 2020 年，温室气体排放总量比 1990 年至少减少 20%。[1] 我国亦承诺到 2020 年，碳排放比 2005 年减少 45%。[2] 在此情形下，发展低碳经济，就成为履行应对气候变化国际责任的迫切要求。

第二节　我国能源现状

我国能源资源储量较为丰富，同时呈现多煤、少油和少气的特点。目前，我国已经成为世界第一大能源生产国，[3] 具备较强的能源生产供应基础，初步形成了以煤炭为主体、电力为中心、石油天然气和可再生能源全面发展的能源供应格局，基本建立了较为完善的能源供应体系。但是，我国人均能源资源拥有量较低，能源资源赋存分布不均衡，开发难度较大。

一　能源赋存状况

我国煤炭资源总量较为丰富，其他化石能源资源储量不高，人均能源资源拥有量较低，能源资源赋存分布不均衡，能源资源开发难度较大。

我国拥有较为丰富的化石能源资源。截至 2015 年年底，我国煤炭查明资源储量为 15663.1 亿吨，2016 年新增查明资源储量 400.5 亿吨。[4] 资源保障程度逐步增提升。但是，已探明的石油、天然气资源储量相对不足。我国也拥有较为丰富的可再生能源，风力资源储量居世界第三位，光伏发电装机容量居全球第一位。[5]

我国人口众多，人均能源资源拥有量在世界上处于较低水平。煤炭人均拥有量相当于世界平均水平的 1/2，石油、天然气人均资源量仅为世界

---

[1]　国家发展和改革委员会能源研究生课题组：《中国 2050 年低碳发展之路——能源需求暨碳排放情景分析》，科学出版社 2010 年版，第 90—912 页。

[2]　根据 2009 年 11 月 25 日国务院召开的常务会议决定，到 2020 年中国单位国内生产总值二氧化碳排放比 2005 年下降 40%—45%。

[3]　参见《中国已成为世界上第一大能源生产国和消费国》，http：//www.askci.com/news/201403/26/261447347487.shtml，最后访问时间 2015 年 5 月 10 日。

[4]　参见国土资源部《2016 年国土资源公报》，http：//www.mlr.gov.cn/sjpd/gtzygb/201704/P020170428532821702501.pdf，最后访问时间：2017 年 10 月 16 日

[5]　参见《〈全球新能源发展报告 2015〉正式发布》，http：//finance.huanqiu.com/zl/2015-04/6198045.html，最后访问时间 2015 年 5 月 10 日。

平均水平的 1/15 左右。① 同时，我国农业人均占有自然资源较少，全国人均耕地 0.101 公顷，② 不足世界人均水平的一半，制约了生物质能源的开发利用。

我国煤炭资源主要赋存于华北、西北地区，水力资源主要分布在西南地区，石油、天然气资源主要赋存于东、中、西部地区和海域。同时，主要能源消费地区集中在东南沿海经济发达地区，资源赋存与能源消费地域存在明显差别。大规模、长距离的北煤南运、北油南运、西气东输、西电东送，是我国能源流向的显著特征。

我国煤炭资源地质开采条件较差，大部分储量需要井工开采，极少量可供露天开采。石油天然气资源地质条件复杂，埋藏深，勘探开发技术要求较高。未开发的水力资源多集中在西南部的高山深谷，远离负荷中心，开发难度和成本较大。非常规能源资源勘探程度低，经济性较差，缺乏竞争力。③

二　能源供给状况

我国现已成为全球第一大能源生产国，已初步形成了煤炭为主体、电力为中心、石油天然气和可再生能源全面发展的能源供应格局，基本建立了较为完善的能源供应体系。

2010 年，我国原煤产量 32.4 亿吨，较 2005 年的 23.5 亿吨增加 8.9 亿吨，年均增长 1.8 亿吨。2011 年原煤产量 35.2 亿吨，较 2010 年增长了 8.6%，实现了供需基本平衡。2012 年，我国原煤产量 36.5 亿吨，2013 年原煤产量 36.8 亿吨，2014 年原煤产量 38.7 亿吨，2015 年原煤产量有所下降，为 37.5 亿吨，较上年下降 3.3%，2016 年原煤产量较 2015 年又下降 9.0%，为 34.1 亿吨。

目前，我国已建成大庆、胜利、辽河、塔里木等若干个大型石油生产基地。2012 年原油产量为 2.07 亿吨，2013 年为 2.09 亿吨，2014 年为 2.11 亿吨，2015 年达到 2.15 亿吨，原油产量稳步增长，但 2016 年原油产量比 2015 年下降 6.9%，约为 2.00 亿吨。

---

① 国务院新闻办公室：《中国的能源状况与政策》，2016 年 5 月，第 2 页。
② 参见国土资源部《关于第二次全国土地调查主要数据成果的公报》，http://www.mlr.gov.cn/zwgk/zytz/201312/t20131230_1298865.htm，最后访问时间 2015 年 5 月 10 日。
③ 国务院新闻办公室：《中国的能源状况与政策》，2007 年 12 月，第 3—4 页。

天然气产量也迅速提高，从 1980 年的 143 亿立方米提高到 2006 年的 586 亿立方米，2011 年达到 1012.79 亿立方米，2012 年达到 1072.2 亿立方米，2013 年达到 1170.5 亿立方米，2014 年达到 1301.6 亿立方米，2015 年达到 1346.1 亿立方米，2016 年已达到 1368.7 亿立方米，比 2015 年增长 1.7%。[1]

同时，商品化可再生能源量在一次能源结构中的比例逐步提高。电力发展迅速，2012 年装机容量和发电量分别达到 11.4 亿千瓦和 4.94 万亿千瓦时，截至 2016 年年末，装机容量已经达到 16.4575 亿千瓦，发电量为 6.14 万亿千瓦时。

我国 2016 年主要能源品种供给状况如表 1-1 所示：

表 1-1　　　　　　2016 年我国主要能源品种产量及其增长速度

产品名称	单位	产量	较上年增长（%）
一次能源生产总量	亿吨标准煤	34.6	-4.2
原煤	亿吨	34.1	-9.0
原油	亿吨	2.00	-6.9
天然气	亿立方米	1368.7	1.7
发电量	亿千瓦时	61424.9	5.6
其中：火电	亿千瓦时	44370.7	3.6
水电	亿千瓦时	11933.7	5.6
核电	亿千瓦时	2132.9	24.9

资料来源：国家统计局：《2016 年国民经济和社会发展统计公报》，2017 年 2 月。

三　能源消费状况

21 世纪以来，我国主要能源消耗量总体上逐年增加。2002—2009 年，煤炭消耗量连续 8 年同比增长 10% 左右。石油消耗量的增加在 2005 年及 2006 年略有放缓，但 2009 年增速接近 10%，2010 年增速更是达到 12.9%。[2] 2010 年，煤炭消费量增长 5.3%；原油消费量增长 12.9%。2011 年，煤炭消费量增长 9.7%；原油消费量增长 2.7%。2012 年，煤炭消费量增长 2.5%；原油消费量增长 6.0%。2013 年，煤炭消费量增长 3.7%，原油消费量增长 3.4%。2014 年，煤炭消费量开始下降 2.9%，原

① 国家统计局：《2016 年国民经济和社会发展统计公报》，2017 年 2 月。
② 中国三星经济研究院：《中国的能源危机与替代能源开发》，2010 年 8 月，第 1—2 页。

油消费量增长 5.9%。2015 年，煤炭消费量下降 3.7%，原油消费量增长
5.6%。2016 年，煤炭消费量下降 4.7%，原油消费量增长 5.5%，[①] 全年
能源消费总量达到 43.6 亿吨标准煤，较上年增长 1.4%。我国能源消费总
量已居世界第一位。[②] 我国也是世界上单位 GDP 能耗最高的国家之一，
2014 年，我国每万美元 GDP 能耗为 4.1 吨标准煤，是世界平均水平的
1.7 倍，是 OECD 国家平均水平的 2.6 倍，是美国的 2.2 倍、日本的 2.9
倍、英国的 4.5 倍。[③]

　　需要注意的是，尽管我国能源消费总量不断增长，但人均能源消费水
平不高。例如，2011 年中国的人均能源消费量为 2.59 吨标准煤，略低于
世界水平（人均 2.68 吨标准煤）。[④]

第三节　我国能源产业面临的挑战

　　恩格斯说："我们只能在我们时代的条件下去认识，而且这些条件达
到什么程度，我们就认识到什么程度。"[⑤] 为此，明确我国能源产业的现
状和发展条件，至关重要。20 世纪七八十年代以来，我国能源工业迅速
发展，为保障国民经济持续快速发展做出了重要贡献，主要表现为供给能
力提高，能源节约效果显著，消费结构优化，科技水平提高，环境保护取
得进展，市场环境逐步完善。[⑥] 然而，我国能源产业仍然面临多方面的挑
战：需求消耗增长，能源缺口巨大；对外依存度高，进口来源单一；依赖
化石能源，环境成本较高；能源储备不足，影响能源安全。

一　需求消耗增长，能源缺口巨大

　　据预测，2020 年我国能源需求量将达到 28.88 亿—38.80 亿吨标准

---

① 2010—2016 年《国民经济和社会发展统计公报》。

② 《BP 世界能源统计（2014 年）》，http://www.bp.com/content/dam/bp-country/zh_cn/
Download_ PDF/Homepage/2014StatsReview.pdf，最后访问时间 2015 年 5 月 10 日。

③ 崔民选主编：《2016 年中国能源发展报告》，社会科学文献出版社 2016 版，第 4 页。

④ 参见《2012 年中国能源发展报告》 《世界主要国家人均能源消费量》，http://
news.bjx.com.cn/html/20141030/559169-2.shtml，最后访问时间 2015 年 5 月 10 日。

⑤ ［德］恩格斯：《自然辩证法》，载《马克思恩格斯文集》（第 9 卷），人民出版社 2009
年版，第 494 页。

⑥ 国务院新闻办公室：《中国的能源状况与政策》，2007 年 12 月。

煤,届时原煤缺口约为 3. 21 亿—11. 74 亿吨,石油和天然气均有巨大的缺口。20 世纪 90 年代以来,我国石油消费年均增长速度为 7. 19%,比石油生产年均增长速度(1. 82%)高 5. 37 个百分点,年均新增石油生产量(287 万吨)与年均新增石油消费量(4210 万吨)的差额高达 3923 万吨,石油生产与消费的不均衡是造成国内石油供应短缺、石油净进口量大幅度增加的基本原因。[①] 2015 年中国原油产量较 2005 年仅增加了 3332 万吨或者 18. 37%,而 2015 年中国原油表观消费量较 2005 年增长 23569 吨,或74. 25%。[②] 有预测认为,到 2035 年我国将占世界能源消费总量的 26%,占全球净增长量的 35%。[③] 能源缺口将成为我国相当长时期内制约经济社会发展的最主要的瓶颈之一。

二 对外依存度高,进口来源单一

20 世纪 70 年代末以来,我国石油进口数量逐年增加,石油对外依存度显著提高。所谓"石油对外依存度",是指一国所消耗原油和成品油依靠外来进口的程度。近些年来,我国石油进口大幅度提高,且进口来源单一。从 1993 年开始,我国成为石油净进口国,2000 年,我国石油进口量达到 7000 多万吨,相当于当年全国石油消费总量的 30% 左右。2005 年我国石油净进口量超过 1 亿吨,2007 年已经达到 2 亿吨,2011 年超过了 2. 9亿吨,2014 年全年石油净进口量为 3. 1 亿吨,[④] 2015 年我国石油净进口量升至 3. 28 亿吨,[⑤] 2016 达到 3. 56 亿吨,对外依存度达到 64. 4%。[⑥] 据预测,到 2020 年,我国石油的进口量将超过 5 亿吨,对外依存度将达

---

① 中国能源发展报告编辑委员会:《2007 中国能源发展报告》,中国水利水电出版社 2007年版,第 117 页。

② 崔民选主编:《2016 年中国能源发展报告》,社会科学文献出版社 2016 版,第 105 页。

③ 《BP 世界能源展望(2017 年)》,https://www. bp. com/zh_ cn/china/reports-and-publications/_ bp_ 2017_ . html,最后访问时间 2017 年 10 月 20 日。

④ 《BP 世界能源统计(2014 年)》,http://www. bp. com/content/dam/bp/pdf/Energy-economics/statistical-review-2014/BP-statistical-review-of-world-energy-2014-full-report. pdf,最后访问时间 2015 年 3 月 16 日。

⑤ 参见《2015 年我国石油净进口量 3. 28 亿吨,对外依存度首破 60%》,http://news. 163. com/16/0127/07/BEAO59S100014JB5. html,最后访问时间 2017 年 10 月 19 日

⑥ 参见《中国原油对外依存度升至 65. 5%,再创历史新高》,http://finance. sina. com. cn/chanjing/cyxw/2017-01-13/doc-ifxzqnip0959975. shtml,最后访问时间 2017 年 10 月 19 日。

到 70%。

我国石油进口主要来自局势不稳定的中东和非洲地区，这些国家政治形势波动较大，增加了石油资源供给的不确定性。同时，我国 90% 的石油依赖于海上运输，来自中东和非洲的石油必须经过马六甲海峡，美国在新加坡设有樟宜基地，在印度洋上建有迪戈加西亚基地，其航母战斗群几乎可以威慑整个印度洋和马六甲海区，我国目前海军实力有限，无法有效控制马六甲海峡，这意味着我国的石油安全随时面临来自竞争对手的威胁。① 以局势动荡的中东地区为主的进口格局，存在较大的安全供应隐患，同时亦使得国际市场石油价格波动威胁我国的石油供应安全。

三 依赖煤炭石油，环境成本较高

在我国能源消费结构中，煤炭占 70% 左右，② 这种以煤为主的能源结构在未来相当长时期内难以改变。③ 同时，我国是目前世界上最大的煤炭生产国，全球约 40% 的煤是我国生产的。石油在我国能源消费结构中占 25%。自 2000 年以来，我国的原油消费量平均年增速超过 7%。2009 年，世界石油消费总量在下降，而我国石油消费量依然保持了较高的增速，石油消费进口依存度已经超过 53%。④ 2014 年，我国的石油净进口量突破 3 亿吨，石油消费进口依存度接近 60%。⑤ 2016 年我国石油净进口量达到 3.56 亿吨，同比增长 3.3 个百分点，对外依存度上升至 64.4%，再创历史新高。⑥

化石能源主导型发展造成了严重的负面环境影响。例如，我国日益严重的大气环境污染与能源消费有直接关系。煤炭使用过程产生的污染是我国最大的大气环境污染问题。全国烟尘排放量的 70%、二氧化硫排放量

---

① 徐冬青：《中国能源安全战略体系的构建》，《市场周刊》2009 年第 6 期。

② 根据国家发展改革委 2007 年的统计，我国煤炭消费占一次能源消费的 69%，比世界平均水平高 42 个百分点。参见国家发展改革委《能源发展"十一五"规划》，2007 年 4 月。

③ 肖琼：《能源过度开发之"罪"：生态环境持续恶化》，http://news.solidwaste.com.cn/k/2010-6/2010671557524062.shtml，最后访问时间 2010 年 11 月 8 日。

④ 同上。

⑤ 参见《2014 年我国进口石油对外依存度接近六成》，http://www.chinairn.com/news/20150114/151556627.shtml，最后访问时间 2015 年 3 月 16 日。

⑥ 参见《中国原油对外依存度升至 65.5%，再创历史新高》，http://finance.sina.com.cn/chanjing/cyxw/2017-01-13/doc-ifxzqnip0959975.shtml，最后访问时间 2017 年 10 月 19 日。

的 90%、氮氧化物的 67%、二氧化碳的 70%，均来自燃煤。大量化石能源的使用也使得酸雨频发，造成了我国城市空气质量的恶化。再如，随着煤炭开采强度和延伸速度的不断提高，矿区地下水位大面积下降，使缺水矿区供水紧张，以致影响当地居民的生产和生活。同时，地下水资源因煤系地层破坏而渗漏矿井并被排出，这些矿井水被净化利用的不足 20%，对矿区周边环境形成新的污染。能源污染导致了高昂的经济和社会成本。大气污染严重的地区，呼吸道疾病总死亡率和发病率都高于轻污染区。慢性支气管炎症状随大气污染程度的增高而加重。在 11 个最大城市中，空气中的烟尘和细颗粒物每年致使 5 万人死亡，40 万人感染慢性支气管炎。我国西南地区是高硫烟煤的重要产区，该地区敞灶燃煤室内空气中二氧化硫、砷和氟的浓度超标严重，由此引起的室内空气污染也相当严重。[1]

四　能源储备不足，影响能源安全

自 1993 年起，我国成为石油净进口国，开始考虑战略石油储备问题。2001 年，全国人大通过的 "十五" 规划提出要建设战略石油储备。2004 年，我国开始建立国家一期石油储备。2007 年 12 月，镇海国家石油储备基地通过国家验收。同年 12 月，国家石油储备中心正式成立。2008 年 11 月，我国第一期的四个石油储备基地全部相继建成投产。2009 年 1 月，我国第二期战略石油储备基地选址工作全面展开。同年 9 月，我国内陆地区第一个国家石油储备基地在新疆独山子开工建设，我国石油储备工程二期开建。2011 年，十一届全国人大四次会议通过的《国民经济和社会发展第十一个五年规划纲要》提出 "合理规划建设能源储备设施，完善石油储备体系"。国家统计局于 2014 年 11 月公布的国家石油储备一期工程的总储备库容为 1640 万立方米，舟山、镇海、大连和黄岛 4 个国家石油储备基地的原油储备量为 1243 万吨。[2] 由此，我国石油储备量实现了从无到有的跨越。到 2015 年年中，国家石油储备基地增加至 8 个，总储备库容增加至 2860 万立方米，利用上述储备库及部分社会库容，储备原油增加至 2610 万吨。截至 2016 年年中，我国已建成舟山、舟山扩建、镇海、大连、黄岛、独山子、兰州、天津及黄岛国家石油储备洞库共 9 个国

---

① 王金南等：《能源与环境：中国 2020》，中国环境科学出版社 2004 年版，第 iv—vi 页。

② 国家统计局：《国家石油储备一期工程建成投用》，http://www.stats.gov.cn/tjsj/zxfb/201411/t20141119_640606.html，最后访问时间 2014 年 12 月 18 日。

家石油储备基地，原油的储备量达到 3325 万吨。①

但是，我国石油储备立法缺失，管理机制不健全，已经建设的储备设施主要用于企业生产经营周转，布局较为分散，结构不甚合理，政府储备规模较小，难以满足应对石油供应中断等突发事件的需要。② 同时，国内石油市场不断受到国际市场变化的冲击，对中东地区进口石油的依赖程度上升，利用外部石油资源也面临激烈的竞争。③

第四节　能源法与能源法制概述

健全的能源法制，是解决我国能源产业面临的诸多挑战和促进低碳经济发展的重要前提。我国能源法的渊源包含了所有形式的法律文件。能源法律关系体现了能源产业活动和产业规制活动过程中所形成的权利义务关系，是基于能源法制形成的利益关系在法律上的体现。

一　能源法的概念

能源法，是指国家为调整人们在能源合理开发、加工、转换、储存、输送、供应、利用、贸易和管理等过程中产生的各种社会关系而制定的法律规范的总称。④

与能源法相关的一个重要概念是"能源立法"。"立法"一词通常在动态和静态两层含义上使用。动态意义上的"立法"，通常指国家机关依法创制、修改、废止法律的专门活动；⑤ 静态意义上的"立法"是指此种活动的成果，即梅因所说的"立法机关制定的法规"。⑥ 本书将"能源法"定位为静态意义上的"能源立法"。

"法制"也有动态和静态意义两种内涵。动态意义上的"法制"，即

---

① 参见《中国建成 9 大石油储备基地》，http://finance.people.com.cn/n1/2017/0505/c1004-29254945.html，最后访问时间 2017 年 10 月 17 日。

② 赵小平主编：《能源管理工作手册》，中国市场出版社 2008 年版，第 247 页。

③ 贾文瑞等：《21 世纪中国能源、环境与石油工业发展》，石油工业出版社 2002 年版，第 347—348 页。

④ 也有学者将能源法视为一个交叉领域，即有关能源开发利用的法律关系的总和。参见龚向前《气候变化背景下能源法的变革》，中国民主法制出版社 2008 年版，第 17 页。

⑤ 李龙主编：《法理学》，武汉大学出版社 1996 年版，第 292 页。

⑥ ［英］梅因：《古代法》，沈景一译，商务印书馆 1984 年版，第 121 页。

指立法、执法、司法、守法和法律监督，含义大致相当于"法治"；静态意义上的"法制"，指法律和制度。本书主要在静态意义上使用"法制"一词，即指能源法律及其确立的法律制度。本书亦关注能源法的实施状况，部分地包含动态意义上的"法制"的内容。

二　能源法的渊源

我国能源法的渊源可分为宪法、法律、行政法规和行政规章、地方性法规和规章、司法解释、国际条约等层面。

（一）宪法

"能源"一词未明确规定在我国《宪法》中，但其第9条所规定的"自然资源"实际上部分地具有了涵盖"能源"的意义。1982年《宪法》第9条规定："矿藏、水流、森林、山岭、草原、荒地、滩涂等自然资源，都属于国家所有，即全民所有；由法律规定属于集体所有的森林和山岭、草原、荒地、滩涂除外。国家保障自然资源的合理利用，保护珍贵的动物和植物。禁止任何组织或者个人用任何手段侵占或者破坏自然资源。"这一规定在能源法律体系中起统领性作用。

（二）法律

能源法律的渊源包括两个方面：一是专门性的能源法律，是能源法律体系中最重要的组成部分，如《电力法》《煤炭法》《核安全法》《节约能源法》《可再生能源法》等；二是能源相关法律，如《矿产资源法》《水法》《环境保护法》《清洁生产法》《循环经济促进法》《民法通则》《刑法》等。例如，《环境保护法》第40条规定："国家促进清洁生产和资源循环利用；国务院有关部门和地方各级人民政府应当采取措施，推广清洁能源的生产和使用；企业应当优先使用清洁能源，采用资源利用率高、污染物排放量少的工艺、设备以及废弃物综合利用技术和污染物无害化处理技术，减少污染物的产生。"该规定为其他环境保护单行法中有关能源合理利用的规定提供了依据。

（三）行政法规和行政规章

我国能源法领域的行政法规和行政规章较多。在能源立法初期，大部分能源立法以行政法规的形式出现，如《对外合作开展海洋石油资源条例》（1982）、《海洋石油勘探开发环境保护管理条例》（1983）、《节约能源管理暂行条例》（1983）、《国家能源交通重点建设基金征集办法》

（1985）、《关于征收电力建设资金的暂行规定》（1987）等。在各能源领域，行政法规和部门规章是单行立法的补充，如《煤炭生产许可证管理办法》（1994）、《乡镇煤矿管理条例》（1994 年制定、2013 年最新修订）、《电力供应与使用条例》（1996）、《电网调度管理条例》（1993）、《电力设施保护条例》（1998）、《电力监管条例》（2005）等，是我国《煤炭法》《电力法》的补充。在法律尚未规定的领域，行政法规和行政规章发挥了重要作用，如《可再生能源发展专项资金管理暂行办法》（2015）等。

（四）地方性法规和规章

地方性法规和规章在颁布机关所辖区域内具有规范性效力。各地方在能源开发、利用、保护的过程中，因地制宜地做出更加细致的规定。例如，《云南省查处窃电行为条例》（2004）、《天津市煤炭经营监管办法》（2006）、《云南省煤炭经营监管实施细则（暂行）》（2006）、《深圳经济特区建筑节能条例》（2006）、《云南省能源审计暂行办法》（2009）、《青海省应对气候变化办法》（2010）等。

（五）司法解释

司法解释部分地弥补能源立法不足，成为能源法的渊源的重要组成部分。近年来颁布的较为重要的司法解释包括《关于审理触电人身损害赔偿案件若干问题的解释》（2001）、《最高人民法院行政审判庭关于在已取得土地使用权的范围内开采砂石是否需办理矿产开采许可证问题的答复》（2006）、《关于审理破坏电力设备刑事案件具体应用法律若干问题的解释》（2007）等。

（六）国际条约

国际条约作为我国能源法的渊源，主要指政府间订立并经过加入和批准程序的条约，如《气候变化框架公约》《京都议定书》《巴黎协定》等。《气候变化框架公约》主要就其目标、原则、承诺、资金机制、信息交流、争端解决以及公约的生效进行了原则性的规定，[①] 对发达国家和发展中国家规定的义务以及履行义务的程序有所区别。公约要求发达国家采取具体措施限制温室气体的排放，并向发展中国家提供资金以支付其履行

---

① 王曦：《国际环境法》，法律出版社 2005 年版，第 165 页。

公约义务所需的费用。① 公约建立了一个向发展中国家提供资金和技术，使其能够履行公约义务的资金机制。《京都议定书》建立了三个灵活合作机制，即联合履约机制（Joint Implementation Mechanism）、清洁发展机制（Clean Development Mechanism）和国际排放贸易机制（International Emissions Trading），旨在使各国之间在彼此双赢的"境外易地减排"交易中实现控制和减少全球温室气体排放总量控制。《巴黎协定》对在应对气候变化方面的国家自主贡献、适应机制、损失损害、资金机制、能力建设、透明度、全球盘点、市场机制等内容做出了安排。

我国自 1998 年签署《京都议定书》以来，制定和完善了相关法律、法规和规章政策，以控制温室气体排放和鼓励清洁发展机制的实施。截至 2017 年 8 月，已获得 CERs（CDM 核证减排量）签发的 CDM 项目累计达 1557 个。到 2016 年 8 月，我国共有 5074 个 CDM 项目获得国家发展改革委批准。② 在 CDM 机制下参与国际碳市场交易的同时，我国亦在逐步完善碳交易体系。2008 年以来，我国相继在北京、上海、深圳、天津、重庆、湖北和广东建立了七大碳排放权交易试点，截至 2016 年 3 月，七个试点碳排放权交易市场的碳配额累计交易量约为 4854 万吨，成交额达 13.8 亿元人民币。③ 2017 年底，我国正式启动运行全国碳排放权交易市场。在 2015 年巴黎气候变化大会上，中国对达成历史性的《巴黎协定》做出了重大贡献。

三　能源法律关系

能源法律关系，是指能源法律规范在调整能源产业活动过程中形成的权利和义务关系，包括主体、内容、客体等方面的内容。

（一）能源法的主体

能源法的主体，即能源法律关系的参加者，包括国家、单位和个人。作为能源法主体的"国家"，其法律地位主要体现在国际法和国内法两个层面。在国际法层面，国家通过参加国际条约的缔结、以国家名义签订能

---

① 黄振中、赵秋雁、谭柏平：《中国能源法》，法律出版社 2009 年版，第 32 页。

② 参见"中国清洁发展机制网"，http://cdm.ccchina.gov.cn/NewItemAll2.aspx，最后访问时间 2017 年 11 月 28 日。

③ 参见《我国碳交易试点地区运行概况》，http://www.tanpaifang.com/tanjiaoyi/2016/0312/51387.html，最后访问时间 2017 年 11 月 30 日。

源合作协议等活动，参加国际能源合作。在国内法层面，国家或者以行政主体的身份出现，或者以民事主体的身份出现。作为行政主体，国家通常表现为能源资源管理者，制定政策、法律和规则，实施能源产业管理；作为民事主体，国家通常表现为能源资源所有者。在多数情况下，国家主要是通过国家机关或其授权的组织参与行政和民事法律关系。[①]

作为能源法主体的单位，包括国家机关、企业单位、社会组织以及国际或者地区性的能源组织。其中，国家机关通常作为国家的代表，对内行使能源资源所有者代表和管理者的职能；企业单位主要是指能源企业，以能源能开发、加工、转换、储存、输送、销售、贸易和服务等活动为主营业务；社会组织包括行业协会、中介机构（如审计机构、律师事务所、节能服务机构等）、社会团体等；国际或者地区性的能源组织包括石油输出国组织（OPEC）、国际能源署（IEA）、阿拉伯石油输出国组织（OAPEC）、世界能源宪章组织等。

作为能源法主体的"个人"，主要参与两类活动：一是私法行为，二是参与能源管理。私法行为主要是指个人的能源消费行为。个人参与的另一类活动是能源的决策、管理和监督。他们有权参与涉及公共利益和安全的重大能源决策，获取能源信息，参与能源价格等方面的听证，监督能源法律实施。

（二）能源法的内容

能源法的内容，是指能源法的主体享有的权利和承担的义务。就权利而言，单位和个人享有的主要是私法上的权能、利益和自由，而国家享有的主要是能源主权和对内的能源管理权。就义务而言，应特别关注国家机关和能源企业的义务。国家机关的义务包括制定和实施能源战略与规划、规制能源开发与利用活动、实施能源市场宏观调控、保障能源供应、推动和实施能源节约、建立和完善能源储备制度、完善能源应急体系、促进能源相关科技发展、开展能源国际合作等方面。企业除了作为一般的民事主体和行政法律主体应承担法定义务之外，还应当承担能源普遍服务、能源储备、节能减排等方面的义务。

（三）能源法的客体

能源法的客体，是指能源法确认和调整的社会关系，包括能源开发利

---

① 黄振中、赵秋雁、谭柏平：《中国能源法学》，法律出版社 2009 年版，第 136 页。

用关系和能源产业规制关系。能源开发利用关系是在国家和能源企业支配能源资源及其产品、进行交易、排除他人干涉并获得利益过程中形成的社会关系；能源产业规制关系是在主管部门对其他能源法律主体进行管理和规制的过程中形成的社会关系。[①]

在此值得特别关注的是能源法的客体所指向的对象：物、行为、非物质财富。能源法上的"物"包括作为能源资源和能源产品的能源、用于能源开发利用的设备设施、土地等；"行为"包括能源开发行为、能源生产行为、能源输送与供应行为、能源产品利用行为、与能源开发利用相关的环境保护行为以及能源产业管理行为等；"非物质财富"包括与能源开发利用有关的科学、技术、专业知识、发明创造、著作等。[②]

---

① 肖乾刚、肖国兴：《能源法》，法律出版社 1996 年版，第 129 页。

② 吕振勇：《能源法简论》，中国电力出版社 2008 年版，第 41—43 页。

第二章

适应低碳经济的能源法价值定位

善不可失，恶不可长。

——《左传·隐公六年》

价值，即"人们所利用的并表现了对人的需要的关系的物的属性"①，其体现的是作为客体的物对于作为主体的人的意义。法学意义上的"价值"包括两方面内容，即客体对于人的需要的满足，以及人在处理客体与自身的关系时关于客体的绝对超越的指向。法律科学无法回避价值问题，明确价值理念是立法所要解决的最根本的问题之一。②

能源法的价值体系由正义、秩序和效率三个方面构成。正义价值是秩序价值的目标和实质，秩序价值是正义价值的表现形式和实现手段，二者在能源法价值体系中处于最高位次。效率价值是正义价值的重要实现途径，并为秩序价值的实现提供支持。正义价值和秩序价值相对于效率价值的前提和基础地位不容忽视。这一价值体系，是确立能源法的目的体系和基本原则的基础。

第一节　能源法的正义价值

古罗马法学家塞尔苏斯认为，法是善与正义之科学。③ 然而，对于何为"正义"，千百年来一直未有一个广为认可的答案。正如约翰·罗尔斯

---

① ［德］马克思、恩格斯：《马克思恩格斯全集》（第26卷），人民出版社1974年版，第327页。

② 卓泽渊：《法的价值论》，法律出版社2006年版，第11—12页。

③ 梁治平：《梁治平自选集》，广西师范大学出版社1997年版，第24页。

所言："何为正义，何为不正义通常都被纷争不已。"① 有学者总结了西方法哲学思想中关于正义理论的不同传统和西方现代法的正义论诸流派。有观点认为，西方传统的法的正义学说可以分为客观正义论、主观正义论、理性正义论、神学正义论和法规正义论五类；法的正义理论传统发展到现代，形成了相对正义论、社会正义论、形式正义论和程序正义论四大流派。② 综合法学派则梳理出了迄今为止关于法的正义价值研究的两大视角：平等和自由。③ 基于这些研究，能源法正义价值可被定义为能源法对法律主体的自由权利以及在法律上所应享有的平等地位、平等机会和平等待遇的追求、确认和保障。自由和平等这两个侧面的具体内容以及二者之间的互动、平衡和协调，构成了能源法正义价值的核心内容。

一　自由侧面

法的自由价值的实现途径是转化为法律权利，④ 即经由法律而形成的权利和义务的有机统一。⑤ 在能源法中，此种有机统一的权利和义务，是法律主体实现其法律利益的主要手段。按照能源法律主体的不同，自由包含如下两方面内容：一方面，对于能源产业中从事相应业务的法律主体（主要指能源企业）而言，其自由权利内容因其所从事业务的不同而存在差异：对于从事上游（Upstream）业务的企业而言，是指其开展勘探、开发等业务的自由；对于从事中游（Midstream）业务的企业而言，是指其从事能源输送、储存等业务的自由；对于从事下游（Downstream）业务的企业而言，是指从事能源加工、供配、销售等业务的自由。"没有无义务

---

① ［美］约翰·罗尔斯：《正义论》，何怀宏、何包钢、廖申白译，中国社会科学出版社1988年版，第5页。

② 卓泽渊：《法的价值论》，法律出版社2006年版，第423—433页。

③ ［美］埃德加·博登海默：《法理学——法律哲学与法律方法》，邓正来译，中国政法大学出版社1999年版，第251—302页。张文显教授从另外的角度，认为正义理论可以分为相对正义论、形式正义论、社会正义论和资格正义论。参见张文显《二十世纪西方法哲学思潮研究》，法律出版社2006年版，第484—508页。也有观点认为"安全"也是法的正义价值的一个侧面。参见［美］埃德加·博登海默《法理学——法律哲学与法律方法》，邓正来译，中国政法大学出版社1999年版，第256—257页。笔者认为"安全"更多地属于法的秩序价值的内容。

④ 张文显主编：《马克思主义法学——理论与方法论》，吉林大学出版社1993年版，第65页。

⑤ 王人博、程燎原：《法治论》，山东人民出版社1989年版，第165页。

的权利，也没有无权利的义务。"① 能源企业在享受权利的同时，也承担相应的义务。此处的义务，既包括作为一般性法律主体所应承担的义务，也包括作为具体的法律主体所应承担的义务。前者主要是指能源企业遵守相关政策和法律的义务，例如节约能源、保障能源安全、保护环境、保护企业职工和公众的合法权益、有序竞争和不得从事滥用其市场垄断地位和市场优势地位的行为等；后者主要是指遵守与其所从事的业务相关的特定法定义务和约定义务，例如从事上游业务的企业应依照许可从事勘探开发活动，从事中游业务的企业应当依照法律规定和约定实行无歧视准入，从事下游业务的能源企业应承担普遍服务义务等。另一方面，对于能源消费者而言，其自由权利主要体现为：依法或者依约定获得相应服务的权利（获得服务权）；依法获得能源相关信息的权利（知情权），如与其密切相关的能源价格信息等；参与能源政策和立法的权利，这主要体现为制定相关政策和立法过程中的公众参与（参与权）；监督的权利，主要是监督政策和立法实施的权利（监督权）；获得赔偿或者补偿的权利，如因能源的勘探、开采和利用而使其用益物权受到损害的情况下获得合理赔偿、因土地征收或者征用获得合理补偿等（获赔权）。消费者的义务主要体现为两个方面：节约能源，以及遵守有关法律规定和约定；后者主要是指在享受前述自由权利的同时，依法承担相应的义务。

二　平等侧面

马克思主义法学对平等的内容做出了系统的总结，认为法律上的平等包括资格平等、机会平等和待遇平等三个方面。② 基于这一思路，能源法的正义价值框架下的"平等"包括三方面内容：其一，法律地位平等。能源法正义价值框架下的法律地位平等，是指在相同的条件和情形下，能源法主体被赋予同等的享受权利、承担义务的资格。根据地位平等的要求，对于能源企业或者消费者，在相同的条件和情形下，此种享受权利和承担义务的资格不应存在差异；在二者之间，不应使一方仅享有权利而不承担义务，或者相反，一方承担义务而不享有权利。法律

---

① ［德］马克思、恩格斯：《马克思恩格斯选集》（第 2 卷），人民出版社 1995 年版，第 137 页。

② 刘金国、舒国滢主编：《法理学教科书》，中国政法大学出版社 1999 年版，第 302 页。

地位平等所关注的是能源法主体是否享有有关的自由权利和承担相应义务。其二，机会平等。机会平等是实现权利的另外一个重要方面。能源法正义价值框架下的机会平等，是指法律主体在具备平等地位和资格的前提下，拥有适当的、足够充分的条件、途径和手段，以实现其享有的权利。例如，能源企业应拥有适当的条件和途径，依法从事能源产业活动；消费者则应拥有适当的途径和手段，获得相关服务，知悉有关信息，参与有关政策和立法制定，实现其监督权利，并在合法权益受到侵害时获得赔偿或者补偿。同时，在能源企业与公众之间，不应赋予一方以实现权利的条件、途径和手段，而忽视另一方实现权力的条件、途径和手段。可见，机会平等所关注的是能源法主体能否实现其拥有的自由和权利。其三，待遇平等。"对歧视的反感处于平等要求的核心地位。"[1] 待遇平等的实质是反对特权和歧视。能源法正义价值框架下的待遇平等，是指能源法主体在行使权利、履行义务、承担责任的过程中，在相同的条件和情形下被等同对待。待遇平等所关注的是能源法主体的权利、义务和责任的实现程度。

三　整合分析

如何将自由和平等这两个对立统一的侧面有机地统一在正义价值体系之下，是能源立法必须解决的问题。基于罗尔斯的正义理论，能源法正义价值的内在结构应作如下安排：

其一，自由权利优先。这一原则与罗尔斯正义理论的"平等自由原则"相对应。对于能源企业而言，依法享有并能够现实地行使其有关自由权利，是能源法相关制度设计的首要目标；对于消费者而言，首要的"正义"是能够依法平等地拥有并尽可能完整、全面地实现其获得服务权、知情权、参与权、监督权和获赔权；当然，由于自由结构中同时还内在地包含义务内容，所以能源企业和消费者在享有这些权利的同时，还应当承担相应的法律义务。

其二，机会平等。在保障自由权利的前提下，能源法应为法律主体平等地提供适当的环境、途径和渠道，使其能够行使前述自由权利。这与罗

---

[1] ［美］埃德加·博登海默：《法理学——法律哲学与法律方法》，邓正来译，中国政法大学出版社 1999 年版，第 288 页。

尔斯正义理论中的"机会平等原则"相对应。如果法律主体不具有这些手段去行使或者实现这些权利、承担这些义务，那就是不正义的。易言之，享有平等的自由权利和机会，并不意味着必然达致结果上的平等；但如果能源法通过相应的制度设计，平等地提供了实现自由权利的环境、途径和渠道，那么即使在结果上存在可接受的不平等状况，在正义价值框架之下也被认为是可接受的。

其三，合理差异。如果能源法对自由权利进行了充分而平等的保障，同时也平等地提供了实现此种自由权利的机会，但法律主体所实际获得的利益仍然存在差异，此时利益分配的不平等有利于整个社会的利益，那么也可以被认为是正义的。这与罗尔斯正义理论中的"差别原则"相对应。应当注意的是，平等反对特权和歧视，但"平等"不等于"平均"。正如柏拉图所言："对一切人不加区分的平等就等于不平等。"① 正是在合理差异原则这里，正义价值与效率价值相衔接。

第二节　能源法的秩序价值

秩序是自然界和人类社会的普遍现象和内在需求。保持相对稳定的秩序，是人类社会的内在需求和本质要求。对社会秩序的保障，既是法的本质特征之一，也是包括能源法在内的所有领域的法所力图实现的目标和结果。能源法的秩序价值，是指能源法对其保护对象的安全性以及规制对象的可预见性的追求、确认和保障。能源法的秩序价值既遵循法的秩序价值的一般原理，同时又体现出自身的个性，即更加侧重于实现安全性和可预见性。

一　安全性侧面

能源法之秩序价值的核心是"安全"。安全是指一种没有危险、不受威胁、不出事故的状态。② 作为法的秩序价值的"安全"，其所关注的是如何保护人们免受侵害，以及"如何缓解伴随人的生活而存在的某些困

---

① 〔古希腊〕柏拉图：《法律篇》，张智仁、何勤华译，上海人民出版社 2001 年版，第168 页。

② 中国社会科学院语言研究所词典编辑室编：《现代汉语词典》，商务印书馆 2002 年版，第 7 页。

苦、盛衰和偶然事件的影响"①。就能源法而言，作为秩序价值的内容的
"安全性"主要关注社会经济系统和生态环境系统，包括社会经济安全和
生态环境安全两个方面。

在社会经济安全方面，能源作为重要的战略性资源，与一国的政治经
济实力密切相关。能源的储量和产量、勘探开采、储存和输送、贸易、国
际合作以及国际市场等方面，不仅会对一国的社会经济安全产生重要影
响，而且与全球战略利益竞争、国际政治和军事态势冲突密切相关。能源
法应当就这些因素对一国社会经济安全方面的影响予以充分考虑，并将保
障社会经济安全作为其重要目标之一。

生态环境安全亦称"生态安全"，是指人类社会或者一国生存和发展
所需的生态环境处于不受或者少受威胁或者破坏的状态。② 能源产业活动
不可避免地会对生态安全造成影响。如果说这些活动对社会经济系统的影
响是利大于弊的话，那么对生态环境系统的影响则更多的是弊大于利。能
源法应当对相关活动进行调整，使其对环境的负面影响降到最低程度。

二　可预见性侧面

"可预见性"是秩序作为法的价值的另外一个方面的重要内容。哈耶
克认为，秩序是指这样一种事态，即"可以从我们对整体中的某个空间
部分或某个事件部分所作的了解中学会对其余部分做出正确的预期，或者
至少是学会做出颇有希望被证明为正确的预期"③。他认为，社会秩序
"在本质上便意味着个人的行动是由成功的预见所指导的，这亦即是说人
们不仅可以有效地运用他们的知识，而且还能够极有信心地预见到他们能
从其他人那里所获得的合作"④。就能源法而言，"可预见性"主要是指行
为的可预见性，即行为过程的可预见性和行为法律结果的可预见性。此处
的"行为"，是指能源开发利用活动。

---

① ［美］埃德加·博登海默：《法理学——法律哲学与法律方法》，邓正来译，中国政法大
学出版社1999年版，第219页。

② 杨京平主编：《生态安全的系统分析》，化学工业出版社2002年版，第26页。

③ ［英］哈耶克：《法律、立法与自由》（第一卷），邓正来、张守东、李静冰译，中国大
百科全书出版社2000年版，第54页。

④ ［英］哈耶克：《自由秩序原理》（上册），邓正来译，生活·读书·新知三联书店1997
年版，第200页。

　　行为过程的可预见性体现为两个方面。一方面，行为主体可依法确定自身在一定条件下可为或者不可为之事。例如，根据各国能源法的一般内容，在从事能源开发利用活动之前，行为主体应取得有关主管机关的许可；未经许可不得从事这些行为。这方面的"可预见性"体现了行为主体根据实在法对自身行为的性质和内容的判断。另一方面，行为主体可依法确定他人在一定条件下必为、可为或者不为之事。例如，一些国家规定，从事燃气等能源产品供应的能源企业负有义务提供安全、持续、可靠的能源供应与服务，消费者由此可依法预期，在通常情况下可以获得能源企业的普遍服务。这方面的"可预见性"体现了行为主体对他方行为的性质和内容的预期。可见，能源法中行为过程的可预见性，既包括了对法律主体自身行为的判断，也包括对他人行为的预期。

　　行为的法律结果的可预见性可分为三类。第一类是鼓励性评价。例如，通过财政税收优惠政策，鼓励和引导单位和个人从事能源开发利用活动。第二类是认可性评价。只要行为人的行为符合能源法的要求，法律就不对其行为进行干预，而采取认可的态度。此类行为即通常所称的"合法行为"。第三类是否定性评价。这主要体现在行为人的行为违反了能源法中的义务性规定所引起的法律后果。此类行为即通常所称的"违法行为"。

三　整合分析

　　在能源法的秩序价值框架下，安全性与可预见性并非孤立地存在，二者之间存在密切关联。一方面，安全性是能源法的可预见性诉求的目的。能源法规定法律主体应为、可为或者不为之行为，实现法的指引和预测作用，从而确保社会经济安全和生态环境安全。在此，"应为"的行为主要是指法律规定的确保能源安全的义务，"可为"的行为是指法律规定的能源法主体可以从事、也可以不从事的行为，"不为"的行为是指法律禁止能源法主体从事的行为。可见，为确保安全性，能源法全面运用了各类调控手段。

　　另一方面，可预见性是能源法的安全性诉求在立法中的具体体现和实现途径。安全性诉求的实现，有赖于并体现于能源法通过对行为主体的行为及其法律后果做出规范性评价。规范性评价直接体现秩序价值的可预见性诉求，并基于此实现秩序价值的安全性诉求。

　　在能源法的秩序价值中，可预见性通过作用于行为过程和法律结果，作为实现安全性的手段和途径而存在；而安全性则是可预见性的目标和指向，是可预见性所力图实现的实质内容，概言之，二者之间是目的与手段的关系。

第三节　能源法的效率价值

经济学上的"效率"，是指在给定的投入和技术条件下，对经济资源作最大可能满足水平的使用，通常被作为"配置效率"（Allocative Efficiency）的缩略语使用。① 效率也是能源法学研究和立法实践必须考虑的重要方面。将效率作为法的价值理念之一，具有正当性。法作为上层建筑，应反映经济基础的内在要求，并为经济基础服务。"既然效率是社会的美德，是社会发展的基本价值目标，那么，法律对人们的重要意义之一，应当是以其特有的权威性的分配权利义务的方式，实现效率的极大化。"② 能源法作为规范和调整能源勘探、开采、输送、加工炼制、供应、消费、贸易等活动的社会规范，亦应贯彻效率理念，从而为推动社会经济发展提供制度支持。能源法的效率价值，是能源法对能源产业的理想发展样态的追求、确认和保障。能源法效率价值的内在要求主要体现为符合正当目的、全面均衡发展、重视条件约束、关注隐性因素四个方面。

一　符合正当目的

提高能源效率是促进经济发展的最重要的途径之一。而提高产业效率的最重要手段之一，就是提高相关的科技发展水平，这在很大程度上涉及发展方式的转变。如果说以"解谜"为本质③的科学是价值无涉的，那么技术则"是人的有目的的创造活动，体现着人的社会目的，因此，它具有自然性和社会性的双重属性。技术不仅是解决问题的手段，而且也是伦理、政治、经济、文化的体现"④。因而，在效率价值的语境下，技术具

---

① Paul A. Samuelson, William D. Nordhaus, *Economics*, McGraw - Hill Co., Ltd., 2000, pp. 762–763.

② 张文显主编：《法理学》，法律出版社 1997 年版，第 317 页。

③ 参见［美］托马斯·库恩《科学革命的结构》，金吾伦、胡新和译，北京大学出版社 2003 年版，第 32 页。

④ 裴广川主编：《环境伦理学》，高等教育出版社 2002 年版，第 263 页。

有价值倾向性。为确保技术发展沿着符合社会经济发展需要的正确轨道进行，在关注发展方式的同时，还应确保发展目的的正当性。在能源法效率价值理念框架下，这就意味着：能源开发和利用活动应当致力于满足人的需求，使社会成员获得更大的自由；同时，应将这些活动对社会、经济和生态环境等方面产生或者可能产生的负面影响控制在可接受的范围内，避免这些负面影响抵消甚至超过其为满足人类需求和增进自由所带来的利益。这既是能源法效率价值的内在要求，也是能源法的其他方面的价值对效率价值的制约和影响。

二　全面均衡发展

在能源资源赋存数量、技术发展状况和社会经济条件允许的条件下，能源产业的发展应尽量兼顾所有阶段和所有环节。一方面，能源法上的效率价值针对能源产业的上游、中游和下游三个阶段，不仅各自阶段分别合目的地高效发展，而且三个阶段之间亦应实现良好的衔接和支持，从而实现整个产业的高效率发展；另一方面，能源法应关注能源产业的所有环节，对于像我国这样的能源生产和消费大国而言，过分强调或者忽略其中的某一个或者某几个环节，均不利于效率价值的最终实现。

三　重视条件约束

能源产业的发展以一定的现实条件为基础。作为实现能源法之效率价值的"现实条件"，既包括技术上的可行性，也包括政策、经济、社会、生态环境等方面的可行性。政策上可行，是指能源产业的发展应符合一国的相关政策；经济上可行，是指发展能源产业应基于合理的经济成本；社会方面可行，是指能源产业的发展不应违背一般的社会意识和广为认可的社会评价标准；环境方面可行，是指能源产业发展过程中应将其对生态系统造成的负面影响控制在科学上认可的可接受的范围之内。这些条件既是对能源产业发展的限制，同时也是确保能源产业发展符合目的地发展的重要实现手段。

四　关注隐性因素

能源法上的效率的一个重要方面是在实现成本最小化的同时实现收益的最大化。此处的"收益"和"成本"均包括显性的和隐性的两个方面。

显性的收益和成本，主要是指法律主体从能源产业相关活动中直接获取的经济利益和支付的经济成本；隐性的收益和成本，是指因能源产业相关活动而对社会经济系统和生态环境系统产生的良性影响和负面影响。能源产业的发展应当特别关注其中的隐性成本和隐性收益。隐性成本和收益往往被传统的经济分析所忽视，或者被作为"外部性"因素简单地处理，这不符合能源法效率价值的内在要求。

第四节　能源法的目的与原则

如果说正义、秩序和效率等构成了能源法价值体系的基石，那么能源法的目的体系和基本原则是根植于这一基石同时与能源法的具体制度设计密切相关的理念框架。明确这一理念框架，是基于推进低碳经济需要而构建能源法律制度的理论前提。

一　能源法的目的体系

能源法的目的，是指基于能源法的价值取向和基本原则的、制定和实施能源法所追求的目标和希望达到的结果。能源法的目的具有四方面特征：①依据上的政策性。在我国，立法往往基于特定的政策进行。政策是指一国为实现一定时期的社会经济目标，在特定的战略框架下制定的行动准则，一般体现为"计划""规划""纲要""方案""通知""意见"等形式。政策对法律的制定和实施起着指导作用。[1] 就能源法而言，立法目的直接体现国家能源政策的要求，同时也是在法律领域落实能源政策的重要指南。②体系上的多元性。从各国立法实践看，能源法的立法目的大多不是一元的，而是一个包含有多重目的的完整体系。当然，这些不同层面、不同方面的目的并非无章无序地罗列在一起，而是形成一个具有特定主旨的、相互支持而内在协调的目的体系。这一体系既体现能源法的价值定位，是确定能源法基本原则的主要依据之一，也是价值定位与基本原则之间不可或缺的桥梁，并与二者共同构成能源法的理念体系。③内容上的国别性。各国能源法的目的尽管呈现诸多共性，同时亦表现出较大的差异性。有些国家的立法更加关注能源安全，

---

[1]　刘金国、舒国滢主编：《法理学教科书》，中国政法大学出版社1999年版，第402页。

有些国家侧重于保障能源资源的可持续利用，还有些国家主要以促进相关行业的发展为目标，也有国家对这几方面的目标同等关注。究其原因，主要是由于各国在能源资源的赋存情况、经济发展对能源资源的依存度等方面存在差异，不同国家总是基于各自的实际情况，确定本国的能源法的目的。④发展上的阶段性。即使对于同一国家而言，不同时期的能源法的目的也不会一成不变，而往往体现出显著的阶段性特征。一般而言，形成这一特征的原因包括能源资源的赋存和勘探状况、经济发展战略与政策的调整、社会经济发展状况的变化、外交政策的调整、国际因素的影响等。当然，由于能源资源是一国经济发展的战略资源，能源法的目的一般会具有较高程度的稳定性。

我国能源法的目的体系可由三方面构成：保障能源安全，提高能源效率，促进能源产业健康发展。这三方面的目的具有其内在的逻辑层次，即保障能源安全和提高能源效率是能源法的直接目的；促进能源产业健康发展是能源法的最终目的。直接目的与最终目的的逻辑关系在于，前者的实现是后者的必要但非充分条件，后者是前者在社会经济发展趋向层面的追求。

(一) 保障能源安全

保障能源安全具有价值理念基础。首先，保障能源安全是实现能源法正义价值的基础。法是以人类为中心的上层建筑；能源法的正义价值，也首先是一个以人为中心的价值选择。无论是对社会经济系统安全的保障，还是对生态环境系统安全的保障，其最终目的都是保障作为社会经济系统的主体和作为生态环境系统组成部分的人的福利。安全的社会经济和生态环境为人的自由发展和相关权利的实现提供必要的条件，从而成为正义价值的应有之义。其次，保障能源安全是实现能源法秩序价值的必要条件。前已述及，能源法的秩序价值包括安全性侧面和可预见性侧面两个方面，其中安全性侧面是秩序价值的实质内容，也是可预见性侧面的目标所在。社会经济安全和生态环境安全是秩序价值之安全性侧面的组成部分，并全面体现于保障能源安全目的各个方面。最后，保障能源安全是实现能源法效率价值的前提条件和内在要求。充分考虑隐性成本和收益，是能源法之效率价值的内在要求之一。隐性成本和收益最重要的内容之一，就是对社会经济和生态环境可能造成的潜在正面和负面影响。缺少了对这方面的考虑，能源法的效率价值不仅是不完整的，同时也无以体现能源产业发展的可持续性要求。

保障能源安全具有现实需要。例如在生产和输送安全方面，多年以来，石油天然气矿区和管道发生的盗油和盗气事件屡禁不止，直接影响油气生产输运安全和公共安全。再如，在国际贸易方面，我国目前已成为世界第二大石油消费国和第一大原油进口国。[①] 国家能源局资料显示，2016年，我国原油产量约 2.00 亿吨，石油表观消费量约 5.56 亿吨，净进口量3.56 亿吨，[②] 石油对外依存度达到 64.4%。虽然目前天然气在我国能源结构中的比例还较低，但天然气已在大城市和部分发达地区的经济发展中发挥着越来越重要的作用，天然气消费市场正在不断扩大，仅靠国内生产的天然气难以满足需求。为此，我国近些年来开始强调"合理规划建设能源储备设施，完善石油储备体系，加强天然气和煤炭储备与调峰应急能力建设"[③]。2007 年 12 月，国家发展改革委宣布国家石油储备中心正式成立，旨在加强中国战略石油储备建设，健全石油储备管理体系，决定用15 年时间，分三期完成石油储备基地建设。由政府投资的首期 4 个战略石油储备基地分别位于浙江舟山和镇海、辽宁大连及山东黄岛，于 2008年全面投用。储备总量 1640 万立方米，约合 1400 万吨，[④] 相当于我国 10余天原油进口量，加上国内 21 天进口量的商用石油储备能力，我国总的石油储备能力可达到 30 天原油进口量。[⑤] 第二批原油战略储备基地于2010 年陆续开工。[⑥] 2011 年，第三批石油战略储备基地选址工作启动。[⑦]截至 2016 年年中，我国已建成舟山、舟山扩建、镇海、大连、黄岛、独山子、兰州、天津及黄岛国家石油储备库共九个国家石油储备基地，储备

① 参见《中国成全球第一大原油进口国，第二大石油消费国》，http://www.sohu.com/a/134581016_504450，最后访问时间 2017 年 11 月 28 日。

② 国家统计局：《2016 年国民经济和社会发展统计公报》，2017 年 2 月。

③ 《国民经济和社会发展第十二个五年规划纲要》第 11 章第 2 节。

④ 依 BP 统计资料的换算标准，1 立方米原油相当于 0.8581 吨。

⑤ 参见《解密"中国战略石油储备"》，http://news.xinhuanet.com/2011-01/21/c_121006711_2.htm，最后访问时间 2013 年 11 月 5 日。

⑥ 沈汝发、李晓慧、刘雪：《第二批石油战略储备基地工程陆续开工》，http://www.cs.com.cn/xwzx/05/201003/t20100329_2379448.htm，最后访问时间 2013 年 11 月 5 日。

⑦ 参见《我国启动战略石油储备基地三期选址》，http://info.chem.hc360.com/2011/03/230851236142.shtml，最后访问时间 2013 年 11 月 5 日。

原油 3325 万吨，约占我国 2015 年石油净进口量的 1/10。[①] 尽管如此，我国目前战略石油储备体系仍处于起步阶段，应对供应中断能力较弱，这与我国作为石油消费大国的地位极不相称，对于应对突发事件、保障国家经济安全方面也非常不利。

不少国家均在其能源基本法或相当于能源基本法的立法中就保障能源安全做出规定，或在"保障国民经济稳定运行"目标之下，将保障能源安全作为其重要的实现途径之一。尽管我国《矿产资源法》及其实施细则、《对外合作开采海洋石油资源条例》《对外合作开采陆上石油资源条例》《石油天然气管道保护法》等也做出了与"安全"相关的规定，但其内涵往往是劳动安全或者设施安全，与一般意义上的"能源安全"不尽相同。在进一步的能源立法中，应将保障能源安全作为重要目的之一。

（二）提高能源效率

从正义价值之自由侧面观之，提高开发利用效率不仅有助于确保能源企业相关权利更加充分地实现，而且也有助于消费者获得更加优质的服务。从正义价值的平等侧面看，提高能源效率还有助于通过成本更低、更加安全的产品，使更多的消费者得以享受能源法上的产品和服务，同时也通过对市场需求的拉动，为能源企业提供更大的发展空间。

提高开发利用效率有助于实现能源法的秩序价值。一方面，提高能源效率，有助于在更高水平上实现秩序价值的安全性要求。历史经验证明，经济的停滞和衰退是影响社会稳定的最主要因素之一。而在现代社会，能源产业已经毋庸置疑地成为左右经济发展的支柱性产业。另一方面，提高能源效率，是实现能源安全的一条可行的途径。"人类的安全水平很大程度上取决于经济水平。因此，经济问题是安全问题的重要根源之一。"[②] 推动能源产业健康高效率发展，在发展中动态地应对现实或者潜在的负面影响，也是秩序价值安全性侧面的内在要求。

提高能源效率亦为能源法效率价值的应有之义。很多国家将提高能源效率作为能源立法的重要内容。例如，美国 2005 年《国家能源政策法》的开篇章节即是关于能源效率的规定。关于此，不应夸大梅逊关于"最

---

① 参见《中国公布原油储备量，九大石油储备基地建成》，http：//mil. news. sina. com. cn/dgby/2017-05-03/doc-ifyetxec7413781. shtml，最后访问时间 2017 年 10 月 17 日

② 金龙哲、宋存义主编：《安全科学原理》，化学工业出版社 2004 年版，第 116 页。

小的政府是最好的政府”的论断的普适性和有效性。政府基于其公权力对能源产业进行适当的规制和调控，有助于产业发展符合效率价值等四个方面的内在要求。

作为能源法目的之一，“提高能源效率”包括三方面的内在要求：

其一，支持能源产业健康发展。能源法应当为能源产业的发展提供良好的法律环境。一方面，应当为产业发展的各个环节提供支持，而不应忽略其中一个或者几个环节。唯有如此，能源产业才能实现健康发展。事实上，这也是能源法之效率价值的内在要求之一。另一方面，能源法要为产业的发展提供相应的保障，从而使各个产业环节得以顺利地进行和全面而均衡地发展。

其二，确保能源产业发展的合目的性。能源产业的发展本身并不能成为其正当性的理由，其目标应是满足人的需求，使人获得更大的自由；同时，应将对社会、经济、生态等方面的负面影响控制在可接受的范围之内，以免这些负面影响抵消甚至超过其为满足人类需求和增进自由所带来的惠益。合目的性的核心内容，是使能源产业的发展符合能源法的正义价值和秩序价值的要求，以及效率价值重视条件约束、关注隐性因素和全面均衡发展的内在要求。

其三，采取适当的法律规制手段。在制度构建中，能源法应在发展与规制之间进行综合平衡，避免“为了控制而控制、为了预防而预防”，确保能源产业发展的可持续性，以实现能源产业健康、有序发展的目标。

（三）促进能源产业健康发展

在推进低碳经济的宏观背景下，能源产业的健康发展主要包括两方面的内涵：产业发展路径的可持续性，以及产业发展模式的环境友好性。

产业发展路径的可持续性体现了能源法价值理念的内在要求。在正义价值层面，发展首先意味着为能源法律主体的自由权利更加充分的实现提供物质基础；发展的可持续性则为实现法律地位平等、机会平等和待遇平等提供支撑。在秩序价值层面，无论是社会经济系统的安全性还是生态环境系统的安全性，抑或作为安全性实现手段的可预见性，均内在地体现于可持续发展的诉求之中。在效率价值层面，发展与效率的本初内涵相契合，而可持续性则在此基础上体现了正当目的性、全面均衡性、条件约束性和成本的隐性因素对能源法目的体系的要求。

能源产业发展模式的环境友好性也是能源法价值取向的必然要求。从正义价值角度讲，无论是能源企业还是消费者，在行使其自由权利的同时，均应承担相应的义务。在这些义务中，环境保护是其中的重要内容之一。从秩序价值角度讲，保障生态环境安全是实现其安全性侧面的重要内容之一，并且其可预见性侧面也内在地、当然地包括能源产业活动对生态环境造成的影响的法律结果的可预见性。从效率价值角度讲，生态环境保护是实现能源法目的正当性要求的重要方面，是实现其全面均衡发展要求的重要内容，是产业发展的重要约束性条件，同时也是减少相关活动隐性成本的重要途径。从实证层面讲，能源资源的勘探、开采、炼化、储运、消费等活动对生态环境具有环境经济学上的"负外部性"，对水环境、大气环境、土壤环境和整个生态系统均会产生诸多方面的负面影响。

二　能源法的基本原则

能源法的基本原则，是指体现能源法价值理念、在从事能源开发利用活动以及能源管理过程中所应遵循的根本准则。在低碳经济背景下，能源产业发展应遵循可持续发展、安全与效率兼顾、利益平衡、综合调整四方面的基本原则。

（一）可持续发展原则

可持续发展是指既满足当代人的需要、又不对后代人满足其需要的能力构成危害的发展，① 其主要内容包括代内公平、代际公平、资源的可持续利用和环境与发展一体化四个方面。能源法可持续发展原则，也相应地体现为这四个方面。

1. 代内公平

能源开发利用的"代内公平"，是指代内的所有人，无论国籍、种族、性别、经济发展水平和文化等方面的差异，对于利用能源资源享有平等的权利。此处的"平等"体现了能源法正义价值平等侧面的内容：一方面，一国的能源法应为本国国民平等地提供利用能源资源的机会；另一方面，结果上的合理的差异亦可被接受，前提是符合前述正义价值的结构安排。

"机会平等"是指法律意义上的平等。能源企业所享有的自由和权利

---

① 这是 1987 年挪威首相布伦特兰夫人领导的世界环境与发展委员会发表的研究报告《我们共同的未来》中提出的定义。

与作为消费者的个人所享有的自由和权利存在区别。因各国国情不同，公平具有显著的国别性，因而"公平"的内容在一些情形下也会有所不同。结果上的差异性不应被视为对公平性的违反。在一个完善的法制环境下，合理的差异恰恰体现了公平与合理性，反映了能源法正义价值平等侧面的本质要求。

2. 代际公平

能源开发利用的"代际公平"，是指各代人之间在开发和利用能源资源方面享有平等的权利。在代际公平框架下，能源开发利用应做到两个方面。一方面，保障后代人利用能源资源的权利。本代人对能源资源的开发和利用，应当尽可能顾及后代人的需求，为后代人保存足够数量的能源资源，而不应出于最大化满足本代人需求的目的而无节制地开发利用能源资源，从而剥夺后代人开发利用能源资源的权利。另一方面，为后代人保留合理质量的资源和环境。在保障后代人利用能源资源权利的同时，本代人还应保证为后代人保留的能源资源的质量处于合理的质量水平，并且应确保因本代人开发利用能源资源而对生态环境造成的负面影响被控制在可接受的范围之内。

对于不可再生的耗竭性能源资源，实现代际公平并非（也不可能）要求能源资源的数量绝对地不耗竭、资源和环境质量绝对地不受影响。这就涉及合理数量和质量的确定问题。一般而言，合理数量可以依据社会经济发展需求、替代能源状况和发展态势、一国发展的战略要求等方面综合判断；而质量方面的合理水平和可接受的范围，则依科学制定的技术标准予以确定。

3. 能源资源的可持续利用

能源资源的可持续利用，对于不可回收的耗竭性资源而言具有特别重要的意义。对于此类资源，在法律上应主要采取节约利用、积极开发替代资源等手段以实现持续利用。

一方面是能源资源的节约利用。我国人口众多，能源资源的人均占有量远低于世界平均水平；同时，我国单位 GDP 的能源消耗和二氧化碳排放量均高于世界平均水平。因此，有必要明确节约资源的要求，减少能源资源浪费，同时最大限度地降低温室气体的排放量，以适应应对气候变化、推动低碳经济发展的内在要求。对此，我国《节约能源法》规定："节约资源是我国的基本国策。国家实施节约与开发并举、把节约放在首位的能源发展战略。"① 同时还规定："任何单位和个人都应当依法履行节能义务，有权检举浪费能源的行为。"②

另一方面是开发替代资源，主要是可再生能源。可再生能源包括水能、风能、太阳能、生物质能、地热能和海洋能等。在应对气候变化的背景下，可再生能源的开发和利用受到越来越多的关注。许多国家将开发利用可再生能源作为能源战略的重要组成部分，提出了明确的发展目标，制定了鼓励可再生能源发展的法律和优惠政策，使新能源和可再生能源得到迅速发展，成为各类能源中增长最快的领域。一些可再生能源技术的市场应用和产业，如光伏发电、风电等在近 10 年的年增长速度都在 20% 以上。③ 从长远来看，积极开发和利用替代资源是一个必然的趋势。这既有利于减轻能源资源开发利用方面的巨大压力，也有利于环境保护和社会经济的持续发展。

4. 能源开发利用与环境保护一体化

能源开发利用与环境保护一体化，是指在能源开发利用过程中充分考虑环境保护和发展低碳经济的要求，将能源产业的发展与环境保护有机结合起来。这就要求，一方面，在制定能源政策和立法的过程中考虑环境保护的需要；另一方面，在追求环境保护目标时，亦应充分考虑能源产业发展的需要。在应对气候变化的背景下，能源资源开发利用与环境保护一体化更凸显其重要性。

在制度层面，能源开发利用与环境保护一体化这一目标主要通过四类措施实现。①许可制度。主管机关在授予能源开发利用方面的许可权的同时，要求能源产业相关主体承担保护环境、防治污染的义务。②现场监督检查制度。主管机关通过现场监督检查，纠正环境污染和破坏行为。③产权自律机制。通过契约等形式规定矿业权主体的环境保护义务，要求其在能源开发利用中遵守环境法律规范，防治环境污染。④ ④基于市场机制的管理措施，如价格手段等，也有助于实现环境保护目标。

---

① 《节约能源法》第 4 条。

② 《节约能源法》第 9 条。

③ 国家发展改革委能源局、国家发展改革委能源研究所、中国资源综合利用协会可再生能源专业委员会、中国可再生能源学会产业工作委员会：《我国可再生能源产业发展报告》，2008年 5 月。

④ 肖乾刚、肖国兴：《能源法》，法律出版社 1996 年版，第 141—142 页。

5. 小结

在低碳经济背景下，可持续发展理念在能源领域表现为经济、社会、环境和资源相互协调的、既能满足当代人的需求而又不对满足后代人需求的能力构成危害的可持续发展的道路。我国能源产业可持续发展需要实现四个方面的转变：从"高资源消耗、高污染排放、低经济效益"的"两高一低"发展模式，转变为"资源消耗少、环境污染小、经济效益高"的"两低一高"模式；从以牺牲环境为代价追求经济增长的粗放型经济，转变为经济增长与环境保护协同增效的"绿色经济"；从对资源掠夺式开发、对生态环境破坏严重的"生态侵略型经济"，转变为人与自然和谐发展的"和谐型经济"；通过进行大规模的生态建设，修复受损的生态环境，从"生态赤字"转变为"生态盈余"。①

（二）安全与效率兼顾原则

能源法既应重视提高产业效率，又应重视各产业环节的安全性以及资源本身的安全性。这就是安全与效率兼顾原则的基本内涵。

1. 基本观念

安全是能源法秩序价值的重要组成部分。理解能源法框架下的"安全性"，应将其置于能源安全的背景下考察。迄今为止，有关能源安全的认识经历了三个主要发展阶段。第一阶段是传统能源安全观。在这一观念之下，各国基于本国能源赋存状况和社会经济发展需要来对待能源安全问题。如丹尼尔·耶金所言，尽管能源消费国和能源生产国都希望获得能源安全，但对其含义的理解却各不相同：相对于能源消费国而言，能源安全主要是指供应安全，即"保证随时随地都有充足的、价格合理的在品种和质量上符合用户需求和环境保护需求的能源供应，为国民经济和社会发展提供物质原动力"②；而相对于能源生产国而言，能源安全则主要指能源需求安全。③ 有观点将其总结为能源供应安全和能源使用安全两个方面。第二阶段是合作能源安全观。随着经济全球化的发展，各国逐渐认识到能源安全只有通过充分的国际合作方可实现，因而倡导通过双边、多边

---

① 杜祥琬：《中国能源的可持续发展之路》，《求是论坛》2006 年第 22 期。

② 陈新华：《能源改变命运——中国应对挑战之路》，新华出版社 2008 年版，第 268 页。

③ Daniel Yergin, "What Does Energy Security Really Means?" *The Wall Street Journal*, July 11, 2006.

谈判和局部结盟构建统一规则，以合作的方式促进各国自身能源安全。[①]第三阶段是新能源安全观。2006 年 7 月在八国集团同中国、印度、巴基斯坦、南非、墨西哥、刚果（布）六个发展中国家领导人对话会议上，我国提出了新能源安全观，[②] 其核心要点为：在能源的开发利用上，注重互利合作；重视能源技术的研发推广，实现多元发展；维护能源安全稳定的良好政治环境，加强协同保障。[③]

　　基于新能源安全观，能源安全的内涵包括能源供给安全、能源价格安全、能源运输安全和能源生态安全四个方面。[④] 能源供应安全，是指拥有充足的一次能源资源储备和开发利用能力、二次能源的加工转化能力，以及符合我国社会经济发展需求的持续稳定的能源进口。能源价格安全是指能够以适当的价格获得所需的能源资源和能源产品。[⑤] 能源运输安全，一方面是指国家能源运输通道的畅通，特别是指能源进口通道的畅通；另一方面是指国内能源运输通道正常运行。能源生态安全，是指能源的开发利用行为符合环境保护和生态友好的要求，不对社会的可持续经济发展产生不可接受的负面环境影响。[⑥]

　　能源法的原则层面所关注的"效率"，是指能源产业高效健康发展的状态，而并非如经济学原初意义上的尽可能地提高"投入产出比"。根据能源法的效率价值的内在要求，能源法的原则层面的"效率"至少应包

---

　　① 余敏友、唐旗：《能源安全观的变迁与国际能源机制的演进》，载肖国兴、叶荣泗主编《中国能源法研究报告》，法律出版社 2010 年版，第 385—386 页。

　　② 胡锦涛：《在八国集团同发展中国家领导人对话会议上的书面讲话》，《人民日报》2006 年 7 月 18 日第 1 版。

　　③ 马延琛、吴兆雪：《中国新能源安全观与实现全球能源安全》，《东北亚论坛》2007 年第 4 期。

　　④ 也有观点认为，能源安全的四方面内容之间存在冲突和矛盾。例如，董溯战认为，能源供给安全与能源生态安全之间存在价值冲突。参见肖国兴、叶荣泗主编《中国能源法研究报告》，法律出版社 2009 年版，第 322 页。

　　⑤ 杨逢珉、鲍华钧：《国际原油价格与中国能源安全》，《中国高新技术企业》2009 年第 21 期。

　　⑥ 1947 年美国《国家安全法》将能源安全定义为"政府在战时能有效利用自然资源与工业资源，供军需和民用"。欧盟国家认为"能源安全即供应安全，是指欧盟在合理的经济条件下开采本国的资源或将来这些资源作为战略储备；依靠可进入的、稳定的外部来源保障能源消费的能力，在必要的情况下，可动用欧洲的战略加以补充"。参见杨泽伟《中国能源安全法律保障研究》，中国政法大学出版社 2009 年版，第 2 页。

括如下几个层面的内涵。在发展目标上，能源产业的发展应符合一国的相关战略和政策要求，从而使产业发展成为推动社会经济整体进步的积极因素；同时，能源开发利用活动不仅旨在高效地满足社会经济发展的需要，而且还应满足社会成员的正常便利生活的需要。在发展模式上，要求能源产业合目的地高效率发展。在发展路径上，能源产业的发展应基于合理的经济成本，并避免损害其他经济主体的合法权益；同时，亦应将能源产业活动对社会、经济和生态环境等方面产生或者可能产生的负面影响控制在可接受的范围内。

2. 安全与效率的关联性

安全与效率之间的关联，首先体现于能源法秩序价值与效率价值之间的关联。秩序价值在很大程度上意味着对现状的肯认和维护，而效率价值则更多地侧重于能源产业的动态发展。在一定程度上，秩序价值和效率价值分别体现着"保守"与"激进"两种倾向：① 实现秩序价值要求保障安全性与可预见性，由此可能对产业发展形成一定程度的制约；而产业发展则又会不断产生各种新的问题，从而对秩序价值形成直接或者间接的冲击。由此，二者密切地"纠缠"并在内容上相互渗透，同时亦有可能发生冲突。

基于二者在内容上的相互渗透关系，应在一定限度内调和二者之间的冲突和矛盾。秩序价值具有动态性，安全性的评价标准会随着生产力、科学技术和社会生活的发展而发展。同时，能源法的效率价值具有目的的正当性、发展的均衡性、关注条件约束性和重视隐性成本等多方面的规定性，这又体现了对现有秩序的尊重和承认。基于此，二者之间的冲突和矛盾在一定限度内是可以解决的。如果二者之间的冲突和矛盾难以调和，则应以秩序价值为优先选项，即基于秩序价值的基础地位，使能源产业的发展有助于秩序价值的实现。

能源法确立安全与效率兼顾原则的现实意义主要体现为如下三个方面：

首先，经济安全与效率之间的关系。在此方面，目前最受关注的是战略石油储备与产业发展之间的关系。战略石油储备事关一国的经济安全甚

---

① 博登海默认为，法律的秩序功能"有一种使法律变得呆板僵化并守成当下社会与经济现状的倾向"。参见［美］埃德加·博登海默《法理学——法律哲学与法律方法》，邓正来译，中国政法大学出版社 1999 年版，第 328 页。

至国家安全，各国均非常重视。在多数国家，战略石油储备由国家储备和企业义务储备两部分构成，在特定情形下，后者可被国家强制动用，由此体现出安全性要求高于作为产业发展指标的效率性需求。尽管企业储备的动用可能会在一定程度上影响到产业发展效率，甚至储备本身在很大程度上属于国家施加于能源企业的"额外"义务，但基于安全性的重要作用，确保安全优先的实践是合理的。

其次，生态安全与效率之间的关系。一般情况下，能源产业发展与生态环境保护之间不是非此即彼的互斥关系，因为环境保护要求目前已全面渗透于能源产业发展的各个环节和各个领域，成为能源产业发展不可分割的内容。但在特殊情形下，例如在能源企业不愿遵守环境保护义务或者在发生环境污染等情况下，这种内在统一的平衡关系被暂时打破。在此情形下，基于安全与效率兼顾原则，应将确保生态安全作为首要选项，不得以产业发展为由拒绝履行环境保护义务，或者拒绝执行环境损害赔偿。

最后，安全的相对性与效率标准之间的关系。根据安全科学原理，安全不具有绝对性，仅指免受不可接受的风险伤害的状态。"某一安全性在某种条件下认为是安全的，但在另一条件下就不一定会被认为是安全的了，甚至可能被认为是危险的。"[①] 与其他产业活动一样，能源产业不可能绝对安全。因而，能源法并不以确保绝对安全性为目标，而只能确定一个可接受的标准，以达至一种相对的安全性。详言之，社会经济安全并非要求产业活动不对社会经济系统产生任何影响，而是指将影响控制在社会经济系统的承载范围之内，从而不对其正常运行产生不可控的负面影响。而由于生态系统和环境要素具有自我恢复能力和自我净化能力，生态安全并不是指生态环境完全不受能源产业活动的影响，而是指此种影响不对生态系统的结构和功能的复杂性、自我维持能力、抵抗能力、恢复能力、生物多样性、营养循环和生物数量的稳定性等方面构成不良影响，使产业活动的范围和强度控制在生态承载力和环境容量之内。由于安全具有相对性，效率标准也就可能相应地发生变化，从而在整体上影响产业发展。在实践中，此种情形主要是指随着勘探、开采、炼化、输送等技术的发展，使得相关活动的安全性提高，从而对产业发展的束缚有所降低；或者由于可再生能源在一国的发展，使能源产业及其产品在该国经济系统的地位发

---

① 金龙哲、宋存义主编：《安全科学原理》，化学工业出版社 2004 年版，第 13、120 页。

生变化，从而直接或者间接地影响到能源产业的发展。

（三）利益平衡原则

"利益"在经济学上的原意为"利息"，后来被泛指个人与社会的一种关系体现。[1] 霍尔巴赫认为，"利益其实是我们每一个人对自己幸福来说必要的东西"[2]。法学界对"利益"一词也向来存在不同的理解。有学者对不同利益学说进行了归纳和总结，认为利益是社会主体的需要在一定条件下的具体转化形式，体现社会主体对客体的一种主动关系。根据利益的内容和性质不同，可将利益分为物质利益、政治利益、人身利益和精神利益；根据利益空间范围，可分为整体利益、局部利益和个别利益；根据利益时间范围，可分为长远利益、短期利益和眼前利益；根据国家结构，可以将利益分为中央利益和地方利益。就法律利益关系而言，通常是根据利益主体进行分类，将利益分为个人利益、集体利益、国家利益和社会利益，或者概括为私人利益与公共利益。[3]

能源产业涉及各种不同法律主体、不同内容、不同时间维度上的利益。作为一类重要的利益协调机制，法律的重要任务之一，就是协调和平衡能源产业发展中的内生性利益。所谓"平衡"，即矛盾之间暂时的、相对的统一。[4] 能源法上的"利益平衡"，是指能源法各种利益之间基于能源法的价值取向而实现的协调和统一。

从利益主体角度看，能源法应关注国家利益、企业利益与公众利益之间的关系。能源产业在一些国家是支柱产业，能源企业是重要的经营主体，其经营活动往往创造巨大的经济效益。能源产业与公众的日常生活亦息息相关，对公众利益产生多方面的影响。在能源法正义价值、秩序价值和效率价值理念框架之下，国家、企业、公众三者之间的利益内在统一，同时也存在不同的侧重点：国家利益强调秩序价值，企业利益侧重效率价值，公众利益侧重正义价值。如果在特定情形下三者之间发生冲突，则应根据能源法价值冲突解决的路径予以处理，从而实现能源法上的利益平衡。

---

① 赵震江主编：《法律社会学》，北京大学出版社1998年版，第243页。

② ［法］保尔·昂利·霍尔巴赫：《自然的体系》，管士滨译，商务印书馆1964年版，第271页。

③ 李丹：《环境立法的利益分析》，知识产权出版社2009年版，第13—14页。

④ 李行健主编：《现代汉语规范词典》，外语教学与研究出版社、语文出版社2004年版，第1003页。

　　从利益内容角度看，能源法主要关注经济利益、社会利益与环境利益之间的关系。基于能源法的价值理念，三者关系的处理原则为：首先，应承认三者之间的内在统一性，即在一般情况下，三者之间相互支持、相互促进。其次，在特殊情形下，如发生重大能源价格波动从而严重影响社会稳定、发生重大能源事故从而对生态环境造成或者可能造成重大不利影响时，鉴于能源资源的战略地位，应以社会利益和环境利益为优先考虑。需要注意的是，这一处理顺位是应急状态下的解决方案。能源法应遵照其目的的要求，基于相应的法律机制和法律制度，实现经济利益、社会利益与环境利益之间的动态平衡。

　　从时间维度看，能源法应当处理好现实利益与长远利益之间的关系。应基于可持续发展原则的要求，充分考虑后代人的长远利益，并在此基础上确保后代人在合理的时期内可以持续利用能源资源。在此前提下，能源法应充分重视满足当代社会经济发展的需要。二者之间的衔接点在于社会经济和技术的发展程度，特别是可再生能源的发展程度。随着可再生能源在社会经济发展中地位的不断提升，能源法协调现实利益和长远利益的具体策略、机制、制度和措施也会相应地发生变化。

　　（四）综合调整原则

　　能源法上的综合调整原则，是指能源产业规制综合运用市场机制和行政手段，充分发挥两类机制的优势，形成一个相互支持、互为补充的调整机制。[①] 能源法采取综合调整原则的根本原因在于市场机制与行政手段之间的优势互补关系。

　　1. 市场机制的贡献与不足

　　"只有毫无历史知识的人才不知道：君主们在任何时候都不得不服从经济条件，并且从来不能向经济条件发号施令。无论是政治的立法还是平民的立法，都只是表明和记载经济关系的要求而已。"[②] 法律是距离经济基础最近的上层建筑，只有合理地依据市场机制进行相应的法律安排，才能够适应经济基础对法律上层建筑的要求，从而推动社会进步。市场机制的积极作用可以概括为五个方面：通过价格信号，市场机制反映各类资源

────────────

　　① 于文轩：《自然资源物权：政策倾向与调整手段》，《山东科技大学学报》（社会科学版）2012 年第 1 期。

　　② ［德］马克思、恩格斯：《马克思恩格斯全集》（第 4 卷），人民出版社 1995 年版，第 121—122 页。

的稀缺程度，调节和实现经济资源的合理配制；通过公平竞争，优胜劣汰，推动技术进步，同时实现经济资源的优化配置；市场信息是引导和调整企业生产发展方向的依据；市场是联系各个企业、使社会再生产顺利进行的桥梁和纽带；市场是政府实现调控的中介。①

　　然而，市场机制本身并不是完美无缺的。法学家敏感地看到，"自由市场可能造成经济上的低效，（更糟糕的是）带来许多的不公正。即便是运行良好的经济市场也不应当与自由本身等同起来。至少自由是一个复杂的概念，而自由市场能够严重限制人们通常所说的那种自由。重要的平等方式……可能遭到自由市场的破坏，而不是自由市场的促进"②。经济学家也得出了类似的结论：市场机制具有"适用范围和现实的局限性。……市场有时候会让我们失望，存在着'市场失灵'的情况，③ 并且市场并不总是产生最有效率的后果……包括不完全竞争和外部经济效果④，如污染等"⑤。如阿罗所言，"在自主而平等的市场体制下，个人利益的被满足并不意味着整个社会利益也被满足；社会的整体利益，是不能由自主平等的市场主体的行为自身满足的，因此，应当由一个超越市场主体的'裁决者'来识别和确定社会利益"⑥。由此不可避免地发生了"市场失灵"的情形。

　　2. 行政手段的优势与缺陷

　　为了克服市场失灵，各国在不同时期采取了不同程度的行政手段。一般认为，政府的经济职能主要在于提高效率、增进平等性和促进宏观经济的增长与稳定三个方面：⑦ ①提高经济运行效率，纠正市场失灵。政府通过各种途径，对私人主体的过度自益行为进行约束，抑制能源资源开发利

---

　　①　邬名扬主编：《政治经济学新编》，中国政法大学出版社 1999 年版，第 373—375 页。

　　②　[美] 凯斯·R. 孙斯坦：《自由市场与社会正义》，金朝武、胡爱平、乔聪启译，中国政法大学出版社 2002 年版，序言部分。

　　③　市场失灵，即市场机制对某种情况下的经济现象不能直接发挥调节作用。参见陈大夫《环境与资源经济学》，经济科学出版社 2001 年版，第 12 页。

　　④　Externalities，外部经济效果，也被译为"外部经济性"。

　　⑤　[美] 保罗·A. 萨缪尔森、威廉·D. 诺德豪斯：《经济学》（第十四版），首都经济贸易大学出版社 1996 年版，第 71 页。

　　⑥　董保华等：《社会法原论》，中国政法大学出版社 2001 年版，第 5 页。

　　⑦　[美] 保罗·A. 萨缪尔森、威廉·D. 诺德豪斯：《经济学》（第十四版），首都经济贸易大学出版社 1996 年版，第 73 页。

用过程中所产生的外部不经济效果，确保资源的持续利用和生产生活的安全性，进而弥补因"理性人"的非理性行为所造成的不良后果。②增进经济资源分配的公平性。对于社会发展而言，经济资源的公平分配具有重要的意义。即便在一个运行良好的市场经济条件下较好地实现了经济运行的效率性，能否确保经济资源和社会资源分配的公平性有时却不得而知。从这一意义上讲，政府增进经济资源分配公平的职能，至少与其提高经济运行效率的职能同等重要，并且这一职能在能源开发利用领域显得更为重要。根据可持续发展战略制定相应的法律规范，以实现人与自然之间的公平、人与人之间的公平以及代内公平和代际公平，是能源法的重要任务；而要使之成为现实，政府基于行政手段进行管理是一条重要途径。③促进宏观经济的增长与稳定。20 世纪 30 年代，以政府干预主义为最基本特征的凯恩斯主义异军突起。政策制定者和经济学界开始了对此前长期被奉为圭臬的"无形之手"理论进行反思，其成果是凯恩斯主义的诞生、宏观经济学的兴起和国家宏观调控政策的普遍实施。事实上，行政手段的积极作用是有目共睹的，其意义决非"将西方经济带出大萧条"一言所能蔽之。而在法学界，社会法学派对于当时西方国家法律制度的影响也非同小可。将其置于自然资源领域观之，由于能源资源对一国社会经济发展的重要作用，为了实现可持续发展的战略目标，尤其有必要基于行政手段，健全和完善相应的法律制度，从而为社会经济的持续增长和稳定发展提供相应的法律资源。需要注意的是，虽然政府行为在弥补市场失灵方面拥有其独有的优势，但若过度采用，亦可能产生诸多流弊，如效率低下、派生外部性效果、重新制造分配不公等，因而应将行政手段的使用限定于弥补市场失灵的限度之内。

3. 市场机制与行政手段的综合运用

在实践中，几乎没有国家仅采用上述一类政策来进行经济调节。在能源法领域中亦为如此。混合干预政策对许多国家宏观经济的稳定前进和资源产业的健康发展起到了非常重要的作用。从理论上看，混合干预政策对凯恩斯主义全面干预政策进行了修正，认为社会经济活动应主要由市场进行调节，而政府的作用则在于监督、协调和政策指导。① 从实践层面看，

---

① 李昌麒：《论市场经济、政府干预和经济法之间的内在联系》，载杨紫烜主编《经济法研究》（第 1 卷），北京大学出版社 2000 年版，第 65 页。

无论在历史上还是在已经充分商品经济化的社会中，与自然资源直接相关的经济活动也从未完全市场化或者完全由国家控制，① 市场机制与行政手段总是相辅相成地共同为实现能源资源有效利用的目标而发挥各自的积极作用。②

基于此，能源法应综合运用市场机制和行政手段，对能源开发利用进行全方位的综合调整。

---

① 肖乾刚、姜建初：《资源法制：创新与重构——可持续发展与我国自然资源法制》，载杨紫烜主编《经济法研究》（第 1 卷），北京大学出版社 2000 年版，第 466 页。

② 丹尼尔·H. 科尔从环境问题与财产权之内在关联性的角度，分析了行政手段与市场机制之于环境目标实现的作用与效果，但他未提出任何明确的制度安排，认为"在这个次优的世界中，我们的目标只能是在各种条件下，以最不可能失败的方式构建这些关系"。参见［美］丹尼尔·H. 科尔《污染与财产权》，严厚福、王社坤译，北京大学出版社 2009 年版，第 194 页。

第三章

适应低碳经济的能源管理体制

事者，生于虑，成于务，失于傲。

——《管子·乘马》

能源管理体制，是指为实现能源管理目标而确立的由监督和管理机构设置、职能分工和管理机制所构成的有机整体。健全的管理体制，是推动能源产业健康发展的重要条件。低碳经济在管理理念、管理原则、管理目标、管理制度和运行模式等方面对能源管理体制提出了相应的要求。在管理理念方面，应遵循能源法的可持续发展、安全与效率兼顾、利益平衡和综合调整原则。在管理原则方面，应遵循管监分离和权力制衡原则。管理目标应与能源法的目标体系相一致，即保障能源安全、提高能源效率、促进能源产业健康发展。在管理制度层面，应与低碳经济发展要求相契合。在运行模式方面，行政规制与市场机制充分发挥各自的优势，达至内洽的协作互补。

第一节 我国能源管理体制的演进

我国能源管理体制的演进路径与行政管理体制改革进程密切相关，由最初的集中管制，经过放松管制阶段的逐步调整，现正处于战略调整阶段。目前在管理机构、管理职能、管理手段和管理人员方面存在的问题，有待在进一步改革过程中逐步解决。

一 能源管理体制的演进

经过 60 多年的发展，我国能源管理体制经历了集中管制、放松管制和战略调整三个发展阶段。

（一）集中管制阶段

1949 年 10 月，我国成立燃料工业部，下设煤炭管理总局、电业管理总局、石油管理总局和水力发电工程局，分别负责煤矿企业、火电与电网、水电以及油气勘探开发管理。1955 年，我国撤销燃料工业部，设立煤炭工业部、电力工业部和石油工业部。[①] 1958 年，合并电力工业部和水利部，组建水利电力部。1970 年，我国合并煤炭工业部、石油和化学工业部，组建了燃料化学工业部。1975 年，又撤销燃料化学工业部，成立煤炭工业部和石油化学工业部。

在这一发展阶段，我国能源管理体制变动较为频繁，但管理机构的变动并未实质性地引起管理职能和管理方式的变化。在高度集中的计划经济体制下，政企不分，政府直接指导企业的生产经营活动。

（二）放松管制阶段

1978 年，我国撤销石油化学工业部，石油行业和化工行业分开管理。1979 年，我国又撤销水利电力部，分别成立电力工业部和水利部。1980 年，我国成立国家能源委员会，该委员会分管煤炭工业部、石油工业部和电力工业部。在 1982 年政府机构改革中，国家能源委员会被撤销，重新设立水利电力部。

1988 年，我国进行了一次较大的能源管理体制改革，意在实现政企分开、确立企业市场主体地位。为此，我国撤销煤炭工业部、水利电力部、石油工业部以及核工业部，成立能源部，统筹负责能源规划与开发。同时，我国还组建了统配煤矿总公司、东北内蒙古煤炭工业联合公司、中国石油天然气总公司、中国石油化工总公司、中国海洋石油总公司、中国核工业总公司和中国联合电力公司。但是，能源部在政策制定、价格监督和投资管理等方面的职能因缺乏足够的管理职权而难以落实，新成立的能源企业基本上是原行业管理部门的翻牌，能源部与各大公司之间形成了事实上的平行关系。在 1993 年的机构精简过程中，能源部被撤销，并重新组建了煤炭工业部和电力工业部。

1998 年，我国撤销石油、煤炭、核工业、电力等能源工业部门，能源管理体制又一次发生了重大变革。煤炭部、石油部被撤销后，缩编为国

---

① 参见《关于设立煤炭工业部电力工业部等的决议》，http：//www.gov.cn/test/2008-03/06/content_ 911480.htm，最后访问时间 2017 年 1 月 14 日。

家经贸委下属的委管局。① 1998 年后，国有重点煤炭企业除神华集团、中煤能源集团外，全部下放地方管理。石油天然气行业重组为由中央直管的中石油、中石化和中海油三大公司。核工业部撤销后，成立了中国核工业集团公司，行政职能划归国防科工委。电力部撤销后，在国家经贸委下设电力司，政府职能由国家经贸委承担。2002 年，国家电力公司被拆分为中央直管的 2 家电网公司、5 家发电公司和 4 家电力辅业公司。2003 年，国家经贸委被撤销，与国家计委一同改组为国家发展改革委，并下设能源局（石油储备办公室），能源管理职能大部分转移至国家发展改革委。同年 9 月，国家电力监管委员会成立，开始了现代电力监管体制的实践。2005 年实施的《电力市场监管办法》对贯彻落实《电力法》发挥了重要作用。②

在这一发展阶段，我国能源管理体制改革着重强调市场的作用，逐步放松对能源企业的管制，由以往的政企不分努力转向政企分离，管理机构设置也体现出由分散向集中的模式转变。在管理手段方面，逐步体现出多样化的特点，更加注重对能源行业的监管。

（三）战略调整阶段

为了应对日益突出的能源供求矛盾，加强能源宏观调控和管理，国务院于 2005 年成立了能源工作领导小组，负责各能源行业之间的联络和制定能源发展规划，并在国家发展改革委下设立了副部级的国家能源领导小组办公室。国家能源领导小组办公室作为日常办事机构，其主要职能是：承担领导小组的日常工作，督办落实领导小组决定，跟踪了解能源安全状况，预测预警能源宏观和重大问题，向领导小组提出对策建议，组织有关单位研究能源战略和规划，研究能源开发与节约、能源安全与应急、能源对外合作等重大政策，承办国务院和领导小组交办的其他事项。③

2008 年 8 月，我国将原国家发展改革委能源局、国家能源领导小组和原国防科工委的核电管理职能合并改组为国家能源局，并对国家发展改革委的职责进行了划分，属于国家发展改革委管理的副部级单位。为加强

---

① 2001 年，该委管局被撤销。

② 陈元：《能源安全与能源发展战略研究》，中国财政经济出版社 2007 年版，第 150—152 页。

③ 参见《国家能源领导办公室正式成立（附主要职责）》，http://www.china.com.cn/chinese/PI-c/879932.htm，最后访问时间 2017 年 5 月 29 日。

能源战略决策和统筹协调，2010 年 1 月，国务院成立议事协调机构国家能源委员会，其主要职责是研究拟定国家能源发展战略，审议能源安全和能源发展中的重大问题，统筹协调国内能源开发和能源国际合作的重大事项。[①]

2013 年 3 月，我国将原国家能源局和国家电力监管委员会的职责进行整合，重新组建国家能源局，其主要职责是拟订并组织实施能源发展战略、规划和政策，研究提出能源体制改革建议，负责能源监督管理等。[②]

其他行政机关也承担能源管理相关职责。其中，国家发展改革委负责能源产业综合平衡、重大政策的制定等，商务部负责煤炭、电力、石油等行业归口管理，国土资源部承担煤炭等化石能源的资源勘探开发管理工作，水利部主管水电开发，农业部负责农村能源管理，国有资产监督管理委员会负责能源企业国有资产的管理，科技部负责能源科技管理，国家安全生产监督管理总局主要负责煤矿安全生产监督管理工作，环境保护部负责能源企业生产经营的环境监管。

表 3-1　　　　　　　　我国能源管理体制的演进

年份	设立机构	说明
1949	燃料工业部	石油管理总局、煤炭管理总局、电力管理总局、水力发电工程局
1955	设立煤炭工业部、电力工业部、石油工业部	撤销燃料工业部
1958	水利部与电力工业部合并，设立水利电力部	
1970	设立燃料化学工业部	撤销煤炭工业部、石油工业部和化学工业部
1975	设立煤炭工业部、石油化学工业部	撤销燃料化学工业部
1978	设立石油工业部、化学工业部	撤销石油化学工业部
1979	设立水利和电力工业部	撤销水利电力部
1980	设立国家能源委员会	负责统筹协调煤炭、电力、石油三个部门的工作，煤炭工作具体事务仍由煤炭工业部管理

---

① 《国务院办公厅关于成立能源委员会的通知》，http：//www.gov.cn/zwgk/2010-01/27/content_ 1520724. htm，最后访问时间 2017 年 10 月 10 日。

② 参见《国务院机构改革和职能转变方案》，http：//www.gov.cn/2013lh/content _ 2354443. htm，最后访问时间 2017 年 1 月 14 日。

续表

年份	设立机构	说明
1982	水利部与电力工业部合并，设立水利电力部 组建华能国际电力开发公司 设立中国海洋石油总公司	撤销国家能源委员会
1983	设立中国石油化工总公司	
1988	设立能源部 恢复水利部 设立中国石油天然气总公司 设立中国统配煤矿总公司，东北内蒙古煤炭工业公司，以及原煤炭部下设的中国方煤矿联合经营开发公司 设立核工业总公司 设立中国电力企业联合会，华东电力联合公司和上海、江苏、浙江、安徽省（市）电力公司	撤销煤炭工业部、石油化学工业部、水利电力部和核工业部 电力工业政企分开的序幕拉开
1991	设立中国南方电力企业联营公司	
1993	设立煤炭工业部 东北、华北、华中、西北、华东五省电网组建电力企业集团，组建电力工业部	撤销能源部 撤销中国统配煤矿总公司
1994	山东华能发电、华能国际电力、山东国际电源和北京大唐4家企业陆续在纽约和香港上市	撤销东北内蒙古煤炭工业公司
1995	《电力法》实施	
1996	国家电网建设有限公司设立	
1997	设立国家电力公司	
1998	设立由国家经贸委管理的国家煤炭工业局、国家石油化学工业局、电力司 设立中国石油天然气集团公司 设立中国石油化工集团公司	撤销煤炭工业部和电力工业部
1999	中国南方电力联营公司实行厂网分开，电网部分改制为国家电力公司的分公司——国电南方公司。	
2001	国家经贸委和计委等有关部门负责能源行业管理 中国海洋石油公司在香港上市	撤销国家煤炭工业局、国家石油化学工业局
2002	两大电网公司、五大发电集团和四个辅业集团设立	撤销国家电力公司

续表

年份	设立机构	说明
2003	国家计委变更为国家发展改革委 设立国家电力监管委员会	国家发展改革委对煤炭、电力、石油天然气等行业进行管理 在新设立的国家发展改革委中设立能源局
2005	设立国家能源领导小组	设立国家能源领导小组办公室
2008	国家能源局	设煤炭司、石油天然气司、电力司、新能源和可再生能源司 将原国家发展改革委能源局、国家能源领导小组和原国防科工委的核电职能合并
2010	国家能源委员会	议事协调机构，专门办事机构为能源局
2013	重组国家能源局	将原国家能源局、国家电力监管委员会的职责整合，由国家发展改革委管理；不再保留国家电力监管委员会

二　能源管理体制评价

我国能源管理体制改革体现出明显的政府主导特征。目前的能源管理体制在机构设置、管理职能、管理手段等方面存在一些亟待解决的问题。

在机构设置方面，低级别的分散管理不仅影响能源管理效率，而且导致能源战略与政策的有效实施受到影响。在缺少独立的能源监管部门的情况下，被弱化的能源监管职能无法满足能源产业健康发展的需要。同时，政企分开尚未完全实现，一些大型国有能源企业仍然在很大程度上实际发挥着政府职能，同时享受政策性特权和事实上的垄断地位，对决策具有很强的影响力。[①]

在管理职能方面，我国能源管理职能分散在国家发展改革委、国土资源部、环境保护部等部门，管理职能分散，多头管理现象突出。同时，各能源领域的分工又有所不同。如在煤炭领域，煤炭资源、安全生产、国有资产、煤炭运销、收入分配、环境保护、社会保障等管理，分别由国土资源部、国家安全生产监督管理总局、国务院国有资产监督管理委员会、社会保障部门等部门负责，政出多门、多头执法。此外亦存在"重审批、轻监管"问题，监管重点集中于项目审批，对项目中及项目后缺乏监督与管理。政府将监管职能重点放在投资准入、产品和质量服务、产品和服

---

① 林卫斌、方敏：《能源管理体制比较研究》，商务印书馆2013年版，第219页。

务价格、生产规模等经济性监管，对于环境保护、资源管理、能源安全等方面监管薄弱。[①] 同时，也存在不同部门职能交叉和职能缺失的情况。

在管理手段方面，我国能源管理曾一度单纯采用行政命令手段，包括授予特许经营权、实施产供销计划、税收征管、企业征用或国有化、补贴等。[②] 改革开放后，我国开始逐步尝试建立与市场经济相适应的管理手段。但总体而言，以行政手段配置资源，仍然是我国目前能源管理体制中的主要手段。前文"综合调整原则"部分已述及市场机制与行政手段之于能源行政管理的利弊。在现实中，对行政手段的过分倚重导致了一些问题。一是无以充分反映资源稀缺性和环境外部性成本，难以形成合理的能源价格体系；二是供求关系难以基于市场机制反映于价格机制，供求矛盾突出；三是不利于合理引导投资，对确保能源长期稳定供应不利；四是需求侧响应机制不完善，能源价格调整面临较大压力。[③]

第二节　典型国家能源管理体制及其借鉴意义

在能源管理体制方面，美国能源管理采用高级别的集中管理模式，以保障能源安全主旨，不断完善能源管理体制。英国实行低级别的集中管理模式，采用管监分离的管理体制。这两国的一些经验值得借鉴。

一　美国的能源管理体制

美国建立了较为完善的能源管理体制，其能源管理的基本目标主要包括保障能源供给、提高能源效率、保护与改善环境三个方面。

（一）能源管理机构

美国的能源管理体制属于高级别集中管理模式，设有国家统一的能源管理部门能源部。此外，核能监管委员会、环境保护署、内政部也是重要的能源管理机构。

---

① 史丹、冯永晟、李雪慧：《深化中国能源管理体制改革——问题、目标、思路与改革重点》，《中国能源》2013 年第 1 期。

② 李军：《我国能源管理现状及思考》，《技术与创新管理》2011 年第 6 期。其中一些手段目前仍然是我国能源产业管理的重要措施。例如，补贴目前在新能源产业政策中仍具有非常重要的作用。

③ 林卫斌、方敏：《能源管理体制比较研究》，商务印书馆 2013 年版，第 220 页。

1. 能源部

美国能源部（Department of Energy，DOE）成立于 1977 年，旨在应对 20 世纪 70 年代阿拉伯国家实施的石油禁运和提高石油价格产生的石油能源危机，以加强对能源的集中统一管理。[①] 能源部的职能是：通过变革性的科学和技术方案来解决能源、环境和核方面的挑战，以确保美国的安全和繁荣。[②] 主要负责美国核能研发和核安全工作、联邦政府能源政策和发展战略制定、能源行业管理、能源相关技术研发、环保能源的生产和利用以及核武器研制、生产和维护等。[③]

美国能源部内设独立和非独立的能源监管机构，其中最重要的是联邦能源监管委员会。此外还有一些非独立的能源业务管理或者监管机构，主要包括四类。一是项目办公室群组，如民用放射性废物管理办公室、电力输送和能源可靠性办公室、核能办公室、善后办公室以及科学办公室。二是电力市场局组，包括四个电力管理局，博纳维尔、东南电力、西南电力和西部电力管理局。三是国家核安全管理局，主要负责核武器安全管理、防止核扩散，海军反应堆项目，以及应对美国国内外的紧急和放射性事故。四是能源信息局，是内部统计机构，主要提供用于政策的数据、预测和分析等。[④]

美国能源部最初建立是为了应对能源危机，随着时间的推移，其工作重心也有了相对的调整。20 世纪 70 年代末着力于能源的开发、利用、管理以及能源法律法规的制定，80 年代是核武器的研发和生产，90 年代后则涉及核武器管理、防治核扩散、提高能源效率等方面。[⑤] 进入 21 世纪，美国积极主张改变以化石燃料为基础的能源模式政策，鼓励替代能源特别是支持可再生能源，提高能效。

2. 核能监管委员会

美国核能监管委员会（Nuclear Regulatory Commission，NRC）是 1974

---

① ［美］约瑟夫·P. 托梅因，理查德·D. 卡达希：《美国能源法》，万少廷译，法律出版社 2008 年版，第 80 页。

② 参见美国能源部网站：https：//www.energy.gov/mission，最后访问时间 2017 年 10 月 11 日。

③ 张勇：《能源基本法研究》，法律出版社 2011 年版，第 106 页。

④ 胡德胜：《美国能源法律与政策》，郑州大学出版社 2010 年版，第 77 页。

⑤ 王正立、刘伟、张迎新：《世界部分国家能源管理机构简介》，中国大地出版社 2005 年版，第 118 页。

年由美国国会设立的一个独立的机构，以保护公共健康以及民众的环境利益，确保放射性物质的安全使用。委员会制定管理有关核反应堆和核材料的安全事项的规则或条例；管理商业核电厂以及对核材料的其他用途，如通过颁发牌照、检查和执法，对核医学进行监管。委员会由总统任命并由国会确认的 5 名委员组成，任期五年。总统任命其中一人担任主席和官方发言人。①

3. 环境保护署

环境保护署（Environmental Protection Agency，EPA）的职能是根据国会颁布的环境法律制定相关的法规并予以执行。环境保护署的使命是保护人类健康和环境，其宗旨是：所有美国人在工作、生活和学习中免受对人类健康和环境产生威胁的重大风险；国家基于现有的最可信科学信息减少环境风险；保护人类健康和环境的联邦法律得到公平有效的执行；在美国自然资源、人类健康、经济增长、能源、交通、农业、工业和国际贸易领域的相关政策制定中，环境保护都是内在考量因素，反之亦然；包括社区、个人、企业和州、地方和部落政府在内的任何社会角色，都能获得足够且准确的信息来有效参与管理人类健康和环境风险；环境保护有助于使社区和生态系统多样化、可持续，具有经济效益；在全球环境保护中发挥美国政府的领导作用。为完成上述宗旨，美国环保署拥有如下职能：制定并执行规范、颁发许可、研究环境事务、互惠合作、环境教育以及相关出版。②

4. 内政部

美国内政部（Department of the Interior，DOI）设立于 1849 年，其主要职责是管理联邦政府拥有的土地和保护自然资源，并处理有关印第安人、夏威夷原住民、阿拉斯加原住民的相关事务。在能源管理方面，内政部的职能是管理能源和矿藏资源，其下属的一些机构承担着与能源监管相关的一些职责。例如，开垦局运营 58 座水电站，土地管理局管理约 7 亿英亩的矿藏资源，露天开采办公室负责降低露天开采的煤矿对居民和环境的影响。③

---

① 参见美国核能监管委员会网站：https：//www. nrc. gov/about - nrc. html，最后访问时间 2017 年 10 月 11 日。

② 参见美国环境保护署网站：https：//www. epa. gov/aboutepa/our - mission - and - what - we - do，最后访问时间 2017 年 10 月 11 日。

③ 黄婧：《论美国能源监管立法与能源管理体制》，《环境与可持续发展》2012 年第 2 期。

（二）能源监管机构

联邦能源监管委员会（Federal Energy Regulatory Commission，FERC）是能源部下属的独立监管机构，致力于通过适当的监管和市场手段帮助消费者以合理的价格获得可靠、高效和可持续的能源服务。该委员会由总统任命、国会确认的5名委员组成，且不能有超过3名以上的委员来自同一政党，任期五年。[1] 该委员会的主要职责包括：监管资源的开发利用；监控石油和天然气市场运行；制定行业技术标准并监督实施；对生产安全、公众健康和环境保护实施监管；对行业重要公共设施和重大项目实行监管；行业基础数据信息管理；向政府部门和公众提供咨询服务等。[2] 委员会做出的决定不受总统和国会审查，其成本非依托于政府财政支持，而是来源于对监管产业收取的费用。

二　英国的能源管理体制

英国是欧洲地区能源资源丰富的国家，也是世界主要的能源生产和出口国，能源工业是英国经济的重要组成部分。英国政府重视对能源的利用，提倡发展可再生能源和"低碳经济"，并为此制定了相关政策。英国能源管理的战略目标包括四个方面：降低温室气体排放，即将环境责任放在优先考虑的地位；保障能源安全，即提高能源供给的可靠性；促进能源市场竞争，即建立和维护高效的能源市场机制，保障消费者和生产者的利益平衡；确保居民充足的供暖。[3]

（一）能源管理机构

英国的能源管理部门起初是贸易和工业部。1974年英国设立能源部，后合并到贸工部，成为该部的一个局。贸工部不断重组与整合，2007年，贸工部分成两个部门：商业、企业与监管机构改革部（Department for Business，Enterprise and Regulatory Reform，BERR）和创新、大学与技能部（Department for Innovation，Universities and Skills，DIUS），2009年更名为商业、创新与技能部（Department for Business，Innovation & Skills，

---

[1]　About FERC，see http：//www.ferc.gov/about/about.asp，last visited Feb 8 2014.

[2]　王正立、刘伟、张迎新：《世界部分国家能源管理机构简介》，中国大地出版社2005年版，第121页。

[3]　梁朝辉：《国际经验对我国能源管理机构改革的启示》，《世界经济与政治论坛》2008年第1期。

BIS），后与 2008 年成立的能源与气候变化部（DECC）合二为一，在 2016 年合并为商业、能源与工业策略部（Department for Business, Energy & Industrial Strategy, BEIS）。[①] 该机构主要负责商业、工业战略、科学、创新、能源和气候变化等方面的内容，其职能包括：制定和提供全面的工业战略，并领导政府与企业的关系；确保国家拥有可靠、便宜和清洁的安全能源供应；确保英国处于科学、研究和创新的前沿；应对气候变化。[②]

（二）能源监管机构

英国最重要的能源监管机构是天然气与电力市场办公室（Office of Gas and Electricity Markets, OFGEM）。该机构隶属于电力市场局，负责监管英格兰、苏格兰、威尔士的能源市场。OFGEM 旨在规制经营天然气和电力电网的垄断企业，对价格进行管控，保障现在和将来的电气消费者的利益并帮助企业实现环境改善的目标。[③] OFGEM 由非常务理事、常务理事、非常务主席组成，其中非常务理事是由一些经验丰富的专家组成。办公室资金来源于对持有许可证的被监管公司收取的部分费用。[④] 此外，英国其他能源领域的监管又由不同的机构执行，如煤炭行业的由煤炭管理局负责；石油行业由能源资源与发展处负责。

三 域外经验的借鉴意义

典型国家的能源行政管理可供我国借鉴的经验包括以保障能源安全为主旨、基于立法清晰界定行政职权、管监分离三个方面。

其一，以保障能源安全为主旨。以美国为例。美国最初设立能源部的目的是协调各方面的利益关系，集中全国能源方面的力量以应对能源危机，确保国内能源供应的安全。此后，美国始终致力于修正能源战略，确立合理的能源目标。能源战略的侧重在每一届政府分别有不同的表现。卡

---

① 参见英国商业、创新与科技部网站：https://www.gov.uk/government/organisations/department-for-business-innovation-skills，最后访问时间 2017 年 10 月 12 日。

② 参见英国商业、能源与工业策略部网站：https://www.gov.uk/government/organisations/department-for-business-energy-and-industrial-strategy，最后访问时间 2017 年 10 月 12 日。

③ 参见英国政府网站：https://www.gov.uk/government/organisations/ofgem，最后访问时间 2017 年 10 月 12 日。

④ 参见英国天然气和电力市场办公室网站：http://www.niudaili.com/，最后访问时间 2012 年 3 月 28 日。

特政府设立能源部便于对能源集中管制，来应对能源不足的危机；其后的里根政府采取了宽松政策，主张将政府管制与市场机制结合起来；冷战之后，布什政府提出国内能源战略，将眼光放归国内，尝试加强国内能源的开发利用实现自给自足；其后的克林顿政府依然注重国内能源开发，提倡利用清洁能源，提高能源利用的能效。直至奥巴马政府，政府的能源策略都集中在清洁能源与提高能源利用效率的政策两个方面。[①] 这种变化也体现在立法中：1992 年美国制定《能源政策法案》，提出了扩大战略性石油储备和实施能源替代与多样化的能源供给两个战略目标；至 2007 年在《能源自主与安全法案》中更新能源战略的目的为：走向更大的能源自主和安全的美国。[②] 奥巴马政府的能源战略侧重于促进能源多元化和能源自主，维护能源供应安全，提高能源利用率，节约能源，推动能源技术进步，发展清洁能源以应对环境问题。而特朗普政府则更加注重化石能源特别是煤炭等化石能源的开发利用。

其二，清晰界定行政职权。能源管理体制与能源立法是相互依存、互相支持的相互促进关系，大部分国家的能源管理体制都是建立在能源法律的基础之上，通过立法明确界定各管理部门或机构的地位、职权和相应设置。以煤炭产业为例。各国煤炭资源产业管理体制大致有两种模式。一种是设立相对专业化的政府机构管理，例如美国能源部、英国煤炭管理局、乌克兰煤炭部、印度煤炭部、南非矿产与能源局等。美国煤炭工业主要由能源部代表联邦政府管理，联邦土地、印第安土地、外大陆架土地上矿产的权利管理由矿管局负责，露天开采管理由露天开采复垦局负责等。另一种是由综合性较强的政府机构管理，例如德国联邦经济部、波兰经济部、俄罗斯联邦工业和能源部、澳大利亚初级产业和矿产资源部。如在德国，主要通过政策和法律来管理煤炭工业。煤炭工业主要管理部门为联邦经济部、州经济部和矿山局。联邦经济部第三司主管全国能源经济及矿产资源。对煤炭行业而言，联邦经济部负责制定能源发展战略和煤炭政策，管理硬煤补贴基金。[③] 两种模式存在较大差异，但共同点均是致力于通过立法对职责做出清晰的界定，加强煤炭产业管理的制度化建设。

---

① 周琪：《美国能源安全政策与美国对外战略》，中国社会科学出版社 2012 年版，第 88—126 页。

② 林卫斌、方敏：《能源管理体制比较与研究》，商务印书馆 2013 年版，第 28 页。

③ 何国家：《国外煤炭行业管理和政策对我国的借鉴意义》，《中国煤炭》2007 年第 1 期。

其三，管监分离。美国能源部作为联邦政府机构之一，是能源管理机构；同时，美国设立联邦能源监管委员会这一独立于政府和国会的监管部门。英国采用管监分离的二元管理模式，能源主管部门同监管机构并存，不同的领域由不同的监管机构负责。监管机构的独立性有利于提高监管效率和提升决策质量。

第三节　我国能源管理体制的完善

完善能源管理体制，应遵循管监分离原则，建立高级别的能源主管机构和专门的能源监管机构，健全能源监督检查职能，同时完善公众参与能源决策机制。

一　建立高级别的能源管理部门

如前所述，各国的能源管理体制可分为高级别的集中管理模式、高级别的分散管理模式、低级别的集中管理模式和低级别的分散管理模式，我国属于低级别的分散管理模式。考虑到能源的经济技术属性、各能源市场间的相互关联性以及能源的战略地位，[①] 根据我国国情，应在现有国家能源委员会和国家能源局的基础上，选择高级别的集中管理模式，提高能源主管部门的行政级别，设立能源部。

能源部的设立需要明确其职责权限划分。能源部的具体职责可以包括：开展国家能源安全评估；建立能源预警与应急体系，落实能源储备战略；预测能源供需、能源进出口与能源生产能力；制定促进可再生能源和新能源发展以及保障农村地区、边远地区与其他不发达地区能源需求的政策措施；制定促进能源利用合理化和提高能源效率的政策措施；会同国务院价格行政主管部门，制定和调整能源资源、能源产品与能源服务的政府定价、政府指导价；会同国务院有关部门，组织建立和完善能源影响评价的指标体系，监督能源影响评价制度的实施；会同国务院科技行政主管部门，组织实施能源关键技术的研究、开发与推广应用；会同国务院标准化行政主管部门和其他有关部门，制定与能源相关的产品与服务标准；会同国务院统计行政主管部门，进行能源统计工作；发布基础能源信息与数

---

① 胡德胜：《能源法学》，北京大学出版社 2017 年版，第 100 页。

据；提供涉外能源事务的政策建议。[1]

二 建立专门能源监管机构

管监分离原则，是指能源监督管理机构及其工作人员依法独立行使监督管理职权，履行监督管理职责，能源行政主管部门不得非法干涉。管监分离有助于确保监管职能的行使免受利益相关方的不当影响，对于保障能源产业的健康发展具有积极意义。

美国、英国、巴西等国家均实行能源宏观管理机构和能源监管机构分离的模式。在经济合作与发展组织（OECD）的 23 个国家中，其中 19 个国家有独立的能源监管机构，独立行使能源领域的监管工作。[2] 在此方面，澳大利亚的经验亦可借鉴。澳大利亚为了形成真正有效的国家能源市场，成立了国家专门能源政策机构——能源部长理事会。[3] 该理事会是监管澳大利亚能源市场的国家政策和治理主体。为提高监管水平，能源部长理事会下设了一个专业的能源监管机构。该监管机构是独立的，其部分成员同时也是澳大利亚竞争和消费者委员会的成员，其他的成员都由能源部长理事会来任命。由澳大利亚能源部长理事会和能源监管机构构成的能源监管机制，综合了联邦政府、不同的州和领地监管机构、澳大利亚竞争和消费者委员会、国家电力市场安全委员会、国家电力执法有限公司、国家竞争委员会的能源监管职能，形成了管监分离的政策制定和执行模式，建成了覆盖全国的能源监管体系。[4]

我国应尽早根据管监分离原则，设立独立于能源管理部门的能源监管机构，改变现有的职能分散、机构重叠的状态，确保监管职能集中统一。能源监管机构的主要职责可以包括：制定和实施有关能源监督管理的规章与规则；颁发和管理能源业务许可证；保障能源市场运行，维护能源市场秩序，促进公平竞争；监督管理针对重大项目的能源影响评价制度的实施情况；会同国务院安全生产行政主管部门，监督管理能源安全生产情况，参与有关事故的调查与处理，统计、分析能源安全生产信息，监督、检查

---

① 清华大学环境资源与能源法研究中心：《中国能源法（草案）专家建议稿与说明》，清华大学出版社 2008 年版，第 12—13 页。

② 叶荣泗、吴钟瑚主编：《中国能源法律体系研究》，中国电力出版社 2006 年版，第 40 页。

③ COAG：Council of Australian Governments Meeting, Communique, 8 June 2001.

④ 杜群、廖建凯：《澳大利亚的能源法律制度及其借鉴》，《时代法学》2009 年第 3 期。

有关能源价格规定的执行情况；建立监督管理信息系统；对能源企业进行现场检查；对能源企业违法行为立案调查，并在授权范围内实施行政处罚；负责处理能源市场中的投诉、申诉，并对当事人之间的纠纷进行调解或裁决。[①]

三　健全能源监督检查职能

能源监督检查，是指权力机关、行政机关、各有关行政管理机关以及社会公众对能源开发利用行为的监督，是能源管理和能源企业经营健康有序的保证。权力机关监督的手段主要是要求本级人民政府进行专项工作报告，提出质询案，组织执法检查和对特定问题进行调查；行政机关监督侧重于对能源主管部门的职责情况进行监督和检查，对能源规划和能源政策的实施情况进行评估考核，对工作人员行使职权和履行职责的情况进行监督；社会公众监督侧重于任何单位和个人有权对违法行为进行检举和控告，有关部门收到检举和控告后，应当及时处理；能源企业的自我监督主要是侧重于在关系国民经济命脉的能源领域从事能源开发和利用活动的企业，应当承担相应的社会责任，企业自身应具备应有的企业素养，不得损害公众和社会乃至国家的利益。[②]

四　完善公众参与机制

公众参与能源决策是确保落实能源法的三方面价值的重要手段。公众参与要求行政机关在规则制定和规则执行的一些环节中，确保利害关系人被赋予"发言权"，并在充分考虑这些意见的基础上做出最后的决定，从而保障行政决策的民主性和科学性。[③] 完善公众参与机制，一是要确保公众的能源决策信息知情权，包括了解、收集、利用和更正行政机关开展能源决策活动的权利；二是要保障公众的能源决策参与权，包括参与抽象能源行政行为和具体能源行政行为的权利；三是要明确公众参与救济权，主要包括诉讼途径和非诉途径两类方法。

---

① 清华大学环境资源与能源法研究中心：《中国能源法（草案）专家建议稿与说明》，清华大学出版社 2008 年版，第 14—15 页。
② 《中华人民共和国能源法（征求意见稿）》第 116—118 条。
③ 陈军平、马英娟：《行政决策中的公众参与机制》，《中国行政管理》2009 年第 1 期。

第四章

面向低碳经济的传统能源法制

基于石油供应量减少和战争的爆发，人类温室气体排放量将于2032年暂时达到顶峰，比1990年高出47%。

——［加］格温·戴尔①

对于推进低碳经济而言，传统能源的清洁利用和高效利用至关重要。煤炭在我国能源消费结构中占据绝对主导地位，石油天然气的消费量亦逐年增加。因此，对煤炭和石油天然气的法制的现状及其面临的挑战进行梳理，在借鉴国外成熟经验的基础上提出完善对策，凸显其重要性。

第一节　煤炭法制

煤炭在我国能源结构中长期以来居主导地位。煤炭产业是我国重要的基础性产业，其发展关系到国民经济的健康发展和国家能源安全的保障。在此情形下，突破传统"肮脏能源"发展模式的束缚，科学设计法律制度和相关政策，成为落实煤炭产业低碳发展战略的关键因素。

一　煤炭及其产业概述

（一）煤炭

煤炭，亦称"煤"，是古代植物埋藏在地下，经过复杂的生物化学和物理化学变化逐渐形成的固体可燃性矿产。煤炭的主要化学成分是碳、氢、氧、氮、硫、磷等。其中，碳、氢、氧三者总和约占有机质的95%以上。煤炭的赋存形态有三类：气态，如焦炉气，其主要成分是氢气、甲

---

① ［加］格温·戴尔：《气候战争》，冯斌译，中信出版社2010年版，第2页。

烷、乙烯、一氧化碳，可用作气体燃料、化工原料；液态，如煤焦油、粗氨水，从中可提取苯、萘、酚等数百种产品；固态，如焦煤，可于冶金、电石、合成氨造气、燃料等。

我国煤炭储量丰富，产量位居世界前列。根据《BP 世界能源统计（2017 年）》，2016 年年底，我国已探明煤炭储量总计 244010 百万吨，其中无烟煤和生煤 230004 百万吨，次烟煤和褐煤 14006 百万吨，占世界已探明煤炭总量的 21.4%，位居世界第二位，仅次于美国。[①]

（二）我国煤炭产业发展状况

20 世纪 50 年代以来，煤炭及相关产业成为我国实现工业化的支柱产业。进入 21 世纪，工业化和现代化进程步伐加快，国家基础设施建设和工业的快速发展使社会整体需煤量增大。加之我国煤炭企业兼并重组取得较大进展，大型煤炭基地建设稳步推进，煤炭生产结构得到优化，有力促进了煤炭产业的发展。概言之，我国煤炭产业发展呈现如下四方面特点：

其一，消费量出现拐点，增长率稳中有降。2012 年和 2013 年煤炭消费量增长率分别为 2.5% 和 3.7%。2014 年，受到主要耗煤行业消费下降、能源结构调整以及能源消耗强度降低等因素的影响，我国煤炭消费量呈下降趋势，下降率为 2.9%。[②] 此次下降是自国家统计局发布《国民经济和社会发展公报》数据以来的首次负增长，显示出我国调整产业政策、优化能源结构所取得的初步成果。接下来的 2015 年和 2016 年煤炭消费量也持续下降，下降率分别为 3.7% 和 4.7%。

其二，战略地位上升，政策调控力度加强。由于煤炭产业的重要地位，国家对其发展给予高度关注，密集出台产业调控政策，例如《国务院关于促进煤炭工业健康发展的若干意见》《关于加强煤炭行业管理有关问题的意见》《煤炭产业政策》《国务院关于煤炭行业化解过剩产能实现脱困发展的意见》《国家能源局关于调控煤炭总量优化产业布局的指导意

[①] 《BP 世界能源统计（2017 年）》，http：//www.bp.com/content/dam/bp-country/zh_cn/Download_PDF/Report_Stats%20Review/CN-statistical_review_of_world_energy_2017.pdf，最后访问时间 2017 年 10 月 9 日。

[②] 以上能源消费数据、煤炭消费数据源自国家统计局《2012 年国民经济和社会发展统计公报》，2013 年；《2013 年国民经济和社会发展统计公报》，2014 年；《2014 年国民经济和社会发展统计公报》，2015 年；《2015 年国民经济和社会发展统计公报》，2016 年；《2016 年国民经济和社会发展统计公报》，2017 年。

见》《国家能源局、环境保护部、工业和信息化部关于促进煤炭安全绿色开发和清洁高效利用的意见》等文件，对煤炭产业准入、发展方式、产业结构优化、安全生产、环境资源保护等方面做出了规定，为煤炭产业持续健康发展提供了政策保障。

其三，大型煤炭基地建设取得阶段性成果。为了增加煤炭供应量，保障煤炭供应安全，2005 年 6 月，国家发展和改革委员会发布了《国务院关于促进煤炭工业健康发展的若干意见》，要求按照煤炭发展规划和开发布局，选择资源条件好、具有发展潜力的矿区，以国有大型煤炭企业为依托，加快神东、陕北、晋中等 13 个大型煤炭基地建设，形成稳定可靠的商品煤供应基地、煤炭深加工基地和出口煤基地。① 2012 年国家发展改革委印发的《煤炭工业发展"十二五"规划》，继续要求加快陕北、黄陇、神东、蒙东、宁东、新疆等 14 个大型煤炭基地建设。

大型煤炭基地是集煤炭输送、电力供应、煤化工业和资源综合利用为一体的多职能基地，为保障国家能源安全、优化煤炭工业结构、提升煤炭工业整体素质与促进我国经济和社会发展做出了积极贡献。根据 2016 年 12 月国家发展改革委印发的《煤炭工业发展"十三五"规划》，2015 年，我国大型煤炭基地产量已达 35 亿吨，占全国总产量的 93%，我国大型煤炭基地建设取得阶段性成果。

其四，科技支持力量不断加强。目前，我国已初步形成了以煤炭企业为主体，依托政府财政、税收等优惠政策支持，积极开展与先进国家的国际合作项目三位一体的技术创新体系，攻克了一大批重大行业技术难题。大型成套采煤设备已经达到了世界先进水平，并有部分已出口到印度、越南等国家。选煤技术、动力配煤技术、型煤技术、水煤浆技术等均走在世界前列。

需要注意的是，继 2014 年我国煤炭消费十几年首次下降以来，接下来的两年我国煤炭消费持续负增长，表明我国开始减少对煤炭消费的依赖。这主要可归因于我国努力治理空气污染、大力发展可再生能源以及降低能耗强度等。② 面对煤炭消费的增速减缓，有观点认为中国将逐渐降低对煤炭的依赖，最终实现"去煤化"。但是，我国富煤、缺油、少气的能

---

① 2011 年，新疆从原来的储备煤炭基地正式成为中国的第十四个大型煤炭基地。

② Barbara Finamore, *China's Coal Use and Estimated CO$_2$ Emissions Fell in 2014*, see http://www.nrdc.cn/eblog/bfinamore/, last visited May 10, 2015,

源特点决定了我国在今后相当长的时间的主要能源仍将是煤炭。过分强调"去煤化"不利于能源安全，亦不符合我国国情。

（三）我国煤炭产业面临的挑战

尽管我国煤炭产业取得了上述成就，但在生产安全、资源利用、环境保护、适应低碳经济要求等方面仍然存在诸多亟待解决的问题。

煤炭生产安全方面。2013 年，我国共发生了 68 起煤矿安全事故，[①]死亡人数达 456 人，其中重大事故 12 起，死亡 197 人；特别重大事故 1起，死亡 36 人；瓦斯事故 31 起，占煤矿事故的 45.59%，死亡 293 人，占死亡人数的 65.13%。根据分析，瓦斯、透水和顶板是导致 2013 年煤矿事故的主要因素。总体而言，我国煤矿隐患依然较为严重，煤矿生产安全形势不容忽视。[②]

资源利用方面。我国煤炭产业现阶段仍处于高投入、高消耗、低效率、低产出的粗放式发展模式，煤炭资源回采率低，煤炭和伴生矿资源浪费严重。统计表明，我国大多数小煤矿采煤方式落后，资源回收率低至10%—15%。据保守推算，我国平均每年损耗煤炭资源 50 亿吨。[③]

环境保护方面。煤炭被视为"肮脏能源"，其开发利用对生态环境造成严重的负面影响。一是矿区生态环境破坏日趋恶化。露天开采剥离大量地表覆盖层，破坏地表和植被，使地貌形态改变，加剧了矿区的风化侵蚀和水土流失过程。在煤炭资源开采过程中，产生大量煤矸石等固体废弃物，长期的风化、淋滤往往会污染矿区附近农田、水源。煤炭的开采造成采空地面塌陷、地裂缝、滑坡、崩塌、泥石流等地质灾害，致使我国东部平原矿区土地积水受淹或盐渍化，使西部矿区土地流失和土地荒漠化加剧。[④] 二是引发多重区域发展障碍问题。如地表沉陷、生物多样性锐减、大气和水资源污染等。据统计，山西全省煤矿采空区面积约 5000 平方公里，总的开采沉陷区面积约 3000 平方公里，受灾人口 230 万人；矿山开采造成破坏的村庄共 2868 个，共涉及乡镇 420 个，受破坏村庄总面积约

---

① 2013 年煤矿事故发生较多的省份分别是贵州（10 起）、山西（7 起）、辽宁（5 起）；死亡人数较多的省份分别是贵州（78 人）、吉林（72 人）、山西（39 人）。

② 王海生：《2013 年国内煤矿生产安全事故统计分析》，《中州煤炭》2014 年第 9 期。

③ 参见《人大代表破题新常态下抓煤矿安全生产》，http://www.ccoalnews.com/101773/101786/261216.html，最后访问时间 2015 年 3 月 9 日。

④ 周玉华、苏宇、郑磊：《煤炭资源安全法律问题的思考》，《北方经贸》2007 年第 2 期。

1492.65 万亩。尽管近年山西省在矿山地质环境保护与恢复治理方面做了很多有益尝试，已累计投入近百亿元，实施井田范围内压覆煤炭资源村庄避让搬迁，但仍有 2000 多平方公里亟待治理，有 1352 个村、65.5 万人因地质灾害亟待搬迁，110 万人所居危房亟待加固。[①] 三是矿区的生态恢复未得到有效实施，对矿区生态环境造成了较为严重的负面影响。

适应低碳经济要求方面。导致二氧化碳排放量迅速增长的重要原因，是化石燃料的无节制使用。煤炭作为化石燃料，其合理有效利用对于降低二氧化碳排放量意义重大。我国能源结构相对单一，现阶段对煤炭存在严重的依赖性。突破传统煤炭产业发展模式的束缚，适应低碳经济的发展要求，对于我国煤炭产业是一个巨大的考验。

二　我国煤炭法制现状

尽管煤炭法在我国能源法制诸领域中相对完善，但在管理体制、资源开发准入标准、资源战略储备制度、资源税费制度、安全保障、环境保护等方面与低碳经济的内在要求仍然存在差距。

(一) 煤炭法律体系

煤炭法领域的专门立法是《煤炭法》。自 1996 年 12 月正式施行以来，《煤炭法》经历了四次修改。2009 年 8 月的第一次修改旨在明确一些制度的法律性质，加强与相关立法的衔接，如将第 20 条中的"征用"修改为"征收"，将第 76 条中的"治安管理处罚条例"修改为"治安管理处罚法"等。2011 年 4 月的第二次修改仅涉及第 44 条，将"煤矿企业必须为煤矿井下作业职工办理意外伤害保险，支付保险费"修改为"煤矿企业应当依法为职工参加工伤保险缴纳工伤保险费"。2013 年 6 月的第三次修改取消了煤炭生产许可证和煤炭经营许可证。2016 年 11 月的第四次修改删除了第 18 条和第 19 条规定的开办煤矿企业的条件和开办煤矿企业的审批事项相关规定，进一步简化了审批手续。目前的《煤炭法》主要规定了煤炭开发规划制度、安全生产制度、煤炭经营管理制度、矿区保护制度、矿工特殊保护制度和监督管理制度。

在其他法典中，也有为数不少的关于煤炭产业规制的规定。涉及生命

---

① 参见《薛延忠委员：加大治理煤矿采空沉陷区力度》，http://www.ccoalnews.com/zt/2015/2015lh/103603/261085.html，最后访问时间 2015 年 3 月 10 日。

安全、人体健康的部分多规定在《职业病防治法》《劳动法》《安全生产法》《矿山安全法》等法律中；与资源开发利用的部分在《矿产资源法》中有所涉及；环境保护的内容多规定在《环境保护法》《固体废物污染环境防治法》等法律中。

在行政法规和行政规章层面，现行立法大致可分为煤炭资源管理类、煤炭生产开发管理类、煤炭经营和市场管理类、煤矿安全监管检查类、煤矿职工权益保护类、矿区保护和环境保护类六类。这些立法主要包括《矿产资源法实施细则》《矿山安全法实施条例》《乡镇煤矿管理条例》《安全生产许可证条例》《煤矿安全监察条例》《探矿权、采矿权转让管理办法》《矿产资源开采登记管理办法》《煤矿安全监察条例》《矿产资源监督管理暂行办法》《乡镇煤矿管理条例实施办法》《煤炭行政处罚办法》《煤炭行政执法证管理办法》《开办煤矿企业审批办法》等。这些立法有些规定是对法律的补充和完善，有些则是对法律规定的细化。

低碳理念在一些煤炭立法中有所体现。例如，《煤炭法》就洁净煤技术做出规定：“国家发展和推广洁净煤技术。国家采取措施取缔土法炼焦。禁止新建土法炼焦窑炉；现有的土法炼焦限期改造。”[①]《固体废物污染环境防治法》规定：“国家采取有利于固体废物综合利用活动的经济、技术政策和措施，对固体废物实行充分回收和合理利用。”[②]体现了低碳经济中的资源综合利用理念。《节约能源法》《清洁生产促进法》《循环经济促进法》《清洁生产审核暂行办法》《能源效率标识管理办法》《清洁发展机制项目运行管理办法》等体现了低碳经济中节约能源、提高能效、降低能耗的理念；《可再生能源法》则体现出低碳经济中开发新能源、重视可再生能源的途径等。

（二）主要煤炭法律制度

我国目前的煤炭法律制度主要包括煤炭资源权属、资源规划、经营管理、资源税费、资源储备、煤炭标准、安全生产、环境保护、矿区保护、生态补偿等方面。

1. 资源权属制度

我国《宪法》规定，矿藏属于国家所有。[③]《矿产资源法》规定，矿

---

① 《煤炭法》第 29 条。

② 《固体废物污染环境防治法》第 3 条。

③ 《宪法》第 9 条。

产资源属于国家所有，由国务院行使国家对矿产资源的所有权。[①]《煤炭法》也规定，煤炭资源属于国家所有。地表或者地下的煤炭资源的国家所有权，不因其依附的土地的所有权或者使用权的不同而改变。[②] 探矿权，是指在依法取得的勘查许可证规定的范围内，勘查矿产资源的权利。取得勘查许可证的单位或者个人称为探矿权人。采矿权，是指在依法取得的采矿许可证规定的范围内，开采矿产资源和获得所开采的矿产品的权利。取得采矿许可证的单位或者个人称为采矿权人。[③] 根据《物权法》第123条的规定，依法取得的探矿权和采矿权受法律保护，属于用益物权。

2. 资源规划制度

《煤炭法》第4条明确规定了国家对煤炭开发实行统一规划、合理布局、综合利用的方针。《矿产资源法》第7条规定，国家对矿产资源的勘查、开发实行统一规划、合理布局、综合勘查、合理开采和综合利用的方针。国家发展改革委于2016年发布的《煤炭工业发展"十三五"规划》也规定，优化煤炭生产开发布局，坚持统一规划和集中高效管理，统筹矿区综合利用项目及相关产业建设布局。

3. 煤炭经营管理制度

根据《煤炭法》有关煤炭经营的规定和国家发展改革委发布的《煤炭经营监管办法》，我国煤炭经营管理制度的主要内容包括：煤炭经营应当合法经营，减少中间环节和取消不合理的中间环节；国务院物价行政主管部门会同国务院煤炭管理部门和有关部门对煤炭的销售价格进行监督管理；煤炭的进出口依照国务院的规定，实行统一管理；煤矿企业和煤炭经营企业供应用户的煤炭质量应当符合国家标准或者行业标准，质级相符，质价相符；给用户造成损失的，应当依法给予赔偿；煤矿企业和煤炭经营企业在煤炭产品中掺杂、掺假，以次充好的，由司法机关依法追究刑事责任。

4. 资源税费制度

开采矿产资源，应按照国家有关规定缴纳资源税和资源补偿费。[④] 根

---

①　《矿产资源法》第3条。

②　《煤炭法》第3条。

③　《矿产资源法实施细则》第6条。

④　《矿产资源法》第5条。

据 1997 年《矿产资源补偿费征收管理规定》，煤炭的资源补偿费率为 1%，[①] 煤炭资源补偿费金额 = 矿产品销售收入×1%×开采回采率系数。其中，开采回采率系数 = 核定开采回采率/实际开采回采率。[②] 2014 年，财政部和国家税务总局发布《关于实施煤炭资源税改革的通知》，其中主要内容包括：清理涉煤收费基金，将煤炭矿产资源补偿费费率降为零，停止针对煤炭征收价格调节基金，取消山西煤炭可持续发展基金、原生矿产品生态补偿费、煤炭资源地方经济发展费等，取缔省以下地方政府违规设立的涉煤收费基金；煤炭资源税由从量计征改为从价计征，结合资源税费规模、企业承受能力、煤炭资源赋存条件等因素，将税率幅度确定为 2%—10%，由省、自治区、直辖市人民政府在此幅度内拟定适用税率。2015 年 4 月，国家税务总局、国家能源局联合发布了《关于落实煤炭资源税优惠政策若干事项的公告》，规定了衰竭期煤矿开采的煤炭和充填开采置换出来的煤炭资源税减税政策，实行纳税所在地主管税务机关备案管理制度，并要求煤炭行业管理部门在出具符合减税条件的煤矿名单及有关资料时，如有必要，应委托评估机构进行评估。

5. 资源储备制度

根据 2011 年《国家煤炭应急储备管理暂行办法》，"国家煤炭应急储备"是指中央政府委托煤炭、电力等企业在重要煤炭集散地、消费地、关键运输枢纽等地建立的，用于应对重大自然灾害、突发事件等导致煤炭供应中断或严重不足情况，由中央政府统一调用的煤炭储备。[③] 该部分对煤炭储备企业资格，企业储备运作执行、规模，应急储备的保障区域和规划布局等方面做出了详细规定。

6. 煤炭标准制度

煤炭标准分为国家标准和行业标准两类，在内容上包括煤矿企业建设与生产基本标准、煤矿企业工程建设标准、煤炭企业生产测定标准、煤矿企业生产操作技术标准、煤矿企业电工标准、煤炭质量标准、煤矿企业通风/防尘及排水标准、煤矿企业防隔爆及爆破器材标准、煤矿企业劳动保护标准、煤矿企业矿山支护标准、煤矿企业安全标准、煤矿企业运输提升

---

① 《矿产资源补偿费征收管理规定》附录。
② 《矿产资源补偿费征收管理规定》第 5 条。
③ 《国家煤炭应急储备管理暂行办法》第 2 条。

标准、煤矿企业选煤标准、掘进机械技术标准、配煤煤质分析检测相关技术标准等。[①]

7. 安全生产制度

煤矿生产坚持"安全第一、预防为主"的方针，建立健全安全生产的责任制度和群防群治制度。在煤矿投入生产前，煤矿企业应依法取得安全生产许可证，否则不得从事煤炭生产，并实行矿务局长、矿长负责制。煤矿企业应当对职工进行安全生产教育，并为其提供保障安全生产所需的劳动保护用品。各级人民政府及其煤炭管理部门和其他有关部门，应当加强对煤矿安全生产工作的监督管理。[②]

8. 环境保护与矿区保护制度

《煤炭法》规定，开发利用煤炭资源，应当遵守有关环境保护的法律、法规，防治污染和其他公害，保护生态环境。矿区的矿山设计也必须符合煤矿安全生产和环境保护的要求。煤矿建设应当坚持煤炭开发与环境治理同步进行。煤矿建设项目的环境保护设施应与主体工程同时设计、同时施工、同时验收、同时投入使用。[③]《矿产资源法》以及其他相关立法也就煤炭开发利用过程中的环境保护问题做出了规定。

根据《煤炭法》，矿区保护制度的主要内容包括：不得损害煤矿矿区的电力、通信、水源、交通及其他生产设施；不得扰乱煤矿矿区的生产秩序和工作秩序；未经煤矿企业同意，不得在煤矿企业依法取得土地使用权的有效期间内在该土地上种植、养殖、取土或者修建建筑物、构筑物；未经煤矿企业同意，不得在煤矿采区范围内进行可能危及煤矿安全的作业；在煤矿矿区范围内需要建设公用工程或者其他工程的，有关单位应当事先与煤矿企业协商并达成协议后，方可施工；未经煤矿企业同意，不得占用煤矿企业的铁路专用线、专用道路、专用航道、专用码头、电力专用线、专用供水管路。[④]

9. 生态补偿制度

我国煤炭开发利用生态补偿制度的实践肇始于 2006 年。2006 年《国

---

① 参见《中国煤炭行业标准系统》，http：//dbzc.sxmtxs.com/，最后访问时间 2015 年 2 月 28 日。

② 《煤炭法》第 7、20、31、33、30 条。

③ 《煤炭法》第 11、18、19 条。

④ 《煤炭法》第 48—52 条。

务院关于同意深化煤炭资源有偿使用制度改革试点实施方案的批复》中规定建立煤矿矿山环境治理和生态恢复责任机制，试点省（区）煤矿企业应依据矿井服务年限或剩余服务年限，按煤炭销售收入的一定比例，分年预提矿山环境治理恢复保证金，并列入成本，按照"企业所有、专款专用、政府监督"的原则管理。同年发布的《国务院关于同意在山西省开展煤炭工业可持续发展政策措施试点意见的批复》规定建立煤炭开采综合补偿机制，新建和已投产的各类煤炭生产企业要制订矿山生态环境保护与综合治理方案，加快矿井废水、煤矸石、矿区地面沉陷和水土流失的治理。对废弃矿山和老矿山的生态环境恢复与治理，按照"谁投资、谁受益"的原则，积极探索通过市场机制多渠道融资，加快治理与恢复进程。此外，2005 年《河南省煤炭条例》、2007 年《陕西省煤炭石油天然气开发环境保护条例》、2008 年《宁夏回族自治区煤炭资源勘查开发与保护条例》、2014 年《新疆维吾尔自治区煤炭石油天然气开发环境保护条例》等地方立法也就这一制度做出了规定。

（三）煤炭法制存在的主要问题

我国目前的煤炭法制存在的主要问题包括资源开发准入标准模糊、资源储备制度有待完善、资源税费制度不合理、煤矿安全保障力度不足、对生态环境保护重视程度有待提高、与低碳经济要求存在差距等方面。

1. 资源开发准入标准模糊

煤炭资源开发准入标准涉及资金、技术、设备、生产条件等诸多方面。但《煤炭法》中未做出明确规定，有关主管部门在实践中自由裁量权较大，随意性较强。2013 年《煤炭法》取消了煤炭生产许可证和煤炭经营许可证，亦即煤炭企业只需要采矿证、安全生产许可证、营业执照、矿长资格证、矿长安全资格证"四证一照"便可从事煤炭生产工作。这就意味着此前颁布的与煤炭生产许可证相关的行政法规、部门规章等也应做出及时的修改。

2. 资源储备制度有待完善

我国是煤炭生产和消费大国，年生产量和消费量均高于世界平均水平，社会经济发展对煤炭资源的依赖度相当高。我国煤炭生产量 1990 年为 107988.3 万吨，2000 年为 138418.5 万吨，2010 年为 323500.0 万吨，2012 年为 364500.0 万吨，2014 年为 387391.9 万吨。中国煤炭进口量逐年激增，1990 年为 200.3 万吨，2000 年为 217.9 万吨，2010 年为

16309.5 万吨，2012 年为 28841.12 万吨，2013 年为 32701.8 万吨，近些年数据虽有波动，但我国煤炭进口总量仍然很大。2016 年为 25600.0 万吨，是 1990 年的 120 余倍。[①] 同时，我国煤炭资源具有显著的地域分布特点，煤炭生产和使用集中地区分离，使得遇到突发情况时煤炭供应不足或中断的风险增大。在此情形下，建立"煤炭资源战略储备"的提议由来已久。然而，《煤炭法》并未明确规定这一制度。

2011 年 5 月，国家发展改革委和财政部联合发布了《国家煤炭应急储备管理暂行办法》（以下简称《办法》），旨在规范国家煤炭应急储备管理，提高应急状态下的煤炭供应保障能力。该《办法》所称的"国家煤炭应急储备"，是指中央政府委托煤炭、电力等企业在重要煤炭集散地、消费地、关键运输枢纽等地建立的，用于应对重大自然灾害、突发事件等导致煤炭供应中断或严重不足情况，由中央政府统一调用的煤炭储备。[②]《办法》对煤炭储备企业资格、企业储备运作执行和规模、应急储备的保障区域和规划布局等做出了详细的规定。2011 年，第一批国家煤炭应急储备计划完成 500 万吨，神华等 10 家大型煤炭、电力企业和秦皇岛港、黄骅港、舟山港、广州港、武汉港、芜湖港、徐州港、珠海港 8 个港口企业，成为国家第一批应急煤炭储备点。[③] 2014 年，国家发展改革委下达了《2014 年煤炭应急储备任务》，任务安排煤炭应急储备任务为 670 万吨，秦皇岛港仍为最大的储备点，任务量为 150 万吨，黄骅港任务量为 90 万吨，舟山港任务量为 60 万吨，曹妃甸港区 30 万吨，其余储备点也有少量任务。[④]

应急储备是煤炭储备体系的重要组成部分，但并不是全部。广义地说，国家煤炭储备体系应该包括煤炭资源储备、生产能力储备和现货储备等内容，[⑤] 而国家煤炭应急储备只是现货储备的一部分。我国的

[①]《中国统计年鉴 2016》，http：//www.stats.gov.cn/tjsj/ndsj/2016/indexch.htm，最后访问时间 2017 年 10 月 18 日。

[②]《国家煤炭应急储备管理暂行办法》第 2 条。

[③] 张艳：《国家煤炭应急储备方案获批》，http：//epaper.jinghua.cn/html/2011 - 03/25/content_643861.htm，最后访问时间 2015 年 3 月 3 日。

[④]《国家发下达煤炭应急储备任务》，http：//finance.sina.com.cn/money/future/fmnews/20140620/102519473418.shtml，最后访问时间 2017 年 10 月 18 日。

[⑤] 王秀强：《缓采为储"煤炭储备"写入新〈煤炭法〉》，《世纪经济报道》2010 年 8 月 18 日第 5 版。

煤炭资源储备制度尚处于探索之中,并未形成完整的系统,也未形成成熟的实施路径,需要通过进一步立法予以完善。

3. 资源税费制度不合理

我国《煤炭法》未对煤炭资源的有偿使用做出规定。依据《矿产资源法》规定,国家实行探矿权、采矿权有偿取得的制度;但是,国家对探矿权、采矿权有偿取得的费用,可以根据不同情况规定予以减缴、免缴;开采矿产资源,必须按照国家有关规定缴纳资源税和资源补偿费。[①] 开发利用煤炭资源所要缴纳的税主要包括资源税、所得税、增值税、城建税等;缴纳的费包括资源补偿费、矿业权使用费、港口建设基金、煤炭价格调整基金、矿山环境恢复治理保证金等。2014 年 10 月 11 日,财政部和国家税务总局发布《关于实施煤炭资源税改革的通知》,规定自同年 12 月 1 日起在全国范围内实施煤炭资源税由从量计征到从价计征的改革,同时清理相关收费基金。这一政策使煤炭市场的价格波动与资源税形成关联,从整体上减轻了企业的税负,有助于提高资源开采和利用效率。

然而从总体上说,我国煤炭资源税费制度仍不完善。目前主要存在两方面问题。一是计征方式不合理,费率偏低,未能体现出煤炭作为不可再生能源的应有价值,不利于激励煤炭生产企业节约资源。二是补偿费管理方式不合理。根据 1997 年《矿产资源补偿费征收管理规定》,征收的矿产资源补偿费,应当及时全额上缴,并按照下款规定的中央与省、自治区、直辖市的分成比例分别入库,年终不再结算。[②] 资源补偿费中央和地方分成的制度设计有可能导致地方挪用现象的发生。在资源税方面,资源税改革的流程和细节还不够具体和明确,不利于有效实施。

4. 煤矿安全保障力度不足

我国《煤炭法》就煤矿安全管理、安全生产责任制度、教育和培训、应急处理、工会权利、劳动保护、设备器材安全等方面做出了规定。[③] 在法律责任方面,《煤炭法》规定,煤矿企业的管理人员违章指挥、强令职工冒险作业,发生重大伤亡事故的,依照刑法有关规定追究刑事责任。[④]

[①] 《矿产资源法》第 5 条。

[②] 《矿产资源补偿费征收管理规定》第 11 条。

[③] 《煤炭法》第 30—38 条。

[④] 《煤炭法》第 64 条。

与此相衔接，《刑法修正案（六）》在生产、作业中违反有关安全管理的规定，因而发生重大伤亡事故或者造成其他严重后果的，处三年以下有期徒刑或者拘役，情节特别恶劣的，处三年以上七年以下有期徒刑；安全生产设施或者安全条件不符合国家规定，因而发生重大伤亡事故或者造成其他严重后果的，对直接负责的主管人员和其他负责人员，处三年以下有期徒刑或者拘役，情节特别恶劣的，处三年以上七年以下有期徒刑；在安全生产事故发生后，负有报告职责的人员不报或者瞒报事故情况，贻误事故抢救，情节严重的，处三年以下有期徒刑或者拘役，情节特别严重的，处三年以上七年以下有期徒刑。[①] 与煤矿事故对生产安全和矿工人身安全造成的严重后果相比，这些规定处罚力度偏轻，威慑力不足。

5. 对生态环境保护重视程度有待提高

目前我国的立法未将环境保护置于应有的高度。例如，在生态恢复方面，《煤炭法》仅规定，因开采煤炭压占土地或者造成地表土地塌陷、挖损，由采矿者负责进行复垦，恢复到可供利用的状态；造成他人损失的，应当依法给予补偿。[②] 然而，何谓"可供利用的状态"，以及如何补偿，并未做出明确的规定。

从传统能源向可再生能源的转变，是实现低碳经济的重要途径之一。在我国，煤炭在相当长的时期内仍将是最主要的能源。如何根据低碳经济的要求，对以高能耗、高碳耗、高污染为特征的传统煤炭产业发展模式进行改革，从而确保我国煤炭产业持续健康发展，尤为关键。

我国与煤炭产业管理相关的立法中有一些与低碳经济相关的规定。例如，《煤炭法》规定："国家发展和推广洁净煤技术。国家采取措施取缔土法炼焦。禁止新建土法炼焦窑炉；现有的土法炼焦限期改造。"[③] 这一规定体现了低碳技术手段，有利于改善我国目前煤炭燃烧污染和浪费的现状。此外，《节约能源法》《清洁生产促进法》《循环经济促进法》《清洁生产审核暂行办法》《能源效率标识管理办法》《清洁发展机制项目运行管理办法》等法律法规体现了低碳经济中节约能源、提高能效、降低能耗的理念。

概言之，我国现有的煤炭产业发展及其立法与低碳经济的内在要求仍

[①] 《刑法修正案（六）》第 134、135、139 条。

[②] 《煤炭法》第 25 条。

[③] 《煤炭法》第 29 条。

然存在差距。在这其中，既包括技术层面的原因，如洁净煤技术（CCT）与碳捕捉和封存技术（CCS）水平有待进一步提高；也包括制度层面的原因，如环境保护制度和财政激励制度不完善、监督管理机制不健全等。

三 典型国家煤炭法制经验借鉴

鉴于煤炭在能源产业中的重要地位，虽然各国和地区煤炭立法采取的法律形式不同，但都对煤炭资源的合理开发、利用和保护做出了制度安排。在此以美国、英国和德国为例进行分析。

（一）美国的煤炭立法

美国是世界上煤炭生产和消费大国之一。从1872年美国联邦政府颁布第一部《矿山法》开始，美国煤矿开采就逐步走上了法制化的道路。1920年，美国出台了《矿产租赁法》，将包括煤炭在内的一些高价值矿产分离出来，采用租赁方式授予矿权。该法颁布后，曾历经40多次修改，目前已成为煤炭资源勘查开采的核心立法。随着采煤的日益活跃，造成的环境污染问题引起关注，要求控制煤炭开采、保护环境的呼声日益高涨，美国出台《露天采矿控制复垦法》《原生态环境保护区法》《废弃矿山复垦法》《空气清洁法》等对煤炭资源的开发利用从环保方面做了专门规定。围绕煤矿安全与卫生生产，美国也先后制定了10多部法律。最早制定的煤炭安全法律是1952年《煤矿安全法》。1969年颁布了《矿山卫生与安全法》。作为《矿山卫生与安全法》组成部分的《黑肺利益改革法》（*Black Lung Benefits Reform Act*），要求为患有黑肺病和死于黑肺病的煤炭工人支付福利。美国关于影响雇员健康安全的其他法律还包括《职业安全和健康法》《煤炭业退休者健康利益法》及《美国矿山工人联合利益基金》等。[1] 2005年《国家能源政策法》，放宽了煤炭勘查开发条件，涉及需要修改煤炭租约方面的法律主要包括煤炭租约面积限制、煤炭租约合理采矿、煤炭租约预付权利金、提交煤炭租约经营和复垦计划、煤炭租约保证金要求、煤炭租约库存等方面。[2]

概言之，美国关于煤炭资源的法律规定主要包括三个方面。一是煤炭资源的所有权、勘探权和开采权。国家资源委员会负责控制煤炭资源的使

① 陈丽萍：《美国煤炭资源立法概览》，《国土资源情报》2007年第4期。
② 《国家能源政策法》第432—437条。

用，内政部土地管理局负责煤炭资源的租借。对联邦公有土地煤炭资源实施租借方式，对煤炭资源已勘探清楚并进行了资源评价的矿区，采用招标方式确定开采者；对煤炭资源尚未探明及未进行资源评价的矿区，实行勘探和开采优先的办法。从事煤炭资源开采的煤炭公司，在资源利用方面需要缴纳三种费用：一是土地使用费，即土地出租费；二是权利金，即矿产资源费，按坑口价格的百分比计，露天矿缴 12.5%，井工矿缴 8%；三是红利，为相对资源地租，资源条件好的多缴，资源条件差的少缴或不交。[①] 二是矿井生产和建设安全与健康。美国关于矿山安全的事项主要由内政部矿山局和劳工部矿山安全保健总局负责，前者主要进行矿产资源勘探、开发等方面科研技术的研究，后者着重于矿山安全方面的执法。根据相关法律法规的授权，矿山局致力于粉尘控制、噪声控制、工业安全、防火和防爆、自救和救护等方面技术的研究，并制定了一系列操作性强的技术标准。美国法律规定，矿主或经营者要对矿井事故负主要责任，任何人违章作业，矿长或经营者都要负责。三是环境保护。一方面是露天矿开采对环保的影响，主要规定在 1977 年《露天采矿控制与复垦法》中，该法要求保持开采后矿区原有环境面貌，不得破坏生态环境，并对复垦做出了具体规定，要求煤矿开采者在开采活动前缴纳复垦保证金；另一方面是有关煤炭利用带来的环境问题，主要规定在 1970 年《清洁空气法》及其修正案中，该法要求采取适当措施，控制煤炭燃用排放的含硫气体对空气质量的影响，并确定了对空气的监测控制制度和空气质量标准等事项。另外，联邦政府还加强了对洁净煤技术的扶持力度，通过财政拨款和税收政策优惠等措施鼓励煤炭企业研究开发煤炭洁净技术。[②]

（二）英国的煤炭立法

英国煤炭工业为英国工业革命提供了强有力的能源基础。第一次世界大战后，英国煤炭工业逐渐衰退，产量下降。1947 年煤炭工业国有化后，煤炭产量有所回升，但 1956 年伦敦烟雾事件和 1980 年北海油田的开发，推动能源消费结构发生变化，英国煤炭竞争力越来越弱，廉价进口煤大量涌入，煤炭工业每况愈下。20 世纪 80 年代初，英国开始大量关闭不盈利

---

① 黄清：《我国煤炭资源地质勘探存在的问题及对策》，《煤炭经济研究》2005 年第 1 期。

② 董维武：《国外煤炭资源的管理——美国、南非、俄罗斯的实证分析》，《中国煤炭》2001 年第 9 期。

矿井，并尝试私有化改革。[①] 1987 年，英国国家煤炭局改为英国煤炭总公司，开始向私有化转变。1994 年 10 月，根据议会通过的煤炭工业私有化法案，英国组建了新的煤炭管理机构煤炭管理局（Coal Authority），不再直接经营煤矿，仅对煤炭企业行使宏观管理职能。

概言之，英国与低碳经济发展相关的煤炭立法主要包括两方面内容。一方面是煤矿安全立法。1947 年煤炭工业国有化后，煤矿安全管理主要基于 1911 年《煤矿法》、1954 年《矿山和采石法》及有关法规展开。1974 年，英国颁布《工作场所健康安全法》，旨在确保工业场所健康和安全。1992 年《健康安全管理法》要求业主必须承担如下义务：评价作业风险，完善作业的保护措施；计划、设计、组织、控制、监测和调查健康安全；提供必要的健康检查；对工人进行安全教育和培训等。1993 年《矿山健康安全管理法》规定了矿主、管理人员、煤矿工人的职责，要求每个矿均应建立安全管理机构，该机构应由合格的有能力的人组成。此外，该法还包括安全检查计划、设置和设备的安装、检查和维护、工人的培训等方面的内容。同时，英国还修改、完善和更新了一些与健康安全有关的法律，如《矿山法》《矿山用电法》等，并制定了新的安全法规，如 1993 年《煤矿法》和《防止瓦斯突出实施标准》，对煤矿安全做出进一步规定。另一方面是环境保护立法。伦敦烟雾事件后，由煤炭开发利用引起的环境问题日益受到重视。1956 年《清洁空气法》是英国大气污染控制的基本法，其最初宗旨主要是控制烟煤。该法规定在指定的禁止烟尘排放区，居民必须使用无烟燃料或电力和燃气，禁止烟囱排放黑烟，民用炊具改用无烟燃料。1988 年《城乡规划环境影响评价条例》将环境评价纳入城乡规划系统。[②]

（三）德国的煤炭立法

德国煤炭工业历史悠久，较早制定了相关法律进行规范。1919 年，德国制定了《煤炭经济法》，旨在确立煤炭产业的国家管制。[③] 现行德国的矿业法律、法规主要有 1980 年颁布、1995 年修订的《联邦矿业法》，以及依照该法律所制定的条例，如《硬煤开采条例》、1983 年《矿业

---

① 《世界煤炭工业发展报告》课题组：《英国煤炭工业》，《煤炭科学技术》1999 年第 5 期。
② 叶荣泗、吴钟瑚主编：《中国能源法律体系研究》，中国电力出版社 2006 年版，第 95 页。
③ 杜群、陈海嵩：《德国能源立法和法律制度借鉴》，《国际观察》2009 年第 4 期。

（有关防止井下气候影响职工健康）条例》和 1992 年《矿业（有关职工健康保护）条例》、1993 年《矿用电气设备许可条例》等。2007 年，德国颁布《煤炭工业融资法》。根据该法，德国将于 2018 年前终止对煤炭工业的补贴，这将对德国煤炭产业产生较大影响。另外，关于煤炭的诸多规定纳入《能源经济法》之中。

概言之，德国与低碳经济发展相关的煤炭立法主要集中在两个方面。一方面是煤矿安全卫生立法。德国适用于德国矿山安全卫生方面的立法包括三类。一是欧盟制定的有关职业安全卫生方面的立法，主要从职业健康角度规制职业安全问题；二是联邦矿业立法和其他有关职业安全卫生方面的联邦立法，主要从矿山管理方面规范煤矿安全问题；三是矿业公会（BSG）制定的矿山安全卫生规章和技术标准，主要从行业协会和安全生产技术标准和规程等方面做出规定。[①] 另一方面是矿区景观生态建设立法。根据德国《矿产资源法》，矿区景观生态重建和对矿产的勘探、开发和开采属于采矿活动的一部分。该法对国家的监督权、矿山企业的权利和义务、受到开采影响的社区和其他机构以及个人的权利义务、取得矿产资源的勘探、开采和初加工等采矿活动许可证的条件、采矿活动结束后矿区环境治理等方面做出了规定。其他相关法律还包括《土地保护法》《森林法》《大气保护法》《水保护法》和《垃圾处理法》等。[②]

（四）域外煤炭立法的借鉴意义

其一，建立煤炭资源产权制度。煤炭资源所有权制度是一国煤炭资源法律制度的基础。英、美等国从法律传统上保持着土地所有权与矿产资源所有权合一的原则，而大陆法系国家如德国、法国等国，则实行土地所有权与矿产资源所有权分离的制度。1865 年普鲁士矿业法规《普通采矿法规》较早地确立了土地所有权与矿产资源所有权相分离的制度。《德国矿业法》将矿产资源分为国有矿产资源和私有矿产资源，严格区分土地资源所有权与矿产资源所有权的界限，规定"不允许将土地所有权与矿山所有权相结合，也不允许将矿山所有权作为土地所有权的一个组成部分或者将土地所有权作为矿山所有权的一个组成部分登记在土地登记簿中"。[③] 在煤炭资源所有权制度基础上，矿业权一般被认定

---

①　卫辑：《德国的矿山安全卫生立法》，《劳动安全与健康》1998 年第 5 期。

②　叶荣泗、吴钟瑚主编：《中国能源法律体系研究》，中国电力出版社 2006 年版，第 99 页。

③　《德国矿业法》第 9 条。

为物权，或者依法被视为物权。如日本《矿业法》规定："矿业权应视为物权。除了本法律有关条文已作的规定外，有关不动产的规定，均可适用于矿业权。"另外，大多数国家的法律制度准许矿业权有条件地进行转让。如德国《矿业法》规定，只要主管部门同意，允许将矿业权转让给第三人。[1]

其二，规定煤炭资源有偿使用制度。开采矿产资源向国家缴纳费用，是许多国家的普遍实践。当然，各国有关矿业税费的法律规定，包括税费名称、种类、计算方法等，各具特色。例如，美国煤炭公司需要缴纳三种费用：一是土地使用费，即土地的出租费；二是权利金，即矿产资源费，按坑口价格的百分比计算，露天矿缴 12.5%，井工矿缴 8%；三是红利，相对资源地租，资源条件好的多缴一些，差的不缴或少缴。[2]

其三，健全安全生产法律制度。各国都非常重视煤炭安全生产法律制度，并不断增强制度的可操作性。例如，美国 1977 年《联邦矿业安全与健康法》确定四大原则：一是安全检查经常化，每个矿井每年必须接受 4 次安全检查；二是实行事故责任追究制，特别是伤亡事故，蓄意违法的责任者将被罚款和判处有期徒刑；三是安全检查"突袭制"，提前泄露安全检查信息的人可能被罚款和判处有期徒刑；四是检查人员和矿业设备厂商供应者均负连带责任，监察人员出具误导性的错误报告，矿业设备供应者供应不安全设备，可能被罚款和处以有期徒刑。在执法领域，美国煤矿安全生产监督机构强调独立性，防止检查人员与矿主、地方政府形成利益联盟。安全监察人员如果发现事故隐患，有权责令煤矿立即停止生产，如果泄露检查信息或误导调查，则可能被判刑。[3] 德国则从各方面保障煤炭生产安全，如建立工伤保险制度和安全卫生管理组织体系、组建矿业工会、实施企业医生制度、要求下井矿工佩戴自救器、重视对矿工的自救等。

其四，完善矿区环境保护制度。煤炭资源开发利用过程中将环境污染影响降到最低、加强矿区环境保护，已成为各国煤炭立法中的重要制度安排，主要手段包括矿区环境影响评价制度和生态补偿制度等。矿区环境影

---

① 黄振中、赵秋雁、谭柏平：《中国能源法学》，法律出版社 2009 年版，第 252 页。

② 黄清：《我国煤炭资源地质勘探存在的问题及对策》，《煤炭经济研究》2005 年第 1 期。

③ 何刚、张国枢：《国外煤矿安全生产管理经验对我国的借鉴意义》，《中国煤炭》2006 年第 7 期。

响评价制度是贯彻预防原则，防止环境污染和生态破坏的一项重要法律制度，很多国家对该制度的适用范围、评价内容、审批程序、法律后果等做出了明确规定。矿区生态补偿制度旨在弥补生态损失。美国《露天开采治理与复垦法》规定：露天煤矿采后要恢复原来的地貌，如地形、表土层、水源、动植物生态环境等；对井工煤矿开采要防止地表下沉；不再使用的井口要封闭；矸石尽量回填井下；矸石山保持稳定等。[1]

四　我国煤炭法制的完善

完善煤炭法制，应着重健全煤炭法律体系，完善煤炭管理体制，健全煤炭储备制度，完善煤炭资源税费制度，加强煤矿安全保障。

（一）健全法律体系

健全煤炭法律体系，应调整立法宗旨，更新和完善法律内容，加强配套立法。

首先，在立法宗旨上，应引入促进煤炭资源的可持续利用与促进煤炭产业低碳化。在全球应对气候变化背景下，煤炭资源开发利用低碳化是必然选择。煤炭立法的宗旨不仅应包括保障煤炭资源的供给安全和生产安全，亦应包括生态安全、资源的合理开发利用、产业低碳化和资源的可持续利用，以实现煤炭产业与生态环境和社会经济协调发展。

其次，更新和完善法律内容。①完善煤炭开发规划制度，包括煤炭勘查规划、煤炭生产开发规划、矿区总体规划和矿业权设置方案，将现有关于规划的条文规定具体化，厘清各煤炭开发规划之间的关系及其与国民经济和社会发展规划及全国主体功能区规划的关系，完善规划体系。在国家煤炭管理方面，明确煤炭规划制定部门的责任和监督职责；同时在地方煤炭管理方面，明确和国家煤炭管理部门的职责分工，确保煤炭勘察和生产规划的衔接和一致性，使规划制度在全国范围内能够具体实施推进。在实施规划的过程中，需要完善规划的调整机制和评价机制。②健全煤炭储备制度，包括煤炭资源储备、煤炭产能储备和煤炭现货储备。对现有煤炭现货应急储备管理机制进行细化，就煤炭现货储备的收储和轮换、安全、储备资金、环境保护、监督检查等方面做出详细规定。同时，还应建立煤炭

---

[1]　段治平、周传爱、姜爱萍：《我国煤炭成本核算存在的问题及对策建议》，《价格理论与实践》2007 年第 6 期。

资源储备以及煤炭产能储备制度，使煤炭产业储备制度进一步完善。③加强关于环境保护的规定。应强化煤炭产业调控制度与现有环境保护法律制度之间的衔接，细化生态恢复与补偿制度，加强环境影响评价制度、应急处理制度等在煤炭资源开发利用活动中的适用。同时，应健全煤炭清洁生产和利用制度，包括推行煤炭绿色开采，发展煤炭洗选加工，发展矿区循环经济，加强矿区生态环境治理等。

最后，加强配套立法。可以制定的配套立法包括《〈煤炭法〉实施条例》《煤炭生产开发条例》《特殊和稀缺煤种资源勘查开发管理条例》《煤矿建设条例》《瓦斯治理与利用管理条例》《煤矸石管理条例》《洁净煤技术开发与推广条例》《煤矿区保护条例》《煤矿关闭和矿井报废管理条例》等。其中，《特殊和稀缺煤种资源勘查开发管理条例》应当对特殊和稀缺煤种实行保护性开采，合理确定开发规模、范围和顺序，对稀缺煤种应当控制开发速度。《煤矸石管理条例》应当对煤矸石的堆放、保存、交易、开发利用做出明确规定。

（二）完善煤炭管理体制

我国能源管理体制呈现"多头管理"特点，且各部门管理职能频繁变动。职权分散和交叉，不利于对煤炭产业的宏观规划和有效监督。为此，应厘清各煤炭管理部门的职责，避免职能交叉或空白。在管理手段上，煤炭行政管理部门应通过经济、法律、行政等多种手段进行管理，将应由市场调整的事项进一步从政府职能中分离出来，主要通过市场机制提高煤炭资源配置效率。在管理的参与主体上，煤炭行业监督机构也应依法实施行业监督，特别是要加强煤炭资源的开采、煤矿安全生产、矿区环境污染等方面的重点监督，从而在管理体制上适应低碳经济的内在要求。同时，还应发挥煤炭行业协会和行业监督机构的积极作用。

（三）健全煤炭储备制度

煤炭储备分为政府储备和企业储备两部分。政府煤炭储备应根据国家经济安全需要和国家财政力量合理确定；企业储备则应按照国家煤炭储备战略和立法的要求进行。依储备对象划分，煤炭储备体系应该涵盖煤炭资源储备、煤炭产能储备以及煤炭现货储备。

目前我国仅对煤炭现货储备做出了规定。2011年国家发展改革委发布了《国家煤炭应急储备管理暂行办法》，对国家煤炭应急储备管理和应急状态下煤炭供应保障等方面做出了规定。2014年6月，国家发展改革委又发布《2014年煤炭应急储备任务》，对2014年的煤炭应急储备任务和承储期限做出规定，要求各承储企业和储备点对企业储备任务的完成情况进行月通报制度。这些措施有利于应对煤炭市场出现突发性波动，维护市场的稳定。

进一步立法应当就煤炭现货储备的收储和轮换、安全、环境保护、储备资金管理、监督检查等问题做出详细规定，以使煤炭现货储备进一步法制化。同时，还应建立完善的煤炭资源储备和煤炭产能储备。在煤炭资源储备方面，应规定封存一定数量的优质煤矿，以备发生应急情况时动用，同时还应规定承担资源储备煤矿的勘选程序、保护和管理程序，以及动用程序。与此相关的是煤炭产能储备，即为确保稳定的煤炭年产量而设定的储备目标。与资源储备和现货储备相比，产能储备具有更强的政策性。立法应当就产能储备数量的确定和调整程序等做出规定。

（四）完善煤炭资源税费制度

近些年来，我国全面推进资源税改革，通过全面实施清费立税、从价计征改革，理顺资源税费关系，建立资源税制度，以发挥其组织收入、调控经济、促进资源节约集约利用和生态环境保护的作用。2014年，我国开始执行煤炭资源税从价计征政策，这将有利于深化财税体制改革，促进煤炭企业提高资源的使用率。现阶段应尽快完善相关操作细则，推动煤炭行业税收征管工作顺利进行，维护煤炭市场的健康运行。

（五）加强煤矿安全保障

我国于2004年发布了《煤矿安全规程》（以下简称《规程》），迄今已进行四次修订。该《规程》就地质保障、井工煤矿的矿井建设、开采安全、通风、瓦斯和煤尘爆炸防治、煤（岩）与瓦斯（二氧化碳）突出防治、冲击地压防治、防灭火、防治水、爆炸物品和井下爆破、运输、提升和空气压缩机、电气、监控与通信、露天煤矿的一般和特殊规定、职业病危害管理、粉尘防治、热害防治、噪声防治、有害气体防治、职业健康监护、应急救援等方面做出了较为明确的规定。从管理角度讲，除技术规范外，还应从企业安全管理、强调安全监管、构建高效应急救援体系、明确目标考核和责任追究等方面入手，完善煤矿安全保障机制。

在此应特别注意两方面问题。一方面，应根据2010年国家安全生产监督管理总局和国家煤矿安全监察局发布的《关于建设完善煤矿井下安全避险"六大系统"的通知》，尽快建设完善矿井监测监控系统、井下人员定位系统、井下紧急避险系统、矿井压风自救系统、矿井供水施救系统和矿井通信联络系统。另一方面，应进一步完善煤矿安全事故责任的法律规定。对于非法开采行为，建议以关闭代替罚款。对于存在安全隐患的煤矿，建议以停产整顿代替经济处罚。同时，应完善工伤保险制度，确保伤亡矿工及其家属获得合理的经济补偿。

第二节　石油天然气法制

石油天然气及其产业发展直接或者间接地影响着人类社会的发展进程。在低碳经济背景下，如何通过法律手段推动石油天然气资源的清洁利用和高效利用，是我国能源法制面临的最重要的挑战之一。

一　石油天然气概述

根据 1983 年第 11 届世界石油大会给出的定义，石油（Petroleum，Oil）是指气态、液态和固态的烃类混合物，[1] 包括原油、天然气、天然气液和天然焦油四种形态。其中，原油（Crude Oil）是石油的基本类型，储存在地下储集层内，在常压条件下呈液态，其中也包括少部分液态的非烃组分；天然气（Natural Gas）也是石油的主要类型，呈气态，或处于地下储层条件时溶解在原油内，在常温和常压条件下呈气态，其中也包括一部分非烃组分；天然气液（Natural Gas Liquids）是天然气的一部分，在天然气处理装置中呈液态回收，主要包括天然气汽油和凝析油，也可能含有少量 C_1 – C_4 烷烃和非烃成分；天然焦油（Nature Tar）是石油沉积物，呈半固态或固态，含有少量硫、氮、氧、金属化合物和非烃物质。[2]

在实践中，一般将作为石油最重要形态的"原油"泛称为"石油"，

---

[1]　烃类，是指由碳与氢原子所构成的化合物，是碳氢化合物的统称。

[2]　陈绍洲、徐配若：《石油化学》，华东化工学院出版社 1993 年版，第 1—2 页；赖向军、戴林：《石油与天然气——机遇与挑战》，化学工业出版社 2005 年版，第 4 页。关于石油和天然气的形成过程，详见 Richard Eden, Michael Posner, Richard Bending, Edmund Crouch, Joe Stanislaw, *Energy Economics*, Cambridge University Press, 1981, pp. 77—78. 我国《对外合作开采海洋石油资源条例》规定，石油是指蕴藏在地下的、正在采出的和已经采出的原油和天然气。

同时将作为石油形态之一的"天然气"独立出来。本书沿用这一习惯称谓。除非特别说明，本书在有关上游产业的研究中，"石油天然气"一般指作为矿产资源的石油天然气资源；在有关中下游产业的研究中，"石油天然气"一般指石油天然气产品。

尽管石油与天然气同属烃类混合物，但二者之间亦存在诸多区别。在资源赋存丰度和开采成本方面，天然气资源较石油资源更为丰富，可采年限更长，且其勘探开发成本较石油低。在清洁性方面，石油不是清洁性能源，而天然气燃烧后的主要产物是二氧化碳和水，其产生单位燃烧热量放出的二氧化碳比石油低20%。[1]

近些年来广受关注的煤层气和页岩气，则属于非常规天然气，即未被充分认识、尚无可借鉴的成熟技术和经验进行开发的天然气资源，在地下赋存状态和聚集方式等均与常规天然气存有差异。[2] 煤层气（Coal-bed Methane，CBM），是指赋存于煤层中、以吸附和游离的方式存在于煤孔隙和裂隙中的烃类气体，是煤的伴生矿产资源。煤层气解析进入巷道，即为"煤矿瓦斯"（Coal Mine Methane，CMM）。[3]

页岩气，是指主体上以吸附和游离状态赋存于泥页岩地层中的天然气聚集。[4] 详言之，页岩气是赋存于暗色富有机质和极低渗透率的泥页岩、泥质粉砂岩以及砂岩夹层系统中，在页岩孔隙和天然裂缝中以游离方式存在，在干酪根和黏土颗粒表面上以吸附状态存在，甚至在干酪根和沥青质中还可能以溶解状态存在的非常规天然气。[5] 近些年来，美国的页岩气产业突飞猛进的发展，甚至直接改变了美国在国际能源市场的地位。究其原因，主要包括文化上的开拓与冒险精神、反复试验与承受失败的巨大动力、开放的市场和竞争、完善的能源基础设施（包括管道、地质数据、资金、技术与设备等）、良好的赋存条件（美国的页岩气主要赋存于地广

---

[1] Commentary：The Environmental Case for Natural Gas，see https://www.iea.org/newsroom/news/2017/october/commentary-the-environmental-case-for-natural-gas.html，last visited December 2017.

[2] 胡文瑞：《开发非常规天然气是利用低碳资源的现实最佳选择》，《天然气工业》2010年第9期。

[3] 王庆一主编：《能源词典》（第2版），中国石化出版社2005年版，第127页。

[4] 张金川等：《页岩气及其勘探研究意义》，《现代地质》2008年第4期。

[5] 肖钢、白玉湖：《基于环境保护角度的页岩气开发黄金准则》，《天然气工业》2012年9月，第98页。

人稀的地区)、土地所有人权利的保障等。①

液化石油气和液化天然气亦需关注。液化石油气（Liquefied Petroleum Gas，LPG）是炼厂气、天然气、油田伴生气中的轻质烃类在加压和降温的条件下冷凝成的液态物，可用作城市煤气、清洁汽车燃料和石油化工燃料。液化天然气（Liquefied Natural Gas，LNG）是一种常见的天然气形态，是指在高压和甚笃冷冻的条件下冷凝而成的液态天然气，使用时再重新气化。② 相较于管道天然气，液化天然气便于存储和运输，受地理和地域环境影响较小。

我国石油天然气资源的特征包括如下三个方面：

其一，资源总量和人均资源占有量均不丰富。2016 年年底，我国石油探明储量为 35 亿吨，占世界总量的 1.5%，位居世界第 12 位；天然气探明储量为 5.4 万亿立方米，占世界总量的 2.9%，居世界第 8 位。

其二，资源总体质量不高，开采难度较大。在我国已发现的油气田中，大多数品位较低，单位面积储量较小，埋藏较深，类型较为复杂，对开采工艺要求较高。在剩余可采储量中，优质资源严重不足，低渗或者特低渗油、稠油和埋深大于 3500 米的油气田超过一半，未来的开采难度将越来越大。

其三，资源赋存地理分布不均。我国陆上石油资源主要分布在东部的松辽盆地、渤海湾盆地以及西部的鄂尔多斯盆地、塔里木盆地和准噶尔盆地；陆上天然气资源主要集中于中部区、西部区和东部区。近海石油资源主要分布在渤海海域、珠江口盆地和北部湾盆地；天然气资源主要分布在近海的南海北部、东海及渤海海域。总体而言，石油天然气资源主要分布在经济相对落后的地区，而在经济发达的地区，油气资源较为贫乏。③

---

① ［美］格雷戈里·祖克曼：《页岩革命：新能源亿万富豪背后的惊人故事》，艾博译，中国人民大学出版社 2014 年版，第 306 页。该书作者认为，我国发展页岩气产业的主要困难在于岩层开采难度大、耗时更长、水资源紧缺、配套的管道和服务公司缺乏、基础设施不足、页岩气分布却很多与地震带交叠等。

② 王庆一主编：《能源词典》（第 2 版），中国石化出版社 2005 年版，第 276 页。

③ 魏一鸣等：《中国石油天然气工业上游技术政策研究报告》，科学出版社 2006 年版，第 2—4 页。

二　我国石油天然气法制现状

（一）石油天然气法律体系

石油天然气法律体系主要由宪法性规定、综合性矿产资源法、专门立法和相关立法构成。《宪法》规定，自然资源属于国家所有，即全民所有；国家保障自然资源的合理利用；禁止任何组织或者个人用任何手段侵占或者破坏自然资源；[1] 这是石油天然气法的宪法基础。

综合性矿产资源法包括《矿产资源法》《矿产资源法实施细则》等。在目前尚未制定综合性石油天然气法的情况下，这些立法在事实上起着统领石油天然气上中下游管理、产业保障等方面立法的作用。例如，《矿产资源法》中有关矿产资源权属、[2] 探矿权和采矿权[3]等方面的规定，均适用于石油天然气领域。

专门油气立法包括石油天然气上游产业立法和石油天然气中下游产业立法，相关立法是指产业保障立法。其中，上游产业立法涉及的内容主要包括资源所有权、矿业权管理和对外合作管理，中下游产业立法主要包括输送管理、市场管理和贸易管理等方面，产业保障方面的立法主要包括安全生产、财税调控、劳动保护、环境保护等方面。详见表4-1：

表4-1　　　　　　　　　我国石油天然气法律体系

类别	主要立法
资源所有权	《矿产资源法》（1986 年制定，2009 年最新修订）《矿产资源法实施细则》（1994 年），《地质资料管理条例》（2002 年制定，2016 年最新修订）
矿业权	《石油地震勘探损害补偿规定》（1989 年），《矿产资源勘查区块登记管理办法》（1998 年制定，2014 年最新修订），《矿业权出让转让管理暂行规定》（2000 年），[4]《矿产资源开采登记管理办法》（1998 年制定，2014 年最新修订），《探矿权采矿权转让管理办法》（1998 年制定，2014 年最新修订）等
对外合作	《对外合作开采陆上石油资源条例》（1993 年制定，2013 年最新修订），《对外合作开采海洋石油资源条例》（1982 年制定，2013 年最新修订），《地质资料管理条例》（2002 年制定，2016 年最新修订），《中国石油天然气集团公司油气勘探项目实施管理办法》（1999 年）等

---

① 《宪法》第 9 条。

② 《矿产资源法》第 3 条。

③ 《矿产资源法》第 5—6 条、第三章和第四章。

④ 2014 年，该暂行规定的第 55 条被停止执行。

类别	主要立法
输送管理	《石油天然气管道保护法》（2010 年） 《铺设海底电缆管道管理规定》（1989 年），《铺设海底电缆管道管理规定实施办法》（1992 年）等
市场管理	《成品油市场管理办法》（2015 年），《石油价格管理办法》（2016 年）等
贸易管理	《原油、成品油进口组织实施办法》（1999 年），《成品油国营贸易进口自动许可程序》（2003 年）等
安全生产	《海上石油天然气生产设施检验规定》（1990 年），《石油企业申报国家级企业安全考核规定（试行）》（1990 年），《危险化学品安全管理条例》（2002 年制定，2013 年最新修订），《海洋石油安全生产规定》（2006 年制定，2015 年最新修订），《非煤矿矿山企业安全生产许可证实施办法》（2004 年制定，2015 年最新修订），《海洋石油建设项目生产设施设计审查与安全竣工验收实施细则》（2009 年），《海洋石油安全管理细则》（2009 年制定，2015 年最新修订），《危险化学品建设项目安全监督管理办法》（2012 年制定，2015 年最新修订）等
财税调控	《资源税暂行条例》（1993 年制定，2011 年修订），《关于在我国陆上特定地区开采石油（天然气）进口物资免征进口税收的暂行规定》（1997 年），《储量有偿使用费管理暂行办法》（1998 年），《矿产资源补偿费使用管理办法》（2001 年），《成品油零售加油站增值税征收管理办法》（2002 年），《企业所得税法实施条例》（2007 年），《油气田企业增值税管理办法》（2009 年），《新疆原油天然气资源税改革若干问题的规定》（2010 年）等
劳动保护	《深海石油作业职业卫生管理办法》（2005 年），《生产经营单位安全培训规定》（2005 年制定，2015 年修订），《职业病危害项目申报办法》（2012 年），《工作场所职业卫生监督管理规定》（2012 年）等
环境保护	《清洁生产促进法》（2002 年制定，2012 年最新修订），《海洋环境保护法》（1982 年制定，2013 年最新修订） 《关于废润滑油回收再生的暂行规定》（1981 年），《海洋石油勘探开发环境保护管理条例》（1983 年），《海洋倾废管理条例》（1985 年制定，2011 年最新修订），《海洋石油勘探开发环境保护管理条例实施办法》（1990 年制定，2016 年最新修订），《防治陆源污染物污染损害海洋环境管理条例》（1990 年），《防治海岸工程建设项目污染损害海洋环境管理条例》（1990 年制定，2007 年最新修订），《防治船舶污染海洋环境管理条例》（2009 年制定，2016 年最新修订），《海洋倾废管理条例实施办法》（1990 年制定，2016 年最新修订），《海洋石油平台弃置管理暂行办法》（2002 年），《海洋石油开发工程环境影响后评价管理暂行规定》（2003 年），《防治船舶污染内河水域环境管理规定》（2015 年）等

（一）主要法律制度

我国目前石油天然气法所规定的法律制度主要有资源所有权制度、矿权管理制度、管道保护制度、价格管理制度、石油储备制度和环境保护制度。分述如下。

1. 资源所有权制度

我国石油天然气所有权制度适用矿产资源所有权的通行制度。我国《宪法》第 9 条规定，矿藏属于国家所有。此处的"矿藏"包含了石油天然气资源。《矿产资源法》第 3 条规定，矿产资源属于国家所有，地表或者地下的矿产资源的国家所有权，不因其所依附的土地的所有权或者使用权的不同而改变；国家对矿产资源的所有权，由国务院行使。国家保障矿产资源的合理开发利用；禁止任何组织或者个人用任何手段侵占或者破坏矿产资源。

2. 矿权管理制度

我国探矿权管理的最主要法律依据是《矿产资源勘查区块登记管理办法》，主要内容包括：①一级登记管理制度。石油天然气由国土资源部颁发勘查许可证并进行矿业权管理。石油天然气勘查许可证有效期最长为 7 年。②申请石油天然气勘查资质条件。申请勘查石油天然气的，应提交国务院批准设立石油公司或者同意进行石油、天然气勘查的批准文件，以及勘查单位法人资格证明。③石油天然气滚动勘探开发制度。[①] 申请石油天然气滚动勘探开发的，提交规定的资料后，由登记管理机关批准并登记，领取滚动勘探开发采矿许可证。石油天然气滚动勘探开发的采矿许可证有效期最长为 15 年。④石油天然气试采制度。需要试采的，经批准可以试采 1 年，需要延长试采时间，必须办理登记手续。⑤石油天然气勘查申请的公告制度。对申请勘查石油、天然气的，登记管理机关还应当在收到申请后及时予以公告或者提供查询。⑥一级处罚管理制度。对石油天然气矿业权人在勘查中的违法行为由国土资源部按有关规定给予行政处罚。⑦石油天然气勘查面积最大为 2500 个基本单位区块。[②] ⑧其他内容。如探矿权使用费标准和最低勘查投入等。

我国采矿权管理的主要法律依据是《矿产资源开采登记管理办法》，主要内容包括：①一级登记管理制度。石油天然气由国土资源部办理采矿权许可证并进行矿业权管理。②申请石油天然气开采的资质条件。申请开采石油天然气的，应提交国务院批准设立石油公司或者同意进行石油天然气开采的批准文件，以及采矿企业法人资格证明。③采矿许可证有效期制

---

① 滚动勘探开发是一种针对地质条件复杂的油气田而提出的一种简化评价勘查、加速新油田产能建设的快速勘探方法；当油气田进入勘探开发成熟期时，滚动勘探开发是增储稳产的主要手段。参见于正军、韩宏伟、王福永《东营凹陷滚动勘探开发技术研究与应用》，《石油勘探与开发》2003 年第 4 期。

② 根据《矿产资源勘查区块登记管理办法》的规定，以经纬度 1′×1′ 划分的区块为 1 基本单位区块。

度。大型以上最长为 30 年，中型的最长为 20 年，小型的最长为 10 年。①
④采矿权有偿取得制度。获得采矿权，每年每平方公里需缴纳 1000 元。
⑤一级处罚管理制度。对石油天然气矿业权人在开采中的违法行为，由国
土资源部按有关规定给予行政处罚；构成犯罪的，依法追究刑事责任。

3. 管道保护制度

为了保障石油天然气管道及其附属设施的安全运行，我国于 1989 年
制定了《石油、天然气管道保护条例》，2010 年制定《石油天然气管道保
护法》。除此之外，我国目前关于石油天然气管道安全的法律规范性文件
还有《铺设海底电缆管道规定》《原油、天然气长输管线与铁路相互关系
的若干规定》《石油天然气管道安全监督与管理暂行规定》等。根据这些
立法，国务院石油工业主管部门负责全国石油天然气管道及其附属设施保
护工作的监督和管理，管道沿线各级地方人民政府负责管道安全保护教
育、协调解决有关保护事宜，管道沿线公安机关负责查处破坏、盗窃、哄
抢管道及其附属设施案件。管道企业负责所辖管道及其附属设施的安全运
行，如严格执行管理运输的技术操作和安全规章，定期巡视，及时维护
等。其他任何单位和个人均有保护管道及其附属设施的义务，不得危害管
道及其附属设施，并有权制止危害行为和向有关部门报告。②

4. 价格管理制度

根据 2016 年《石油价格管理办法》，原油价格实行市场指导价；成
品油区别情况分别实行政府指导价和政府定价。③ 最高零售价格以国际市
场原油价格为基础，考虑国内平均加工成本、税金、合理流通环节费用和
适当利润确定。④《石油价格管理办法》实施后，成品油定价与国际石油
价格波动情况结合更为紧密，由原先的"22 个工作日±4%价格涨幅"的
定价模式改为"10 个工作日+50 元/吨涨跌幅"的定价模式，即柴油价格
根据国际市场原油价格变化每 10 工作日调整一次。调价生效时间为调价
发布日 24 时。当调价幅度低于每吨 50 元时，不做调整，纳入下次调价时

---

① 关于矿山建设规模的确定，以《关于调整部分矿种矿山生产建设规模标准的通知》附件
中《矿山生产建设规模分类一览表》为准。
② 高世宪等：《能源战略和政策的回顾与评估》，《经济研究参考》2004 年第 83 期。
③ 《石油价格管理办法》第 4 条。
④ 《石油价格管理办法》第 5 条。

累加或冲抵。① 《石油价格管理办法》中还设定了成品油价格调控下限。下限水平定为每桶 40 美元，即当国内成品油价格挂靠的国际市场原油价格低于每桶 40 美元时，国内成品油价格不再下调。②

5. 油气储备制度

自 1993 年起，我国成为石油净进口国，开始考虑战略石油储备问题。2001 年，我国正式提出建设战略石油储备。2002 年，国家发展计划委员会启动了石油储备基地的建设工作。2003 年 5 月，负责石油储备基地建设和管理的国家石油储备办公室正式运作。2004 年，我国首批 4 个国家战略石油储备基地陆续开始建设。2005 年，我国四大国家石油储备基地公司成立。2006 年《国民经济和社会发展第十一个五年规划纲要》中，进一步明确要"扩建和新建国家石油储备基地"，第一个石油储备基地——镇海石油储备基地开始注油。2007 年，《能源发展"十一五"规划》明确了构建石油储备管理体系的设想，镇海国家石油储备基地通过国家验收，国家石油储备中心正式成立。2008 年 11 月，我国第一期的四个石油储备基地全部相继建成投产。2009 年，我国第二期战略石油储备基地选址工作全面展开，内陆地区第一个国家石油储备基地在新疆独山子开工建设，石油储备工程二期开建。③ 随着工程推进，第二期广东湛江、惠州、江苏金坛、辽宁锦州、天津和鄯善等共 8 个石油储备工程陆续启动。④2011 年，十一届全国人大四次会议通过的《国民经济和社会发展第十一个五年规划纲要》中，继续提出"合理规划建设能源储备设施，完善石油储备体系"。2017 年国家《能源发展"十三五"规划》对能源储备的关注重在保障能源安全和能源储备应急机制，明确规定要加强能源资源勘探开发，增强能源储备应急能力，构建多轮驱动的能源供应体系，保持能源充足稳定供应。一方面，已经建成的储备设施布局较为分散，难以满足应对大规模石油供应中断等突发事件的需要。⑤ 另一方面，国内石油市场不断受到国际市场变化的冲击，对中东地区进口石油的依赖程度上升，外

---

① 《石油价格管理办法》第 7 条。

② 《石油价格管理办法》第 6 条。

③ 傅玥雯：《我国石油储备大事记》，《中国能源报》2010 年 2 月 8 日第 6 版。

④ 王秀强：《石油战略储备二期项目陆续曝光》，http://www.21cbh.com/HTML/2011-7-26/5MMDY5XzM1Mjc5Mg.html，最后访问时间 2012 年 6 月 5 日。

⑤ 赵小平主编：《能源管理工作手册》，中国市场出版社 2008 年版，第 247 页。

部石油资源的利用也面临激烈的竞争。[①]

2006 年，我国成为天然气进口国。此后，天然气对外依存度逐年提高，2014 年天然气对外依存度已经达到 32.2%。[②] 为此，2014 年国家发展改革委发布《关于加快推进储气设施建设的指导意见》，要求加快在建储气库项目施工进展，鼓励各种所有制经济以多种形式参与投资储气设施和运营；同时规定，承担天然气调峰和应急储备义务的企业，可以单独或共同建设储备设施储备天然气，也可以委托代为储备。[③] 2015 年，国家能源局建议加快天然气体系建设，增加调峰能力，提高天然气突发事件时的保障供应能力，并进一步推进天然气价格改革。[④] 2017 年国家《能源发展"十三五"规划》明确提出要加大储气库建设力度，加快建设沿海 LNG 和城市储气调峰设施。

目前中国天然气储气库主要由国有公司承担，港华金坛盐穴储气库是我国第一个由城市燃气公司投资建设的地下储气库。总体而言，我国的地下储气库建设远落后于其他天然气消费大国。截至 2015 年年底，我国已投产的天然气地下储气库共有 22 座，在建、计划建设 14 座；已投产的 22 座储气库，但有效工作气量仅为 40 亿立方米，只占天然气消费量的 2.2% 左右。[⑤]

6. 环境保护类制度

我国石油天然气开发利用环境保护类制度可以分为三个层次。

第一层次是国家立法。在我国，环境影响评价制度、"三同时"制度、排污收费制度、总量控制制度等基本环境法律制度已经成为石油天然气行业遵循的基本法律规范。此外，我国还制定了一些有关石油天然气开发利用环境保护的专门立法，涵盖了法律、法规、行政规章、规范性法律

---

① 贾文瑞等：《21 世纪中国能源、环境与石油工业发展》，石油工业出版社 2002 年版，第 347—348 页。

② 参见《2016 年我国天然气行业对外依存度分析》，http://www.chyxx.com/industry/201612/474535.html，最后访问时间 2017 年 12 月 15 日。

③ 《国家发展改革委关于加快推进储气设施建设的指导意见》，http://www.ndrc.gov.cn/zcfb/zcfbtz/201404/t20140429_609361.html，最后访问时间 2017 年 12 月 15 日。

④ 参见《加快天然气储备体系建设 推进天然气价改》，http://finance.sina.com.cn/money/forex/20150605/120222358383.shtml，最后访问时间 2017 年 12 月 15 日。

⑤ 黄晓勇主编：《世界能源发展报告（2016）》，社会科学文献出版社 2016 年版，第 128 页。

文件等各个位阶，如《海洋环境保护法》《海洋石油勘探开发环境保护管理条例》《海洋石油勘探开发环境保护管理条例实施办法》《防治海岸工程建设项目污染损害海洋环境管理条例》《海洋石油开发工程环境影响后评价管理暂行规定》《海洋石油平台弃置管理暂行办法》等。

第二层次是地方性立法。有些省份还制定了石油天然气开发利用环境保护的专门立法，如《河北省陆上石油勘探开发环境保护管理办法》《黑龙江省石油天然气勘探开发环境保护条例》《陕西省煤炭石油天然气开发环境保护条例》《新疆维吾尔自治区石油勘探开发环境管理办法》等。这些立法在国家相关法律规定的基础上，结合当地石油天然气产业发展和管理的需要，做出了相应的规定。

第三层次是石油企业内部规程。我国三大石油公司参照国外成熟经验，逐步建立了以 ISO14001 和 HSE 管理体系为核心的环境管理体系。1996 年 9 月起，中石油对 ISO/CD14690 标准草案文本①进行翻译和转化，同时吸收以往行之有效的安全生产、环境保护规章制度和管理经验，于1997 年 6 月发布了石油天然气行业标准《石油天然气工业健康、安全与环境管理体系》（SY/T6276—1997）。中海油也于 1997 年发布了《中国海洋石油总公司安全（HSE）管理体系原则及文件编制指南》。中石化随后在 2001 年发布了《中国石油化工集团公司安全、环境与健康（HSE）管理体系》，要求在作业现场推行"HSE 作业指导书""HSE 作业计划书"和"HSE 现场检查表"，使各项污染预防和控制措施得到落实。同时，三大石油公司的 ISO14001 认证工作开展迅速。②

（三）现行石油天然气法制评价

现行石油天然气法制存在管理体制不健全、法律体系存在结构性缺陷、法律制度内容不完备等问题，进一步立法过程中应予重点解决。

1. 管理体制不健全

我国石油天然气产业管理在监管主体、监管职能、监管机制等方面均有待完善。在管理主体方面，主要问题是多头监督管理、政企职能不清，严重影响监管行为的正当性和效率性。在监管职能方面，主要问题体现在管监不分，定位不明；职能分散，分割管理；监管缺位，权利义

---

① ISO/CD14690《石油和天然气工业健康、安全与环境管理体系》由国际标准化组织于1996 年 6 月发布，目前已成为 HSE 管理体系在国际石油行业普遍推行的标准。

② 吴宇：《石油行业的环保现状》，《环境教育》2009 年第 2 期。

务失衡。在管理机制方面，主要问题体现在市场机制的作用未能得到充分发挥。

3. 法律制度内容不完备

《矿产资源法》及其配套法规规定的是矿产资源开发利用法律规制的共性方面，难以有针对性地应对石油天然气资源开发环节的特殊问题。尽管石油天然气资源的勘探和开采可以适用《矿产资源法》及其配套规定，但石油天然气产业集石油天然气勘探、开采、炼化、储运、供配、消费、贸易为一体，其中一些重要环节超出了《矿产资源法》及其配套规章的适用范围。例如，《矿产资源法》及其配套规章未对政府与石油勘探开采企业的权利义务关系、勘探开采的市场准入、地方政府保护油气资源的责任等问题做出规定。

另一方面，石油天然气产业具有上中下游一体化联动的特点，这就要求立法对各产业环节进行有效的规范和管理。我国现有立法对石油天然气管输经营准入、炼油加工的市场准入、石油天然气销售市场准入、国际贸易等方面均缺少足够明确并具有较高可操作性的法律规范，从而制约着石油天然气市场的健康发展。另外，我国至今尚未制定有关石油储备方面的立法，难以在法律层面保障石油储备制度的顺利实施。油气资源的节约和替代是国家石油安全战略的重要组成部分。尽管我国已经实施了《节约能源法》，但其中缺乏针对石油天然气产业的具体规定，特别是激励性规定，难以适应保障国家石油安全的需要。[1]

三　典型国家石油天然气法制借鉴

一些国家在石油天然气立法模式、监管体制、所有权制度、管输经营准入制度、定价机制、储备制度、管道安全保护制度和环境保护类制度等方面的经验，可资我国在进一步立法过程中借鉴。

（一）立法模式

石油天然气立法模式需要解决的主要问题是：针对石油天然气产业的不同领域和不同环节，在法律层面以何种立法技术进行调整。综观世界各国石油天然气立法模式，可以分为不同领域分别立法、上中下游分别立法

---

① 中国-欧盟能源环境项目：《世界典型国家不同阶段天然气发展的政策措施及对中国的启示》，2005年，第37页。

和全行业统一立法三种情形。①

其一,不同领域分别立法。一些国家针对石油天然气产业的某一特定领域单独立法。采取此种立法模式的国家一般而言法律制度较为完善,市场经济较为成熟,如美国、加拿大和英国等。这一模式的立法主要侧重于石油天然气的勘探开发、石油安全、能源效率、环境保护等方面。例如,美国陆上石油勘探开发适用 1920 年《矿产租让法》和 1987 年《联邦陆上石油天然气租让修正案》,海上石油勘探开发适用 1953 年《水下土地法》和《大陆架土地法》,行业管理适用 1977 年《能源部组织法》等,能源效率适用 2005 年《国家能源政策法》等,环境保护适用 1990 年《清洁空气法》和《石油污染法》等,矿区使用费管理适用 1982 年《联邦石油天然气矿区使用费管理法》,石油安全适用 1975 年《能源政策和节约法》,管道运输适用 1994 年《管道安全法》(2002 年修改为《管道安全改进法》)、1996 年《管道安全责任与合营法》和 2016 年《保护管道基础设施及加强安全法》。② 这些立法分别从不同领域对石油天然气开发利用行为进行规范。

其二,依产业环节分别立法。一些国家分别针对石油天然气产业上中下游领域制定立法。此种模式多为石油天然气资源赋存不足、进口量较大的国家所采用,如日本、韩国和印度即采用这一模式。这些国家的石油天然气进口量一般较大,国内自产油气难以满足需求,需要专门立法来保障国内供应和消费。例如在日本,石油天然气上游产业主要适用《石油天然气资源开发法》。该法规定了石油天然气资源开采的批准程序,旨在推动勘探开发活动。为了加强海外勘探开发,《石油公团法》规定日本石油公团代表政府指导和监控日本公司的海外勘探开发,并对日本公司海外勘探开发提供经济援助和税收优惠。下游领域主要适用《石油业法》。该法规定了石油加工炼制、贸易、销售等内容,旨在实现稳定的石油供应,确保石油安全。在韩国,规制上游领域产业活动的立法主要是《石油开发法》,规制下游产业活动的立法主要是《石油事业法》。在印度,上游领域的主要立法是《油田管理与开发法》,下游领域的立法主要是《石油

---

① 此部分的主要参考文献包括:叶荣泗、吴钟瑚主编:《中国能源法律体系研究》,中国电力出版社 2006 年版,第 174—178 页;邢荣华:《加快石油天然气立法》,《油气田地面工程》2006 年第 6 期。

② 另见黄振中、赵秋雁、谭柏平《中国能源法学》,法律出版社 2009 年版,第 186 页。

法》，内容涵盖炼制、进口、运输、储存等环节。[1]

其三，全行业统一立法。还有一些国家针对石油天然气的勘探、开采、炼化、储运、贸易、销售等环节制定统一的立法。对石油天然气产业发展依赖性较强、对产业发展调控力度较大的国家一般采用此种模式。巴西 1997 年《石油法》旨在维护国家利益，促进和扩大劳动就业市场，创造能源价值，保护消费者利益，保护环境并促进能源储备。其主要内容包括国内石油产品供应保障，增加使用天然气、对不同地区采取相应办法解决能源的供应、利用新技术使用多种能源、促进自由竞争、吸引在能源生产投资、提高国际市场竞争力等方面的内容。[2] 2009 年 3 月，巴西颁布《天然气法》。该法主要对巴西的天然气企业进行规制，通过对特殊项目的资金支持，促进融资和稳定需求以及建立与现有天然气管道开放获取相关的竞争机制等手段，为天然气领域内的私人投资提供经济激励。其主要内容包括：私人天然气管道建设许可，运能需求机制暨现有管道企业的运能核定和新建管道企业的运能承诺，合营机制的适用，运营许可，天然气气化或液化装置的所有权与使用权，储存设施许可，进出口许可，开放获取实现时限，天然气生产商自建管线，等等。[3] 印度尼西亚 2001 年《石油天然气法》的调整范围既包括上游勘探、开采、加工炼制，也包括中游的储运，还包括下游的供应、贸易等。该法的主要内容包括立法的基本原则和目标、管理和经营、上游和下游产业、国家收益、石油天然气业与土地使用权的关系、监督、执行机构和安排机构、刑罚等方面的内容。委内瑞拉 2002 年《石油法》对石油资源的勘探、开采、炼化、储运、销售和保护及其相关方面做出了较为全面的规定。与印度尼西亚不同的是，对于与气体烃类资源有关的活动，委内瑞拉 2002 年《石油法》规定由《气体烃类资源法》做出规定。[4]

（二）监管体制

尽管世界各国的石油天然气监管体制各不相同，但从各国的石油天然

---

① 另见杜东亚《中外石油法律体制比较研究》，《中国石油和化工》2005 年第 4 期。

② 王威：《巴西油气管理体制及其对我国的启示》，《国土资源情报》2007 年第 8 期。

③ Brian Bradshaw, William Prescott Mills Schwind and Giovani R. Loss, *Natural Gas Law Approved in Brazil*, see http: // www. fulbright. com/index. cfm? fuseaction = publications. detail&pub_ id = 3822&site_ id = 494, last visited November 2012.

④ 另见黄振中、赵秋雁、谭柏平《中国能源法学》，法律出版社 2009 年版，第 186 页。

气资源赋存、石油天然气产业发展、油气产品进出口情况以及社会经济发展程度等视角综合考察，仍可从中发现一些具有规律性的内容。在此以石油天然气资源进出口情况和社会经济发展程度两个指标作为切入点，主要对加拿大、美国、日本和巴西的石油天然气监管体制进行研究。这几个国家石油天然气资源赋存丰富，均为石油天然气生产大国，与我国情况类似。日本是典型的石油净进口国，而我国目前进口依存度也已超 65%，在此方面与我国类似。同时，这些国家均为市场经济国家，石油天然气产业市场化程度较高，这与我国的改革方向相一致。这些国家形成了较为完善的石油天然气监管体制，其成熟经验值得我国借鉴。

1. 加拿大：出口主导型

加拿大原油储量居世界第 3 位，仅次于沙特阿拉伯和委内瑞拉，是世界第 6 大石油生产国，亦为世界第 4 大天然气生产国。[①] 石油是加拿大最主要的出口产品。[②] 自然资源部、能源政策局、能源技术与计划局、国家能源委员会是联邦层面的主要监管机构，省级监管因省份的不同而略有差异，联邦与各省之间的能源联合监管较为复杂。

在联邦层面，加拿大自然资源部（Department of Natural Resources）负责石油天然气资源管理，具有独立决策权和监督管理权。自然资源部的主要职能包括三个方面：市场准入许可和收费；市场分析和咨询；国际交流与合作；制定能源监督管理的政策目标和监督管理政策。自然资源部于 1995 年根据《自然资源部法》成立，现有 5 个局和 4 个直属处，五个局为：森林局、能源局、地学局、矿产和金属局、综合服务局；四个直属处为：审计和评价处、联络处、法律处、战略计划和协调处。[③] 其中，能源局是管理加拿大能源工业的独立联邦管理机构，直属于自然资源部，下设能源资源分局、能源政策分局、能源技术局、能源技术未来分局、能源效率办公室、能源研究与开发分局和管理服务分局。[④] 该局主要负责处理省际和国际能源项目的独立的联邦机构，具有准司法权，其决定可以上诉至

---

① 2017 版《BP 世界能源统计年鉴》，https：//www.bp.com/zh_ cn/china/reports-and-pub-lications/_ bp_ 2017-_ .html，最后访问时间 2017 年 12 月 2 日。

② ［加］马乐飞（Michael Laffin）：《加拿大石油天然气业监管框架》（演讲稿），2013 年 10 月 14 日，第 5、9 页。

③ 李润生：《石油与监管》，石油出版社 2002 年版，第 74—75 页。

④ 刘丽君：《加拿大矿业管理体制及税费政策》，《当代石油石化》2006 年第 7 期。

联邦上诉法院，且其决定均具有法律上的可执行力。①

加拿大省级石油天然气监管系统较为明确。石油和天然气活动、管线配送系统由省级公用事业局管理负责，这些机构审批与石油和天然气活动及与管线有关的申请。省级管理机构的主要职责包括：增加石油和天然气生产矿业区税，提供钻探机会并颁发许可证，承认和许可建设和生产，审查天然气零售成本。② 在产油大省阿尔伯塔省，石油天然气监管机构主要包括阿尔伯塔省能源局、阿尔伯塔省能源监管局（AER）和阿尔伯塔省环保局。阿尔伯塔省能源局管理该省包括石油天然气在内的非可再生资源，授予勘探和开发能源和矿产资源的权利，建立、管理和监控实体系统和特许权系统，促进能源效率和能源保护。阿尔伯塔省能源监管局旨在通过其监管活动，提供高效、安全、有序和环保开发的能源资源，对以下事宜实施监管：处置和管理公共土地；保护环境；保护和管理水资源，包括明智地分派和使用水资源。③

2. 日本：进口主导型

日本作为石油净进口国，其石油天然气监管体制旨在应对可能发生的油荒、价格异常波动、主要石油输出国国内危机等情形。其主要管理机构包括经济产业省资源能源厅以及独立行政法人石油天然气与金属矿产资源机构。

经济产业省资源能源厅（资源エネルギー厅，Agency for Natural Resources and Energy，简称"能源厅"）成立于 1973 年，④ 主管石油、电力、天然气等能源的稳定、安全供给和节能、新能源政策，其内部机构主要有节能与新能源部、资源燃料部和电力天然气部。能源厅下属的审议会议有综合资源能源调查委员会和筹措价格算定委员会，以及属于独立法人的石油天然气与金属矿产资源机构和原子能研究开发机构。

---

① ［加］马乐飞（Michael Laffin）：《加拿大石油天然气业监管框架》（演讲稿），2013 年 10 月 14 日，第 11—13 页。

② 王正立、刘伟、张迎新：《世界部分国家能源管理机构简介》，中国大地出版社 2005 年版，第 114 页。

③ ［加］马乐飞（Michael Laffin）：《加拿大石油天然气业监管框架》（演讲稿），2013 年 10 月 14 日，第 34—37 页。

④ Wikipedia，"资源エネルギー厅"词条，http：//ja. wikipedia. org/wiki/%E8%B3%87%E6%BA%90%E3%82%A8%E3%83%8D%E3%83%AB%E3%82%AE%E3%83%BC%E5%BA%81，最后访问时间 2014 年 1 月 25 日。

能源厅主要与石油、天然气相关的内部机构是资源燃料部。该部与石油、天然气相关的科室及其职能主要有政策科、石油与天然气科、石油精炼储备科和石油流通科。①政策科，其主要职责包括：推进石油、可燃性天然气、煤炭、褐煤以及其他矿产及其制品的安定、有效率的供给；制定与石油及石油制品有关的基本政策；管理与石油及石油制品价格相关的事务；管理与石油及石油制品相关的事业资金；矿业公害（除煤炭公害科职责之外的矿业公害）的赔偿；石油公团的组织及运营的一般事务。②石油与天然气科，主要职责包括：石油开发；石油埋藏量的勘察；石油的输出、输入以及生产；确保可燃性天然气及其制品安定、有效率的供给。③石油精炼储备科，主要职责包括：与石油精炼业相关的许可和认可；石油制品的生产；石油制品（除液化石油气之外）的出口及进口；石油及石油制品的储备；调整石油及石油制品供给（除石油流通科职责之外）；施行"确保挥发油品质"①等相关法律（仅限于石油制品的生产及进口相关事项）。④石油流通科，主要职责包括：石油及石油制品的流通（除石油精炼储备科职责之外）；石油管线事业的开发、改善及调整；液化石油气的输出及输入；液化石油气的储备；调整液化石油气的供给以及公平交易。

电力天然气部下属的政策科和天然气市场整备科与天然气产业规制相关。①政策科，主要职责包括：推进与确保电力、天然气及地热安定有效供给有关的基本政策；与天然气及天然气产业相关的事务（除天然气市场整备科职责之外）。②天然气市场整备科，主要职责包括：天然气市场的整顿；与天然气供给条件相关的事项；调整天然气产业运营；天然气产业资金相关事项。②

石油天然气与金属矿产资源机构（石油天然ガス・金属鉱物资源機構，Japan Oil, Gas and Metals National Corporation，JOGMEC）是经济产业省资源能源厅管理的独立行政法人，③成立于 2004 年 2 月 29 日，是将之

---

① 昭和 51 年（1976 年）法律第 88 号。

② 経済産業省公式ウェブサイト，資源エネルギー庁ご案内，http://www.meti.go.jp/intro/data/akikou31_1j.html，最后访问时间 2014 年 1 月 26 日。

③ 所谓独立行政法人，在日本法律中，是指依据《独立行政法人通则法》第 2 条第 1 项规定的，"与国民生活和社会经济安定等公共上利益有关的事务，但同时又没有必要以国家主体直接实施的事务"。是与属于日本行政机关一环的与"省、厅"相独立的法人组织。

前负责确保石油天然气安定供给职责的"石油公团"① 与之前负责除铁之外的金属矿物的安定供给职责的"金属矿业事业团"的职能合并而形成的独立法人组织。石油天然气与金属矿产资源机构的职能主要包括七个方面。①为石油和天然气（以下简称"石油等"）的勘探、煤炭的探勘、地热的探查以及其他金属矿物的勘探等提供必要的资金供给，以及开展其他为促进石油以及可燃性天然气资源、煤炭资源、地热资源以及金属矿产资源开发所必要的业务；②开展石油及金属矿产资源储备的必要业务；③致力于石油等、煤炭、地热及金属矿产资源稳定、低廉的供给；④为矿产企业提供防止矿产公害所必要的资金的贷款等其他业务；⑤保护国民健康；⑥保障生活环境的安全；⑦推动金属矿产业的健全发展。② 2012 年修订文本中新增的职责包括：①为特殊自然灾害时期石油、液化石油气供给计划的实施提供支援；②对与煤炭、地热资源开发有关的资金进行合理运用；③重新评估海洋矿产资源探测的深度限制。

3. 美国：进出口并重型

美国拥有丰富的石油天然气资源，是能源生产和消费大国，其对石油和天然气的需求亦居于世界前列。在石油天然气产业监管方面，美国是一个典型的进出口并重型国家。正因如此，石油天然气监管体系中涉及部门较多，其中能源部、联邦能源监管委员会、内政部等部门起着至关重要的作用。

美国能源部（DOE）主要负责美国核能研发和核安全工作、联邦政府能源政策制定、能源行业管理、能源相关技术研发、环保能源的生产和利用以及核武器研制、生产和维护等。③ 能源部下属的矿物燃料局、矿物能源办公室、能源信息署等部门的职能与石油天然气监管直接相关。矿物燃料局战略石油储备办公室负责美国战略石油储备工作，其主要职责包括：按照总统的指示，迅速抛售储备油；在 2025 年之前保证石油储备的

① 公团，是日本第二次世界大战后应联合国军占领军总司令部（GHQ）要求，为执行战后物资的分配而设立的一种公法人。而后随着日本市场化的发展，旧有的"公团"逐渐变成"独立行政法人"，2005 年彻底消失。

② 参见《独立行政法人石油天然气和金属矿物资源机构法》第 3 条。另见日本总务省電子政府の総合窓口《独立行政法人石油天然ガス・金属鉱物资源機構法》，http://law.e-gov.go.jp/htmldata/H14/H14HO094.html，最后访问时间 2014 年 1 月 25 日。

③ 张勇：《能源基本法研究》，法律出版社 2011 年版，第 106 页。

可得性，并对应急事件迅速做出反应；定期审查储备情况，并就相关问题直接向总统提出意见建议；进行必要的储备更换，包括将品质不合适的原油置换成高质量原油；临时性借调有限数量的原油，以帮助石油公司应对暂时困难。矿物能源办公室下属的石油天然气技术办公室负责分析影响石油天然气供应的事件，并对相关研究予以资助。该机构的研究内容包括两大部分：建立模型；分析特定政策、激励措施、环境法规、研究开发、技术进步、成本和税收、价格等因素对石油天然气产业行为的潜在影响。能源信息署负责收集和分析能源供应、需求和价格趋势等数据，其信息服务包括历史和当期数据、短期和长期预测，统计数据的范围覆盖石油、天然气、煤、电力和可再生能源。[①]

联邦能源监管委员会（Federal Energy Regulation Commission，FERC）是能源部下属的独立管理机构，其执法的主要根据有《天然气法》（1938）、《菲利普斯决议》（1954）、《天然气政策法》（1978）、《联邦能源委员会436号令》（1985）、《放松井口管制法》（1989）和《联邦能源委员会636号令》（1992）等。负责监管州之间的天然气、电力、水力、石油等管道运输和价格。[②] 联邦能源监管委员会的主要职责包括：监管资源的开发利用；监控石油和天然气市场运行；制定行业技术标准并监督实施，对生产安全、公众健康和环境保护实施监管；对行业重要公共设施和重大项目实行监管；负责行业基础数据信息的管理，并向政府部门和公众提供咨询服务等。[③] 在石油天然气领域，联邦能源监管委员会负责监管石油天然气的州际输送，审查液化天然气终端建设的项目建议。具体而言，该委员会的职责包括：监管州际商业中用于再销售的天然气的输送和销售；监管州际商业中的石油管道输送；批准州际天然气管道和存储设施的建设与废弃；监测和调查能源市场；监督与天然气项目有关的环境保护事宜；管理受监管企业的会计和财务报告规则与行为；制裁在能源市场中违

---

① 王正立、刘伟、张迎新：《世界部分国家能源管理机构简介》，中国大地出版社2005年版，第121页。

② 美国联邦监管委员会：http://www.ferc.gov/about/about.asp，最后访问时间2012年3月25日。

③ 王正立、刘伟、张迎新：《世界部分国家能源管理机构简介》，中国大地出版社2005年版，第121页。

反能源监管委员会规则的组织和个人。①

美国内政部（DOI）是联邦政府中具体负责石油天然气资源勘探开发和矿业权管理的政府机构，其中负责石油天然气监管相关事务的部门包括土地管理局、矿产管理局和地质调查局。土地管理局负责联邦公共土地内石油天然气资源勘查开发管理，包括对联邦土地和其上的矿产资源等进行管理，并对州和私人土地进行协调。该机构的主要职责是：地籍调查，土地利用规划，建立土地调查档案和土地管理信息系统，牧场管理，为经济发展提供有关服务，制定国家矿产开发、利用计划等。矿产管理局负责近海和外大陆架石油天然气资源勘查开发管理，其主要职责包括：分析外大陆架矿产资源的性质、范围和价值；监督外大陆架矿产资源有序的开采，及时收取、核实和归类来源于联邦和印第安土地上的各类矿产的权利金和租金、红利等。地质调查局负责对全国石油天然气资源的分布、数量、质量和储量予以评价，为制定公平有效的石油天然气资源开发和环保公共政策提供依据。②

此外，美国负责石油天然气监管相关事务的政府部门还包括劳动部、贸易开发署、商务部、环境保护署、运输部、进出口银行等。

4. 巴西：发展中国家的典型实践

巴西拥有丰富的石油资源。受政府能源领域改革的推动，2017 年巴西超越墨西哥、委内瑞拉等地区产油大国，成为拉丁美洲地区的最大产油国。③ 在过去 60 年间，巴西的石油天然气监管体制经历了一个从国家垄断到放松管制的过程，颇具典型性。其管理机构主要包括改制前的巴西国家石油公司，以及国家石油管理局和国家能源政策委员会。近些年来，巴西又发布了一系列法案，调整国家石油公司的运营活动。

国家石油管理局是巴西石油行业的监督部门。该机构的主要职责包括：制定石油天然气政策，保障石油供应，保护消费者权益；加强研究石油天然气勘探、开采和生产的地区范围；规范地理学和地球物理学在石油勘探领域的应用和服务，提高技术含量，发展非专利的服务贸易；制作标

---

① 胡德胜：《美国能源法律与政策》，郑州大学出版社 2010 年版，第 78 页。

② 王正立、刘伟、张迎新：《世界部分国家能源管理机构简介》，中国大地出版社 2005 年版，第 116 页。

③ 参见《巴西成拉美最大石油生产国》，http：//pt. haiwainet. cn/n/2017/0810/c3542586-31063440. html，最后访问时间 2017 年 11 月 30 日。

书和促进特准勘探、开采和生产的招标，签订合同，并监督检查执行；批准实施提炼、加工、输送、进口和出口业务；制定估算管道运输的费率，确定有关价格；直接或通过与各州协议的形式对石油工业的活动进行监督检查；制定石油天然气产业相关用地的审批程序；制定有效措施，实现石油及产品、天然气的保存及合理使用，保护环境；开展科研，在勘探、开采、生产、输送、提炼和加工中采用新技术；组织和收集有关石油工业的信息和技术资料；加强企业提供石油天然气全国储备的年报和宣传工作；对全国燃料油储备系统的运转情况和执行燃料油年度战略储备计划情况进行监督检查；与其他能源管理部门加强相互沟通协作，特别是加强对国家能源政策委员会的技术支持；管理和批准有关全国燃料供应活动，对全国燃料供应活动进行监督检查。[①]

　　国家能源政策委员会是巴西的石油天然气行业管理部门，其主要职责包括：根据能源政策原则，促进合理使用国家能源资源；根据各地区特点，保障偏远地区的能源供给，向国会提交建立补贴的特别措施；定期检查全国各地区的能源供应情况，重视常规能源和替代能源及必要技术；制定特殊计划措施，例如使用天然气、酒精、煤炭和核能的计划措施；制定进出口措施，满足国内对石油及其产品和天然气的需求；保障国家燃料油储备系统的正常运行，实施燃料油年度战略储备计划。[②]

　　(三) 资源所有权制度

　　综观各国的实践，在石油天然气所有权方面可以归纳为基于资源所有权的制度安排和基于土地所有权的制度安排。

　　1. 基于资源所有权的制度安排

　　大多数大陆法系国家规定土地所有权与矿产资源所有权分离。实行这一制度的国家一般都在法律中明确规定石油资源的国家所有权，国家所有权的代表一般是政府或其部门，也有些国家是国家石油公司。[③]

---

①　王威：《巴西油气管理体制及其对我国的启示》，《国土资源情报》2007 年第 8 期。

②　同上。

③　国家石油公司，是指由国家政府控股的石油公司，如沙特阿拉伯石油公司、伊朗国家石油公司、埃及石油总公司、墨西哥石油公司、委内瑞拉石油公司、科威特石油公司等。国家石油公司占全球石油生产量 50% 份额，石油储备量超过全球额的 70%。See International Monetary Fund, *World Economic Outlook-Financial Systems and Economic Cycles*, 2006, http：//www.imf.org/external/pubs/ft/weo/2006/02/chi/weo0906c.pdf, 最后访问时间 2012 年 11 月 16 日。

在石油天然气资源所有权与矿业权分离的国家中，一般是政府或其部门代表国家行使石油天然气资源所有权。在这些国家里，石油天然气资源的勘探和开采权可以通过申请或者转让而取得。政府或其部门可以依法将其权力授予国家石油公司，使其获得专营权。在石油天然气资源所有权与矿业权合一的国家，国家不但拥有石油天然气资源的所有权，而且拥有勘探开采权。国家一般授权国家石油公司代表或代理国家行使石油天然气资源所有权，并进行石油天然气资源的勘探和开采。不难发现，无论在哪一种情况下，国家石油公司在石油天然气勘探开发中均发挥着重要的作用。

可见，在大陆法系国家，石油天然气资源一般属于国家所有，尽管因所有权与矿业权分离抑或合一的制度安排不同而导致具体权利行使的主体所有差别，但这并未改变石油天然气属于国家所有的基本法律制度。[①]

2. 基于土地所有权的制度安排

与大陆法系国家不同，多数英美法系国家将矿产资源视为其所赋存的土地资源的组成部分，石油天然气资源的所有权也根据其所依附的土地资源的所有权而确定。要取得石油天然气资源所有权，仅需取得其依附的土地所有权。

在英国，矿业法将石油资源作为土地不动产权的组成部分。在美国，地下石油天然气资源原则上属于地表所有者所有，因此美国的石油资源所有权分为联邦、州、印第安部落和私人所有四种形式。这种制度安排被称之为"俘获（Capture）原则"，国家所有的只是国家保留地和大陆架上的石油天然气资源。[②]

（四）管输经营准入制度

英国和美国的石油管输经营准入制度较为成熟，其中一些经验值得我国借鉴。在英国，其1998年《石油法》规定建设输油管道需获得部长的许可。该法赋予了第三方有限制的接入权：只有表明此种接入不会损害管道的有效运营，第三方才可以接入。除法定接入外，英国还实行自愿接入制度，需要接入的一方可以就接入的条件和内容进行协商，其中最主要的协商内容通常是管输容量和接入费用。在美国，联邦能源监管委员会（FERC）仅对州际石油运输定价和提供公平服务等事项进行监管，不对

---

　　① 肖乾刚、肖国兴：《能源法》，法律出版社1996年版，第134—136、320—321页；方忠于、朱英、石宝明：《国外石油立法》（一），《当代石油石化》2003年第10期。

　　② 王才良：《世界石油工业140年》，石油工业出版社2005年版，第304页。

石油管道建设和经营准入进行监督。该事项一般由各州的公共事业委员会负责监管。一般而言，公共事业委员会考虑申请建设管道的管道公司的建设计划，并提出关于环境保护、公共安全等方面的附加条件。[①] 石油管道公司以"公共承运者"的身份出现，依法提供无歧视的管道服务准入。[②]

概括而言，英国和美国石油管输经营准入制度可供我国借鉴的经验包括：①无歧视准入。在相同的交易中，对所有的托运人一视同仁。为此，需做到监管透明、信息公开。②健全的许可制度。许可制度与相应的运营活动相呼应，每个活动均需不同的许可，这样有利于分别监管。③合理确定供应义务的承担方。④保护消费者和公众利益。在授予许可之前，应确保公众利益受到保护，并要求可能损害公众利益的企业提供解决措施。

在相当长的时期内，占据欧洲市场主导地位的是少数天然气生产商和管道经营者。虽然管道拥有者的专营权在 20 世纪 90 年代早期被取消，但由于签订长期照付不议合同（Take or Pay Contracts）和缺乏管道的第三方准入，使供需谈判持续时间较长，在事实上维持了管道拥有者作为天然气单一购买者和销售者的角色。在此，"照付不议"的核心是买方按照合同约定的天然气质量和数量，不间断地购买卖方的产品，无特殊情况下买方不得随意终止或变更合同，否则将要承担相应的违约责任。其要旨在于，只要卖方执行了"照供不误"，买方就要按照合同的不低于"照付不议"的量接收天然气，少接收的气量要照付气费，留待次年提取，以确保卖方的气源销售，降低卖方的大规模开采和运输气源的市场风险。[③] 在此情形下，欧洲天然气输送市场呈现高度集中的特征。

20 世纪 80 年代之前，美国天然气行业高度集中，干线管道运输是天然气商品的一部分。管道公司就自己运输的天然气与生产商签订合同，并将这些天然气销售给城市配气公司。80 年代中期开始，联邦能源管理委员会（FERC）通过一系列指令开始重组管道公司的业务，建立了完全竞

---

① Cara Hetland, *SD approves new oil pipeline*, see http：//minnesota. publicradio. org/display/web/2008/03/11/pipeline/, last visited May 2008.

② ［加］罗兰·普里德尔：《美国和加拿大石油天然气行业监管体制简介》，《国际石油经济》2001 年第 2 期。

③ 蔡永彤：《燃气能源销售中"照付不议"合同若干问题研究》，《城市燃气》2006 年第 3 期。

争的天然气工业市场结构。① 与美国类似，英国天然气行业也已经形成了一个竞争性市场，在天然气输送领域，可以非歧视的方式强制使用天然气输气管道基础设施。②

在这些国家的经验中，最值得我国借鉴的是实施强制性的第三方准入，使所有天然气行业经营者能够使用现有的基础设施，从而实现"有效竞争"。如果气源和消费地的地理位置不适于建设多条管道，或者在需要着重考虑规模经济性的情况下，可以授予某个公司建设和经营某条管道的特许权，但也须附加强制性的第三方准入义务。

（五）石油定价机制

在过去的半个多世纪里，国际石油定价机制经历了从主要石油公司垄断价格到金融定价模式的逐步转变过程。在此过程中，美国、日本、韩国等国家的石油定价机制也经历了逐步演变的过程。

美国的石油定价模式经历了"自由竞争→加强控制→自由竞争"的发展过程。③ 目前，美国的石油价格基本不受政府管制，炼油厂生产的成品油在国内外市场的售价完全由市场决定，并随国际市场油价的波动而波动。在实践中主要存在三种情形：①石油公司通过自己建立的加油站，以零售价格在国内市场销售；②少部分成品油以批发价格出售给中间商；③部分产品以国际市场价格出口。在这三种情形下，石油价格均由市场决定。如需对石油价格进行干预，美国一般通过动用石油储备或者基于税收手段进行。④ 美国零售汽油价格的决定因素主要有4个方面：生产或购买原油的成本，炼油成本，输送和运营成本，以及税费，在汽油价格中所占比重依次为70%、10%、5%和10%。⑤

---

① 中国-欧盟能源环境法项目：《世界典型国家不同阶段天然气发展的政策措施及对中国的启示》，2005年，第9—12页。

② 杨凤玲、杨庆泉、金东琦：《英国天然气行业政府管制及立法》，《上海煤气》2004年第1期。

③ Richard L. Gordon, *An Economic Analysis of World Energy Problems*, The MIT Press, 1981, pp. 163-166.

④ 雷涯邻、王丽艳等：《中国石油天然气市场管理法研究报告》，2008年8月，第26—28页。

⑤ 英国亦为完全市场化定价，但与美国的价格构成相比，英国汽油的各项税款和增值税占了零售价格的60%，因而，即使在原有、炼油等成本相同的情况下，英国的汽油零售价也将是美国的两倍多。可见，税率对油价水平的影响非常显著。参见郑彬、付少华、王颖春《成品油定价机制全球各异因地制宜方能发挥价值》，《中国证券报》2013年3月27日。

在日本，石油价格在1996年之前由政府严格控制。1996年后，日本石油市场逐渐开放。目前成品油价格主要由市场竞争形成。日本也通过税收手段调控石油价格，与石油相关的税收有：关税、石油税、柴油交易税、汽油税、石油气税、航空燃料税等。此外，日本目前已建立包括原油、成品油和液化石油气在内的民间和政府两级石油储备，对国际市场石油价格的波动起到了缓冲作用。①

日本的石油期货市场起步较晚，但发展很快。1999年，东京工业品交易所（TOCOM）推出汽油、煤油期货交易业务。近年来，为了提升交易所国际化程度，TOCOM建立了新的交易系统，设立夜间交易市场，交易时间延长至凌晨4点，这样伦敦和纽约的交易者便可在当地时间的上午进行交易。目前，日本主要石油公司均利用石油期货市场对冲风险。石油期货亦成为重要的定价参考指标。②

韩国石油价格市场化进程经历了政府定价、与国际市场接轨和价格放开三个阶段。1994年起，韩国石油价格与国际市场价格接轨，先是建立与国际市场原油价格联动机制，然后建立与国际市场成品油价格联动机制，1997年起石油价格完全市场化。③ 2012年4月，韩国出台《促进石油产品市场竞争及改善流通结构方案》。该方案旨在增加石油产品市场的供应商数量，促进流通渠道的多元化，打破行业垄断，改善不公正行为。根据该方案，三星道达成为国内成品油市场的第5大供应商，从2012年6月起向韩国石油公社提供成品油，而该成品油只能在低价加油站出售。为了推广低价加油站，韩国向低价加油站运营商提供税收优惠。为消除大型炼油公司的垄断行为，韩国大力支持销售多家石油公司不同产品的加油站。此外，韩国知识经济部设立石油流通支援中心，提供一站式的行政服务，同时定期监察政策履行情况和石油价格走势，以缓解高油价对社会经济生活带来的压力。④

---

① 雷涯邻、王丽艳等：《中国石油天然气市场管理法研究报告》，2008年8月，第28页。

② 何德功：《日本石油期货市场起步晚发展快》，《经济参考报》2012年7月12日。

③ 雷涯邻、王丽艳等：《中国石油天然气市场管理法研究报告》，2008年8月，第27页。

④ 韩国贸易、工业与能源部：《韩国出台"促进石油产品市场竞争及改善流通结构方案"》，http：//www.motie.go.kr/language/chn/news/news_view.jsp? seq = 1034&srchType = 1&srchWord=&tableNm=C_01_01&pageNo=1&ctx=2，最后访问时间2013年8月6日。

（六）天然气定价机制

国外天然定价机制可以归纳为垄断性定价和竞争性定价两种模式。各国根据天然气在国民经济发展中的重要性、经济发展水平、市场开放程度、天然气工业的发展水平等因素，采用不同的定价方式。

垄断性定价机制主要为欧洲国家采用。由于欧洲的天然气供应在很大程度上依赖于进口，因而大部分天然气通过长期合同交易，价格根据政府间的框架协议通过长期合同约定，与石油价格指数挂钩，价格变化滞后于石油价格变化。通过长期合同交易的天然气主要采用市场净回值方法确定天然气价格，即以天然气的可替代能源的价值为基础，确定天然气市场可承受的价格，再扣除管输、配送、储存等各种费用，倒算出厂价格或者边境价格。总体而言，天然气运输公司垄断下游市场的运输和销售，制定终端用户价格。在天然气工业发展早期，这一机制有利于促进天然气工业发展和市场的培育，天然气运输公司可通过与竞争性燃料相挂钩来确定天然气价格，从而确保天然气管输量和投资效益的稳定性。根据 1998/30/EC 指令，欧盟要求采取管网实行第三方准入，推进天然气市场的逐步开放，同时要求管输与销售业务分开经营，独立核算，从而以渐进式的路径向自由市场和竞争性定价机制靠拢。① 欧盟随后发布的一些指令在网络自由接入（Free Network Access）、供应商自由竞争（Free Competition among suppliers）以及消费者自由选择（Free Consumer Choice）等方面做出了相应的规定。②

竞争性定价机制主要为美国、加拿大、英国等国家采用。这些国家在天然气市场发展过程中，定价机制经历了三个阶段的演进历程。第一阶段是传统固定价格阶段。在这一阶段中，天然气定价一般采用成本加成法。成本加成法对天然气工业的初期发展发挥了重要作用，但随着天然气工业的发展，由于成本加成法无法正确反映天然气市场价值，造成了天然气供求市场的失衡。第二阶段是价值定价阶段。在这一阶段中，加拿大、英国

---

① Peter Cameron, *Competition in Energy Market: Law and Regulation in the European Union*, Oxford University Press, 2002, pp. 345-346；洪波、许红：《欧美的天然气定价机制及价格监管对我国的启示》，《石油规划设计》2009 年第 1 期；霍小丽：《国外天然气定价机制及对我国的启示》，《中国物价》2008 年第 11 期。

② Peter Cameron, *Legal Aspects of EU Energy Regulation*, Oxford University Press, 2005, pp. 42-58.

等国家采用净回值法、加权定价法确定天然气价格，建立与竞争性能源价格挂钩的定价方式，但天然气价格管制仍然存在。第三阶段是竞争性市场形成阶段。在这一阶段中，管制逐步取消，天然气价格由市场竞争决定。①

上述国家天然气定价机制的一些共同的成熟经验值得我国借鉴。①相对独立的监管体系。有效的监管是天然气产业健康发展的重要保障。欧美国家大多在天然气领域建立并不断完善且相对独立的监管体系，对天然气产业实施监管，如美国设有联邦能源监管委员会、加拿大设有国家能源委员会、英国设有天然气和电力办公室等。②合理的价格水平。合理的价格水平有利于提高各方的积极性，保障天然气产业的健康发展。各国定价机制的一个显著的共同点是：在天然气产业发展初期，均采用低价策略；在发展期和成熟期，对不同的用户采用不同的价格：民用气价略高，工业用气价格略低，并实行调峰气价。③开放价格。美国、加拿大、新西兰等天然气工业较成熟的国家都已开放天然气井口价格；英国天然气销售价格由市场决定，政府对上游和下游用户没有设定过多的限制。④完善的基础设施。发达的输气干线和配气管网既可使油气田和市场得到充分开发，又可使运输成本降低，从而有助于形成合理的市场价格。②

（七）石油储备制度

在石油储备中，对国家安全产生至关重要的影响的是战略石油储备，即由政府控制的、用以应对石油危机或严重石油供应中断的石油储备。美国、日本、欧盟、德国等国家或者经济体通过相应的战略石油储备政策和立法，就储备量、储备体制、资金来源等方面做出规定，在很大程度上推动了各自战略石油储备制度的发展和完善。

美国1975年《能源政策与储备法》规定，在其生效7年内，储备石油要达到相当于90天的进口量；后来石油储备目标和实际储备数量又几次进行了调整。2006年年底美国战略石油储备规模达6.9亿桶，相当于52天的石油净进口量。2007年1月23日，美国宣布将其战略石油储备增

---

① 董秀成、佟金辉、李君臣：《我国天然气价格改革浅析》，《中外能源》2010年第9期。另见《国外天然气经济研究》课题组编译：《美国天然气工业与天然气交易》，石油工业出版社2004年版，第28—58页。该书详细阐释了美国政府从控制天然气井口价到解除对井口价的控制、再到公开准入的过程。

② 霍小丽：《国外天然气定价机制及对我国的启示》，《中国物价》2008年第11期。

加到 15 亿桶。美国《国家能源政策法》规定，战略石油储备事务由能源部负责。能源部内设战略石油储备办公室，部长依法对战略石油储备行使筹建、管理和维护的权力，提出战略石油储备动用和分配方案，报总统批准后执行。1990 年后，美国对《能源政策与储备法》中的战略石油储备动用原则进行了修改。当美国总统认为有紧急事态发生，持续时间长，影响范围广，造成石油供应显著减少，或者因发生紧急事态，油品价格大幅上涨，可能对国民经济带来重大影响时，即可批准动用战略石油储备；即使这些紧急事态没有发生，但总统认为石油供应有可能中断或不足时，也可以决定动用战略石油储备。美国战略石油储备的建设资金和石油收储资金主要来自财政拨款。战略石油储备进口享受免除关税或进口许可费用、进口数量不受配额限制等优惠政策。能源部每年向总统和国会提交《战略石油储备年度报告》（*SPR Annual Report*），其中包括当年预算执行、设施建设与维护、储备库存等管理内容，还包括立法、政策调整情况和有关石油储备问题。[1]

日本石油储备主要分为政府储备和民间储备两种方式，政府储备又包括两种形式。一是以原油形式在国家石油储备基地进行储备。目前日本所拥有的国家石油储备基地共有十座。二是租借民间油罐（Tank）以原油和石油制品的形式储备。截至 2013 年，日本的国家石油储备约 47 亿升，民间储备约 38 亿升，合计约 85 亿升石油储备，合 185 天[2]消费量的储备，其中国家储备 102 天，民间储备 83 天。[3] 目前日本的国家石油储备和储备基地由日本政府委托独立行政法人石油天然气和金属矿物资源机构进行管理。2012 年修订的《石油储备法》规定了石油储备的目的、为顺利达成储备目标国家应实施的义务、石油储备目标的确定、石油精炼业从业者储备计划的申报、基准储备量的计算与通知、石油精炼业从业者基准储备量的保有义务、违反该义务的强制和处罚措施、紧急情形下该义务的解除和基准储备量的减少等内容。根据该法，石油储备的目的是"通过对石

---

① 陈德胜、雷家骕：《法、德、美、日四国的战略石油储备制度比较与中国借鉴》，《太平洋学报》2006 年第 2 期。

② 以 2013 年 3 月末的消费标准计。

③ 独立行政法人石油天然ガス・金属鉱物资源機構「我が国の石油・石油ガス備蓄」による，https://www.jogmec.go.jp/library/stockpiling_oil_003.html，最后访问时间 2014 年 2 月 7 日。

油储备的确保和石油供给措施，以确保出现石油供给不足及灾害发生时特定地区石油供给不足的情形时，石油能够得到安定的供给，从而维持国民生活的安定及国民经济的平稳运行"①。关于石油储备目标的确立，该法规定，经济产业大臣每年度听取综合资源能源调查会的意见，以经济产业省令的形式，定下该年度以后五年内的石油储备目标，该目标应包括与储备数量相关的事项、与应当新设置的储备设施有关的事项。② 为强化灾害时期的石油天然气供给体制，2012 年修订的《石油储备法》修改了动用储备的条件。除前述规定的当海外石油供给不足时可动用储备之外，增加了因灾害造成国内特定地域石油供给不足时可利用石油储备的规定。同时，修改后的《石油储备法》还增加了"灾害时石油供给联动计划"，规定经济产业大臣以经济产业省令的形式劝告、命令在灾害时期形成原本分属不同公司、不同地域的石油精炼业、销售业及进口业共同联动，以保障石油供给的稳定。③ 独立行政法人石油天然气和金属矿物资源机构中的石油储备部门主要业务包括三个方面。①统合管理国家储备：对储备石油的品质等进行适当的维持与管理；储备基地的安全管理；对民间油箱利用的调查和提议；推进调查研究、技术开发；基地工程合同的管理；紧急情况应对体制的建设。②支援民间储备：对民间储备义务人购入石油资金进行融资；对共同（民间与官方）储备基地的建设提供出资、融资。③关于石油储备的信息收集与提供；与各国石油储备机构之间的交流；派遣专家；迎接国外对日本基地的视察。④ 此外，日本还确立了明确的石油储备动用机制。

　　在欧盟，关于石油法定储备量的依据是 1968 年 12 月欧盟委员会第 68/414 号法令。⑤ 根据该法令，欧盟成员国的战略储备应达到上年 90 天的实际消费量；石油净出口国可以扣减一部分储备量，如允许英国扣减

---

① 日本《石油储备法》第 1 条。

② 日本《石油储备法》第 4 条，参见「石油の備蓄の確保等に関する法律」，http：//law. e-gov. go. jp/htmldata/S50/S50HO096. html，最后访问时间 2014 年 2 月 7 日。

③ 「災害時における石油の供給不足に対処するための規制の見直しに係る事前評価書」，http：//www. meti. go. jp/policy/policy_ management/RIA/23fy-ria/bichiku_ jyuteki. pdf，最后访问时间 2014 年 2 月 8 日。

④ 「石油・石油ガス備蓄部門の業務」，https：//www. jogmec. go. jp/stockpiling/stockpiling_ 003. html，最后访问时间 2014 年 2 月 7 日。

⑤ 该法令于 1998 年 12 月由欧盟委员会第 98/93 号法令修订。

25%的储备量，这也是欧盟针对其成员国规定的最大扣减量。① 欧盟没有政府直接储备体系，石油储备的主体是企业，包括单个的企业和企业的联合体（一些国家由政府作为储备主体）。在这一机制下，企业根据政府有关部门下达的储备计划进行储备，并根据政府的指令调用和更新储备油品；储备设施的建设、储备油品的购买、储存费用的支出均由企业负担；储备的油品也归企业或企业联合体所有。企业承担储备业务，可将商业储备和战略储备相结合，充分利用现有的储备能力。欧盟不对储备实物做战略储备和商业储备的区分，使储备油品的购买、调换、维护、调用更加方便，一些国家甚至允许利用国外的储备实体。欧盟多数国家实行战略石油储备凭证制度。实际储备量超出规定的储备义务的储备实体可以在"欧洲战略储备公开市场"上公开出售储备凭证。如果国内法律允许，具有储备义务的企业、机构或国家可以购买储备凭证，充作自己的储备。这一机制有利于调剂储存能力的不平衡，进而实现石油储备的规模效益。②

（八）管道安全保护制度

英国是目前欧盟最大的原油和天然气生产国，有贯穿英国和欧洲大陆的天然气管道、爱尔兰至苏格兰的天然气管道、经威尔士贯通爱尔兰和英格兰等地区的输气管道，以及英国最大的陆上油田——维奇法姆（Wytch Farm）原油集输站至炼油厂的原油管道。③ 其 1962 年《管道法》、1992 年《海上管道安全法令（北爱尔兰）》、1996 年《管道安全条例》及其 2003 年修订案均对管道安全问题做出了规定。④ 英国 1996 年《管道安全条例》的主要内容包括如下方面：①管道运营商应制定并向行政机关提交安全事故预防文件和紧急情况应急预案。⑤ ②管道运营商的强制性通知义务，具体包括：运营商至迟在开始建设运输高危物质管道 6 个月之前通知主管机关；在运营过程中，若运营商主体变更，或者运营商地址变更

---

① 国家发展改革委石油储备办公室、国家开发银行企业局、中国石油化工集团公司经济技术研究院、国家财政部经济建设司编译：《石油供应安全——2000 年国际能源署成员国应急潜力》，石油工业出版社 2006 年版，第 225 页。

② 姜润宇主编：《战略石油储备》，中国市场出版社 2007 年版，第 8—11 页。

③ 刘瑾、江敏、范巍：《英国油气管道环境保护立法研究》，《中国石油企业》2010 年第 12 期。

④ HSE - keeping UK's pipelines safe, http://pipelinesinternational. com/news/hse_ keeping_ uks_ pipelines_ safe/053615/, last visited February 9, 2014.

⑤ 贺嘉、刘辉等：《欧洲管道立法管窥（之一）——俄罗斯、西班牙、英国石油天然气管道保护立法考察》，《中国石油企业》2006 年第 5 期。

时，须提前14天通知主管政府部门；有可能出现紧急事件时，应立即通知。③管道投入运行后，运营公司负责开展数据采集、完整性分析、完整性决策、检查和维护、数据更新、持续循环等一系列工作，以使管道保持完好状态。④除采用本国标准、产业标准和公司细则之外，同时采用ISO标准和欧盟标准。⑤对管网经营者的雇员做出详细的从业资格要求，以将因操作失误导致的管道安全事故率降至最低。① 2003年修订案主要对项目审批形式和由于发生管道事故引起的诉讼中举证时间和责任问题做了补充。②

美国自1968年颁布《天然气油气管道安全法案》后，相继出台了多部法律，逐步完善石油天然气管道安全法律保护体系，其中包括1979年《危险液体管道法》、1996年《可靠的油气管道和合作伙伴关系法案》、2002年《管道安全促进法》、2006年《管道检测、保护、强制执行和安全法案》和2011年《管道安全、确定性监管与创造就业法案》③ 等。《管道安全促进法》的主要内容包括：①运营商的法定职责。在设计和修建管道时，应确保公共安全，并且应保障设计方案和修建过程符合环境保护要求；管道建成投入使用后，管道运营商应采取适当的防范、维护、检查和测试措施，并配备固定的巡查人员，定期进行安全巡查；应制定详细的应急预案，以应对可能发生的紧急情况；对雇用的员工进行背景考察；要定期进行员工培训，使其具备相应的资质。②加大了对管道破坏行为的执法力度以及对管道破坏的预防措施。③每隔7年开展一次管道安全评估。《管道检测、保护、强制执行和安全法案》的主要内容包括：授权运输部为州的管道安全程序提供资金激励；明确运输部的监管和民事罚款权力；申明当管道在挖掘中被碰伤时，挖掘者必须向管道公司报告，发生燃料泄漏还须拨打911；授权为国家811统一呼叫系统提供资金，要求其应在更多的州开通。④

---

① UK Pipelines Safety Regulations 1996, http：//www. opsi. gov. uk/si/si1996/Uksi_ 19960825_ en_ 2. htm, last visited August 2007.

② The Pipelines Safety（Amendment）Regulations 2003, http：//www. legislation. gov. uk/uksi/2003/2563/pdfs/uksi_ 20032563_ en. pdf, last visited February 9, 2014.

③ Pipeline Safety, Regulatory Certainty, and Job Creation Act of 2011.

④ Pipeline Inspection, Protection, Enforcement, and Safety Act of 2006, http：//www. gpo. gov/fdsys/pkg/PLAW-109publ468/pdf/PLAW-109publ468. pdf, last visited February 9, 2014.

上述国家可供借鉴的经验包括如下方面：重视管道设计质量，制定管道设计质量标准，定期对管道设计公司进行审查；加强施工管理，严格实施有关施工的规范和设计要求，提高物理防范措施，降低管道事故风险；完善管道安全监管体系，明确监督管理机构和职权；要求管道经营人对施工人员进行监督，确保管道建设质量；注重管道安全评价和管道完整性[①]管理；针对不同地区设定不同的安全标准，促进管道沿线地区经济发展，带动当地积极性；加强管道操作人员的培训，提高职业技能和职业素质；加强管道安全宣传和教育，使公众充分认识管道安全的重要性，帮助公众了解潜在的管道危险及应对措施。

（九）环境保护类制度

目前，绝大多数国家石油天然气立法均包括了有关环境保护的内容。有些国家通过单独的立法加以规定，有的国家在基本石油法律中做出原则性规定，具体规定适用政府颁布的条例。委内瑞拉 2002 年《石油基本法》规定，作业企业要遵守有关安全、健康和环保的法规，并采用最佳技术手段。各国石油立法对石油污染所造成的损害给予了特别重视。例如，挪威 1996 年《石油法》第七章规定，石油排放或泄漏引起的污染损害责任的承担和赔偿，被许可人无论过失与否，都要承担污染损害责任；第八章对赔偿渔民做了特殊的规定，对于因石油业务占用养鱼场所、污染或安装设施等给渔民造成的经济损失，国家有义务给予赔偿，但如果损失是被许可人的过失造成的，国家可以向其追索相应的赔偿。某些国家的油气立法还规定作业企业应始终保持紧急准备状态，以便对人员伤亡、财产损失和污染事件做出紧急响应，使损失减少到最小程度。[②]

主要跨国石油企业不仅在其内部推行环境管理机制，将环境保护作为企业的长期战略目标，而且将环境保护作为推进其业务发展的重要手段之一，努力使其标准在更广泛的范围被采用，或者升级为更高层次的标准，以便在国际上开拓更大的市场。一些石油企业形成了较为完备的环境管理机制，这些机制主要包括 ISO14001 环境管理标准和 HSE 管理体系等。英国石油公司（BP）将"无损环境"（No Damage to the Environment）作为

---

① 管道完整性管理，即通过有计划地实施检测、评价和维护措施，使管道的故障率降低至可接受的水平。参见严大凡、翁永基、董绍华《油气长输管道风险评价与完整性管理》，化学工业出版社 2005 年版，"内容简介"部分。

② 方忠于、朱英、石宝明：《国外石油立法（二）》，《当代石油石化》2003 年第 11 期。

企业的运营目标之一。该公司要求所有的业务单元进行企业内部环境风险及影响评价和管理，实行 ISO14001 环境管理系统，并建立了 HSE 管理体系保障系统。为应对环境污染，该公司建立了应急预案，以使环境影响降到最低。壳牌公司于 1987 年发布了环境管理指南，1991 年发布了 HSE 管理体系的方针指南。1994 年，壳牌公司实行 HSE 管理体系，并在其后不断完善，形成了适于其多层次跨国经营的 HSE 管理体系。该公司要求各业务单元贯彻总部的健康安全环境方针和政策，制定积极的环境保护计划并实施，在员工中开展环境保护宣传教育，落实各级管理人员的健康安全环境负责制，并定期发布年度环境审核报告。该公司的 HSE 标准体系已成为 ISO/TC67 委员会起草的石油工业 HSE 管理体系标准的蓝本。埃克森美孚石油公司在 HSE 管理方面建立了业务一体化管理体系（OIMS），提出了十一个要素，包括：管理、领导、承诺和责任；风险评价和管理；设施设计和建造；信息与文件；员工能力与培训；实施与运行；变更管理；第三方服务；事故调查与分析；群体意识与应急准备；运行评估与改进。为了满足这些要求，该公司要求每一个业务单元建立管理体系，通过自我评价和外部评价对 OIMS 管理体系的实施进行检查。[①]

国外石油天然气开发利用环境保护立法体现出的一些趋势，值得我国在进一步石油天然气立法中关注。①提高环境保护标准。随着环境问题的日益凸显及其对社会经济发展产生的影响越发显著，大多数国家均制定或者修改了相关立法，加大对污染物排放的控制力度。例如，美国 2007 年12 月通过了新的能源法案，提高了汽车油耗标准；尼日利亚也颁布法律，规定如果石油企业在 2008 年之后仍然放空燃烧伴生气，将面临巨额罚款和其他形式的处罚。②加强企业自身环境管理。为了应对日趋严格的环境标准，许多石油企业均提高了自身的环境标准。例如，埃克森美孚公司获得了美国化学委员会（ACC）和国际环境技术中心（IETC）的认证。③提高环境保护监管和扶持力度。2007 年 11 月，美国决定耗资 10 亿美元启动 "海岸影响援助计划"，以减少海岸油气勘探开发带来的环境影响。同月，UNEP 和 UNDP 对尼日尔河三角洲地区 300 多处场所进行评估，以控制石油泄漏造成的环境和生态灾难。④重视节能减排。为了应对全球气

[①]　温宗国、王迪、周爱国、陈吉宁：《跨国石油公司环境保护机制的比较分析》，《油气田环境保护》2008 年第 9 期。

候变化，一些国家采取积极措施，石油天然气行业也积极参与，努力提高油品质量，减少温室气体排放量，寻找缓解温室效应的方法，如研发低碳技术、碳捕获与封存技术、增加碳交易合作等。[①]

四　我国石油天然气法制的完善

完善石油天然气法制，应健全法律体系，完善矿权管理制度、管输经营准入制度、定价机制以及石油储备制度。

（一）健全法律体系

石油天然气立法应在综合性专项立法、各产业环节立法以及产业支持立法等方面做出努力。在综合性立法层面，应当制定"石油天然气法"和"石油天然气法实施细则"。其中，"石油天然气法"对石油天然气产业管理做出基本的框架性规定，其基本内容应包括总则、石油天然气规划、油气资源的勘探和开采、石油天然气炼制、储存和运输、石油天然气供应、石油天然气市场、石油天然气产业激励、法律责任、附则等。"石油天然气法实施细则"应在此基础上从资源勘探、开采、运输、储存、贸易、消费等方面做出进一步的具体规定。在应对气候变化背景下，综合性石油天然气法及其实施细则还应做出与适应和减缓气候变化相衔接的相关规定。针对石油天然气上游产业管理应保留的现有立法包括《地质资料管理条例》《对外合作开采海洋石油资源条例》和《对外合作开采陆上石油资源条例》，需要修订的立法是《石油地震勘探损害补偿办法》，需要新制定立法的领域包括石油天然气勘探开发、海上油气田弃置管理、石油天然气对外投资等方面。其中，石油天然气勘探开发方面的立法可以制定为行政法规，针对调整和规范石油天然气勘探开采活动的需要，对油气资源所有权、探矿权和采矿权的取得、流转和交易、勘探开发投入和资金保障、开发效率、环境保护、资料保密等方面的内容做出规定。石油天然气对外投资方面的立法也可以制定为行政法规，对投资战略规划、投资主体、外汇管理财政和金融支持等方面做出规定。关于海上油气田弃置管理方面的立法可以制定为行政规章，就海上油气田废弃的拆除要求、财税处理、环境保护等方面的内容做出规定。[②] 此外，有关煤层气矿权管理、加

---

① 吴宇：《石油行业的环保现状》，《环境教育》2009 年第 2 期。

② 叶荣泗、吴钟瑚主编：《中国能源法律体系研究》，中国电力出版社 2006 年版，第 183—186 页。

强上游领域市场竞争的立法也应适时补充制定。针对石油天然气中下游产业管理主要需要补充制定管输经营准入、加油站管理、定价机制等方面的法律，这些立法均可制定为行政规章。关于管输经营准入的立法旨在打破目前管输经营的垄断状态。石油管输经营准入立法应着重关注管道建设投资的要求和准入制度的具体安排，天然气管输经营准入机制应着重推动第三方准入，逐步实现管道中立，并可适当采取差别性政策。关于加油站管理的立法内容可包括管理机构、经营资质、管理程序、监督、知识产权和商业秘密等方面。完善成品油和天然气定价立法，应着重规定定价机制的选择，引入市场定价机制，并明确市场定价与政府定价、政府指导价之间的关系，建立石油期货贸易机制。

在石油天然气产业保障方面，应当对《防止海岸工程污染海洋环境管理条例》进行修订，制定石油储备管理、油气田矿区设施保护、石油天然气勘探开发和利用环境保护等方面的专门法律。这些立法建议制定为行政法规。其中，"石油储备管理条例"可就石油储备的组成和用途、石油储备管理体制、政府石油储备管理、企业义务石油储备管理、财税支持、法律责任等方面做出规定。"油气田矿区设施保护条例"可对油气田矿区设施所有权、设施安全的监督管理、对干扰和破坏行为的处罚等内容做出规定。石油天然气勘探开发和利用环境保护方面的立法应与现有环境保护法律制度深入衔接，注重制度效力和可操作性，重视公众参与和激励机制。

(二) 完善矿权管理制度

其一，明确矿权出让行为的性质。矿业权的性质为准用益物权，具有普通用益物权的共性，同时也具有特殊性。一方面，矿业权的客体是特定矿区或工作区的地下部分及赋存其中的未特定的矿产资源，[①] 即权利客体具有不特定性和复合性。不特定性主要体现在矿业权所作用的特定区域矿产资源存在的或然性，这在探矿权中表现得尤为明显；复合性主要体现在矿业权需基于特定矿区的地下部分和不特定的矿产资源方得以实现，缺少任一部分，矿业权的行使便失去意义。另一方面，矿业权的客体在权利行使过程中会逐渐被消耗，这主要体现在采矿权的行使过程中。由于矿业权与普通用益物权存在共性，但又具有不同于普通物权的个性，故将其称为

---

① 崔建元：《准物权研究》，法律出版社 2012 年版，第 239 页。

准用益物权。在特别法无法对矿业权提供恰当保护时，可准用民法中对普通用益物权的规定，从而与《物权法》第123条相契合。① 相应地，油气探矿权出让行为应界定为行政许可，原因有三。①从石油天然气资源的性质看。《行政许可法》第12条规定，对于"有限自然资源开发利用、公共资源配置以及直接关系公共利益的特定行业的市场准入等，需要赋予特定权利的事项"，可以设定行政许可。石油天然气资源作为稀缺的、不可再生的矿产资源，对其开发利用显然属于可以设定特殊行政许可的范围。同时，对石油天然气资源的勘探开发事关国民经济发展和国家安全，与其相关的利用活动显然不能完全通过公民、法人或其他组织自主决定，市场竞争机制自我调节，行业组织等自律管理以及行政机关事后监督等方式解决。② 因此石油天然气资源的开发利用行为可以纳入行政许可的规制范围。②从油气探矿权出让方式看。根据现有相关立法规定，油气探矿权的出让可采取"申请—审批"、招标、拍卖和挂牌等多种方式。目前的油气探矿权授予活动中采用最多的是"申请—审批"形式，同时其他方式也逐渐被纳入探矿权的相关实践。根据《行政许可法》，"申请—审批"是我国设立行政许可最主要的方式。此外，该法第53条③也明确指出了授予特殊行政许可决定的做出应主要采取招标、拍卖等公平竞争的方式。这主要是因为涉及有限自然资源开发使用、公共资源配置、公用事业特许经营的行政许可一般都有数量限制，涉及的利益关系重大，为保证许可证发放的公平、公正，行政许可的审查程序也更为严谨和规范，而且大多引用市场竞争的程序机制解决许可证的发放问题。④ ③从私自从事探矿活动的法律后果看。设立行政许可的本质是行政相对人未经行政机关准予不得从事特定活动，许可具有使其活动合法化的作用。若相对人违反法律规定，擅自从事应经许可的活动，其行为即构成行政违法，应当受到行政处罚，

---

① 《物权法》第123条："依法取得的探矿权、采矿权、取水权和使用水域、滩涂从事养殖、捕捞的权利受法律保护。"

② 《行政许可法》第13条。

③ 《行政许可法》第53条第1款："实施本法第十二条第二项所列事项的行政许可的，行政机关应当通过招标、拍卖等公平竞争的方式做出决定。但是，法律、行政法规另有规定的，依照其规定。"

④ 王克稳：《我国行政审批与行政许可关系的重新梳理与规范》，《中国法学》2007年第4期。

严重的则面临刑事制裁。因此，行政许可的实施受到行政或刑事法律制裁的保障，即未经行政机关的准予从事某一活动是否应受行政法甚至刑法的处罚和制裁，是判断该准予行为是否为行政许可行为的重要标准。[①] 亦即，在油气资源的勘探开发中，若未经矿产资源管理部门依法授予油气探矿权而从事石油天然气资源的勘查工作所受到的是行政或者刑事处罚，则探矿权出让行为为行政许可，否则属于私权所有人让渡部分所有权权能的私法意义上的市场行为。根据《矿产资源勘查区块登记管理办法》第32条之规定，"违反本办法规定勘查石油、天然气矿产的，由国务院地质矿产主管部门按照本办法的有关规定给予行政处罚"。可见，在我国，私自从事油气资源勘查行为的法律后果为行政处罚，由此亦可说明探矿权的出让行为在本质上属于行政许可。

其二，使资源许可取得成本合理化，明确责任性规定。我国石油天然气矿权管理采用许可证机制，授予对象主要为几大石油公司、中联煤和延长油矿等。由于许可证取得成本较低，取得许可证后又缺乏相应的约束机制，缺乏关于勘探期内责任的明确规定，从而形成了"跑马圈地"后怠于勘探开发的状况。特别是，虽然规定了勘查投入费用的最低限额，但是既没有对勘查阶段的具体工作内容做出详细规定，亦没有对企业详细投入说明做出要求，在财务上没有足够严密的制约机制。在此情形下，主管部门不易知晓实际的勘查状况，一定程度上造成了监管失控的状况。要解决这一问题，可以借鉴加拿大的经验。如前所述，萨斯喀彻温省规定为开展矿业工作需花费一定的数额，且须将花费明细向主管部门说明，如果主管部门认为其任一项花费不是为了矿业目的，则权利人将构成违约，许可也可能被取消。此种与取得成本相关的法律责任规定，对于防止权利人怠于行使权利较为有效。

其三，充分发挥市场机制。几十年间，我国石油天然气勘探开发体制经过多次调整，初步实现了从计划经济向市场经济的转变，形成了中石油、中石化和中海油三家企业的有限竞争局面。然而，三大石油公司目前仍是绝对优势的市场主体，同时也未形成合理的矿权流转机制。此种情形制约了这些企业参与石油天然气资源勘探开发的积极性，影响了整个产业

---

① 王克稳：《我国行政审批与行政许可关系的重新梳理与规范》，《中国法学》2007年第4期。

的活力和健康发展。在此情形下，在石油天然气上游领域进一步形成良性竞争的格局，发挥市场机制的积极作用，是目前亟待解决的问题。

其四，健全退出机制。我国《矿产资源法实施细则》规定，关闭矿山报告批准后，矿山企业应当完成有关劳动安全、水土保持、土地复垦和环境保护工作，或者缴清土地复垦和环境保护的有关费用；矿山企业凭关闭矿山报告批准文件和有关部门对完成上述工作提供的证明，报请原颁发采矿许可证的机关办理采矿许可证注销手续。[①] 对于没有完成相关工作的企业，实施细则只规定了相关部门不予办理采矿许可证的注销手续，但没有其他的法律责任规定。同时，实施细则亦未规定相关机关违规为不符合规定的矿山企业办理注销手续的法律责任。法律层面的疏漏和空白，使得矿山关闭后往往对所在地区的生态环境造成严重破坏。在这一方面，一些国家的经验可供借鉴。在加拿大，矿山在开采前须提交复垦报告，由矿业公司与政府达成有关协议并缴纳足够的复垦保证金。保证金的数额由政府与矿权人商定，并可根据情况变化进行调整。采矿许可证到期后，矿区由政府收回，但如果矿山没有完成复垦，政府将不予收回。政府对矿山的监督工作由政府派出的观察员承担，观察员有权命令关闭矿山。可见，我国矿山关闭计划采取事后补救方式，即在采矿结束后再进行矿山的复垦工作或缴纳复垦费用；加拿大采取事前预防方式，即在采矿生产之前就要提交矿场关闭计划并提供财务保证。我国在关闭矿山时，由有关部门对完成工作提供证明；而加拿大是采取派出观察员的方式进行监督。加拿大经验表明，预防性、监督式的法律机制，在实践中可以发挥较为积极的作用。

（三）完善管输经营准入制度

1. 石油管输经营准入制度

在管道建设投资方面。首先，可规定管道建设投资的资金标准和资质要求，确保管道公司拥有足够的经济实力、相当的技术实力和运营能力。其次，在符合资质要求的前提下，允许民间资本依法进入，保持市场良性运作。再次，重视消费者权益和公共利益保护。应考虑管道公司能否在保证合理盈利的情况下进行相对合理的收费，确保消费者不承担高昂的使用费用，并有利于能源供应的保障。最后，对可能产生的环境影响进行充分评估，责令相关企业和单位采取有效措施，尽量避免对环境的不利影响，

---

① 《矿产资源法实施细则》第 34 条。

同时采取有效的措施进行环境恢复。

在准入制度具体内容安排方面。首先，将第三方准入纳入许可条件。管道公司在获得建设和运营许可时，应同时承诺向第三方提供无歧视的接入服务。获得许可后如不履行此项义务，应予处罚，并要求其采取补救措施。其次，明确规定第三方的权利和义务。对第三方行使接入权的条件、程序和救济手段等做出规定，同时规定其应当承担的义务，如支付相应的费用等。

从可操作性的角度考虑，一步到位地实现上述制度安排的时机尚不成熟。因此，可先通过试点的形式积累经验，时机成熟后再逐步上升到国家立法。在综合性石油天然气法中，可对此做出原则性规定，以便为进一步立法提供法律依据和制度安排的法律空间。

2. 天然气管输经营准入制度

借鉴国外成熟经验，建议从第三方准入机制、管道中立、差别性政策、立法支持四个方面完善我国天然气管输经营准入制度。

建立第三方准入机制。可首先对长输管道实行协商性的第三方准入，要求管道企业公布指导性的运输费率和协商程序；之后，在财务上分离运输业务账目，监管部门对账目进行审计，避免出现歧视、交叉补贴和不正当竞争行为；[①] 待时机成熟后，再形成较为健全的第三方准入机制。

实现管道中立。为避免形成垄断，管道公司应在管理和经营上独立于上游或下游业务。管道公司应公开其管网开放的规范和程序，其主要内容应包括：分离管道公司运输与供应职能的方案；运输管道第三方准入的一般规定；服务条件、用户资格和收费标准等。[②] 此类规定有利于贯彻公开准入原则。当然，考虑到我国的现实情况，管道中立应逐步推进。

采取差别性政策。在气源已经或即将多元化、市场竞争格局已经或即将形成的东部等地区，可实行第三方准入，并可设立区域性监管机构，作为建立全国性监管体系的试点。对于基础设施已具有一定规模但气源市场竞争性不足的地区，可着重提高输配系统运营效率，促进气源开发。在处于发展初期的地区，应鼓励基础设施投资，对天然气商品和服务价格进行

---

① 罗东坤、褚王涛：《借鉴欧美经验制定中国天然气法律》，《天然气工业》2007 年第 1 期。

② 基础设施咨询基金、世界银行、中国国务院体改办经济体制与管理研究所：《中国：天然气长距离运输和城市配气的经济监管》，2002 年，第 15、46 页。

有效的监管。①

　　加强立法支持。制定专门的石油天然气法，该法可就管网经营准入制度做出详细的规定。② 同时重视相关立法的支持和配合，充分运用反垄断法、反不正当竞争法、公司法等相关立法的制度资源，用以规范天然气行业从业者的经营行为，以防止限制竞争和强化市场权力的情况发生。③

　　（四）改进定价机制

　　1. 石油定价机制

　　石油下游产业属于非自然垄断领域，定价机制的完善应着眼于实现市场定价。但在有效竞争尚未形成之前，一步到位地实现完全市场定价并非可行的选择。鉴于此，可从调整政府职能、使油价与国际接轨、完善期货市场、健全石油储备机制等方面入手，完善我国石油定价机制。

　　其一，调整政府在石油价格管理方面的职能，进一步使其由价格制定者转变为宏观调控者，充分发挥市场配置资源的基础性作用。如果石油价格处于正常波动范围之内，政府的职能应限于市场监管，规范经营者行为，使价格充分反映市场供求的变化。只有在石油价格的变动超出正常范围时，政府方可动用行政权力，干预市场运行。在此，油价变动"超出正常范围"的情况包括：发生全国或局部地区石油供应中断或大幅度减少，造成或可能造成国内供需严重失衡；国内市场石油价格大幅度上涨，已经或可能使国民经济遭受重大影响或损害等。

　　其二，使国内油价与国际油价进一步接轨。目前，我国油价调整比国际油价调整滞后10天，对国际市场的反应相对滞后。应进一步完善成品油国内价格与国际价格的接轨制度，完善国内石油价格与国外石油价格的联动机制，使国内石油价格更及时、更全面地反映国际市场的动态变化。为此，应将目前的调整周期逐步缩短，最后与国际油价同步。

　　其三，在完善燃料油期货市场的基础上，增加石油交易品种，最终建

---

　　① 国家发展改革委经济体制与管理研究所、《中国石油天然气行业监管体系研究》项目组：《中国石油天然气行业监管体系研究》，石油工业出版社 2007 年版，第 130 页。

　　② 王明远：《我国天然气输配管网经营准入制度研究》，《清华法学》2008 年第 6 期。

　　③ 国家发展改革委经济体制与管理研究所、《中国石油天然气行业监管体系研究》项目组：《中国石油天然气行业监管体系研究》，石油工业出版社 2007 年版，第 160、167 页。

立健全石油期货交易体系。① 由于不具备健全的石油期货交易体系，我国在国际石油定价方面缺少应有的话语权，② 不利于石油贸易的健康发展。③ 事实上，石油企业可以利用期货市场进行套期保值，从而规避价格风险。健全的石油期货交易体系亦有利于我国尽快融入全球石油定价体系，在国际石油定价中发挥更大的作用。由于我国石油产业目前处于高度集中的状态，主要企业可能不希望放弃左右市场价格的权利，形成健全的石油期货交易体系可能需要逐步推进。

其四，健全石油储备制度。石油储备不仅对保障经济安全和应对突发事件具有非常重要的意义，而且可在石油供应中断时弥补国内石油供应缺口，对平抑油价波动具有重要的作用，有助于缓解石油价格的剧烈波动对国民经济产生的不利影响。

2. 天然气定价机制

科学确定终端消费价应主要考虑如下因素：天然气定价应以热值为基础进行，并对单位体积天然气的质量做出规定；应遵循"消费量越大，单位气价越低"的政策，收取容量费，鼓励天然气的使用；重视能源比价，逐步调整天然气价格与可替代能源价格的对应关系。④ 在此基础上，可以以分地区分类用户可替代能源种类、结构、价格为基础，依"等热值能源等价"原则，运用"等热值加权平均法"，确定天然气终端消费价。⑤

宏观调控、专门立法、适当的进口战略以及天然气储气库建设等支持机制，对于确保天然气定价机制的顺利实施至关重要。

其一，重视宏观调控。加大针对天然气上游企业勘探开发的财政投入，提高企业生产积极性。同时从税收、技术、环保等方面加强调控，调

---

① 史丹等：《中国能源工业市场化改革研究报告》，经济管理出版社 2006 年版，第 241 页。

② 林伯强主编：《中国能源发展报告 2008》，中国财政经济出版社 2008 年版，第 462 页

③ 《以原油期货争取全球定价权或将改变国内原油定价机制》，http：//news. xinhuanet. com/yzyd/energy/20120518/c_ 111980311.htm，最后访问时间 2012 年 11 月 24 日。

④ 马飞、李丽等：《我国天然气定价机制改革问题研究》，《价格理论与实践》2013 年第 3 期。

⑤ 与下游定价机制相互应，中游可以采用"两部制"法，将天然气管输费分为"管输容量预订费"和"管输使用费"；上游可以采用净回值法确定天然气出厂价，即：出厂价=城市门站价格-管输费。参见董秀成、佟金辉、李君臣《我国天然气价格改革浅析》，《中外能源》2010 年第 9 期。

节天然气消费结构，促进天然气市场发展。为保护家庭、小型商业用户等弱势用户，应在推进市场定价的同时，对配气公司收取的最高价格进行监管。

其二，以立法形式确立定价机制。在综合性石油天然气立法中，应就定价机制做出规定。在此基础上，可以部门规章的形式，就天然气定价机制的重要问题，如定价原则、定价程序、基本方法、价格监管等方面，做出进一步的详细规定，从而使天然气定价及其监管有法可依。① 现阶段应特别重视将天然气定价听证制度纳入立法。我国《价格法》规定："制定关系群众切身利益的公用事业价格、公益性服务价格、自然垄断经营的商品价格等政府指导价、政府定价，应当建立听证会制度，由政府价格主管部门主持，征求消费者、经营者和有关方面的意见，论证其必要性、可行性。"② 天然气企业和相关部门在确定天然气价格过程中，应以听证等形式，加大信息公开力度，确保公众知情权和决策参与权。③ 此外，居民气价明显低于工业用气价格，存在较严重的交叉补贴现象。为此，可适当上调居民用气价格，减少政府对居民用气以及工业、热力用气的交叉补贴。④

其三，实施进口多元化战略。应加强与中亚、俄罗斯等国家和地区的能源合作，分散天然气进口地，同时鼓励中石油、中石化、中海油等主要石油公司加强与产气国的合作，共建天然气加工企业，保障国内供气安全和气价平稳。⑤

其四，建立天然气储气库。我国储气库建设工作刚刚起步，与发达国家差距明显。加快储气库建设，有助于满足天然气下游用户的调峰需求，保障天然气供应，为国家能源安全提供支持。从天然气定价机制角度看，

---

① 张海滨：《目前我国天然气定价机制存在的主要问题及对策初探》，《中国科技信息》2009 年第 7 期。

② 《价格法》第 23 条。

③ 董秀成、佟金辉、李君臣：《我国天然气价格改革浅析》，《中外能源》2010 年第 9 期。

④ 黄晓勇主编：《世界能源发展报告（2016）》，社会科学文献出版社 2016 年版，第121—122 页。

⑤ 史丹等：《中国能源工业市场化改革研究报告》，经济管理出版社 2006 年版，第 270—273 页；国际能源署：《开发中国的天然气市场——能源政策的挑战》，朱起煌等译，地质出版社 2003 年版，第 136 页；霍小丽：《我国天然气定价机制的建立与完善》，《中国物价》2007 年第 11 期。

天然气储气库可在气源短缺时保障供应，稳定天然气终端价格，保障天然气供给与需求的总体平衡。[①]

（五）完善石油储备制度

完善我国石油储备制度，应基于我国国情，同时借鉴国外成熟经验，在石油储备的组成和用途、管理体制、政府储备管理、企业义务储备管理、财税支持等方面做出明确规定。

其一，借鉴美国和日本等国的经验，国家石油储备由政府储备和企业义务储备组成，储备品种包括原油和成品油，成品油应当包括汽油、柴油、航空煤油等。此外，还应鼓励建立商业石油储备。[②] 国家石油储备应主要用于应对突发事件等引起的石油供应中断或短缺，保障石油供应，稳定石油价格，维护国家经济安全。

其二，完善石油储备管理体制。国家石油储备的管理体制可由决策机关和管理机关两个层次构成。国家石油储备的决策机关可设定为国务院，主要负责决定国家石油储备政策、规划、计划、建设、收储、动用、资金等事项。因国家石油储备事关国计民生，国家石油储备动用权应由国务院行使。未经国务院批准，其他任何主体均无权决定动用国家石油储备。必要时，国家能源委员会可以参与决策程序。国家石油储备管理机关可确定为国家能源主管部门，具体职责可以由现国家石油储备中心承担。根据《国务院办公厅关于印发〈国家能源局主要职责内设机构和人员编制规定〉的通知》，国家石油储备中心由国家发展改革委划给国家能源局管理。按照《国家石油储备中心机构设置及领导职数方案》的规定，国家石油储备中心是国家石油储备建设和管理的执行机构，代行国有资产出资人权利，按照国家石油储备建设计划，负责国家石油储备基地建设与运行管理；国家储备石油的采购、轮换和投放；协助监测国内外石油市场的供求变化。[③] 但目前公开的仅是该机构的宗旨，其职能、运行机制等尚不清晰，亦未全面包含上述应具备的职能。参照其他国家的经验，该机构的主

---

① 李清芬：《我国天然气定价机制改革研究》，《中国证券期货》2012 年第 12 期；聂光华：《我国天然气定价机制研究》，《中国青年政治学院学报》2013 年第 1 期。

② 2012 年《能源政策白皮书》要求统筹资源储备和国家储备、商业储备，加强应急保障能力建设，完善原油、成品油储备体系。

③ 参见《国家石油储备中心简介》，http：//www.nea.gov.cn/sycbzx.htm，最后访问时间 2014 年 2 月 4 日。

要职能可以包括：组织编制和实施石油储备发展建设规划和计划；提出石油储备动用和收储计划；组织实施石油储备动用和轮换；建立石油储备预警系统，发布石油储备预警报告等。在资金使用方面，进一步立法应特别明确国家石油储备中心是否可以盈利、资金来源、[①] 可动用资金的规模、收购程序等事项。另外，由于国际石油市场与金融市场息息相关，国际石油交易需具备专门的金融交易业务能力，以规避国际金融风险、实现利益最大化。因此，国家储备系统还应重视发挥金融人才的作用。[②]

其三，加强政府石油储备管理。在政府储备方面，美国和日本等石油净进口国的经验可供我国借鉴。我国政府石油储备管理应重点关注储备设施的建设与运行、储备资金的管理及储备监督等方面。①储备设施的建设和运行。储备设施建设和储备规模，应根据社会发展的实际情况和维护石油安全的需要确定。具体建设实施工作，可由国家能源行政主管部门组织实施，石油企业可通过委托、招投标等程序参与具体的石油储备基地建设项目，有关部门和地方政府应当提供支持和便利。对于政府石油储备的收储、轮换和动用，有关企业应当在接卸、管道输送等方面予以优先支持。受托实施储备的企业，应保证石油储备库存数量真实、质量良好，做到储存安全、管理规范。②储备资金的管理。政府石油储备设施建设、储备石油采购及储备运行管理所需的资金，应由中央财政划拨。石油储备运行和维护费用，应由受托实施储备的企业报送国家能源主管部门，之后上报国家财政部门拨付。目前就石油储备基地第一、第二期工程的资金拨付和使用有较明确的规定，[③] 可将在实践中积累的成熟经验上升为法律规定，明确国家石油储备资金的管理程序。③储备监督制度。国家能源主管部门应

---

① 1992 年，法国出台《石油供应安全法》，并据以成立战略石油储备专业委员会（CPSSP），专门负责制定储备政策以及战略石油储备的运作。该法规定，建立石油储备库和购买储备的经费由国家财政负担并绝对控制。其经验可资参考。参见陈德胜、雷家骕《法、德、美、日四国的战略石油储备制度比较与中国借鉴》，《太平洋学报》2006 年第 2 期。

② 参见《国家石油储备中心的管理面临着挑战》，http://www.chinanews.com/cj/plgd/news/2007/12-19/1108376.shtml，http://www.nea.gov.cn/sycbzx.htm，最后访问时间 2014 年 2 月 4 日。

③ 《国家石油储备基地第一期项目建设管理试行办法》第一章从财政部、发展与改革委员会石油储备办以及三大集团公司三个方面对第一期项目建设的资金拨付和使用做出了规定。《国家发展改革委办公厅关于制定国家石油储备项目建设资金使用办法等有关工作的通知》明确了第二期项目建设的资金为中央预算内资金。

会同有关部门对国家石油储备的实施状况进行监督。政府石油储备项目建设和石油储备运行的财务执行情况，应由国家财政主管部门进行监督。

其四，细化企业义务石油储备管理制度。欧盟的企业储备机制较为发达，我国可以借鉴。结合我国国情，企业义务石油储备管理应主要关注企业的储备义务、储备石油的管理、储备监督制度等方面的内容。①企业的储备义务。从事原油加工和成品油批发的企业，应根据要求承担石油储备义务。其主要义务包括：设置专门机构管理储备业务；保障储备石油的数量、质量和安全；按照要求向主管部门报告义务储备数量；经主管部门批准，可以委托其他承担石油储备义务的企业代为履行储备义务；① 依法接受主管部门的监督和管理。②储备石油的管理。在符合国家有关规定、确保石油质量和数量的前提下，储备主体可以根据保障储备石油质量、品种变换及其他需要，自行确定轮换的时间和数量，并将轮换情况及时报告能源行政主管部门。动用企业义务储备石油应遵守国家石油储备动用的程序规定。动用条件可以包括：发生全国或局部地区石油供应中断，或者石油供应大幅减少，造成或可能造成国内供需严重失衡；国内市场石油价格大幅度上涨，可能使国民经济遭受重大影响或损害；国际或地区能源合作协调行动的需要；国务院主管部门确定的其他情形。储备主体应当按照规定及时补充库存，使储备及时达到义务储备数量和品种的要求。③储备监督制度。监管部门应定期检查企业义务储备的规模、质量、安全环保及储备管理等情况，义务储备企业应予配合。义务储备主体应依照规定的时间频率向监管部门报送储备义务执行情况的报表。财政行政主管部门应监督义务储备补偿的执行和补贴发放情况。对于违反规定不储备、虚报储备、擅自动用义务储备及干涉阻挠监管的行为，应予处罚。②

其五，健全财税支持机制。财税支持机制可在鼓励石油资源勘探开发、推动对外石油合作开发、支持石油储备制度落实等方面发挥积极的作用。在此方面，一些国家的经验值得借鉴。例如，日本自 1975 年起从石

---

① 有学者认为，我国应借鉴法国的经验，规定企业义务石油储备可以通过自主储备与委托储备之间按比例分配。参见张勇《能源资源法律制度研究》，中国时代经济出版社 2008 年版，第71 页。

② 张勇：《能源资源法律制度研究》，中国时代经济出版社 2008 年版，第 73 页。另有学者对企业义务石油储备的组织体系、资金与补偿、轮换和动用、安全和环保、监督检查和报告等方面进行了研究。参见姜润宇主编《战略石油储备》，中国市场出版社 2007 年版，第 27—30 页。

油税收收入中拨出专项资金用于石油储备和石油开发。在法国，民间石油储备机构安全储备管理公司享有免征法人税的优惠，其购买的储备油品也享受减免进口税、消费税等税收优惠。荷兰的国家石油储备管理机构国家石油储备协会也享受不缴纳公司税的优惠。德国规定，石油产品价格中可增加专门的储备税，用于石油储备协会（EBV）会员缴纳会费，但石油公司的储备费用实质上由消费者承担。这些针对石油储备做出的财税支持规定可供我国进一步石油天然气立法参考。[①]

① 赵选民、董春诗、焦兵、李继翠：《中国石油财税制度》，科学出版社 2008 年版，第180—183 页。

第五章

面向低碳经济的可再生能源法制

> 石器时代的结束，并非因为缺乏石头。
>
> —— [沙特] 艾哈迈德·扎基·亚马尼①

低碳经济与可再生能源有着天然的内在联系。在应对气候变化、发展低碳经济的宏观背景下，无论从全球视角还是从我国的现实情况看，大力发展可再生能源，都是大势所趋。风能、太阳能、生物质能等新能源品种的迅速发展和愈加广泛的应用，已成为能源领域的重大发展趋势。

第一节　可再生能源概述

可再生能源的物理特性和资源赋存特性，决定了其对推动低碳经济的重要性。近些年来，各国纷纷大力发展可再生能源，以消解能源短缺、气候变化带来的负面影响。首先应明确可再生能源的概念，在此基础上考察可再生能源的现状，并分析其与低碳经济的内在关联性。

一　可再生能源及其法制的概念

（一）定义

一般意义上的"可再生能源"，是指可连续再生、永续利用的一次

---

① 艾哈迈德·扎基·亚马尼曾任沙特阿拉伯石油和矿产资源大臣。此言之后的一句是："石油时代的终结，也并非因为缺乏石油"，而是对石油需求的持续减少。尤瓦尔·赫拉利从另一个侧面乐观地提出："为什么这么多人担心我们会耗尽所有的能源？为什么他们担心我们用完所有化石燃料之后，会有一场大灾难？显然，这世界缺的不是能源，而是能够驾驭并转换符合我们所需的知识。"他从人类发展史的角度出发，对能源供给持乐观态度，认为人类身处"能源的汪洋大海"。参见 [以色列] 尤瓦尔·赫拉利《人类简史——从动物到上帝》，林俊宏译，中信出版社 2014 年版，第 331—332 页。

能源。① 我国《可再生能源法》规定，可再生能源是指"风能、太阳能、水能、生物质能、地热能、海洋能等非化石能源；水力发电对本法的适用，由国务院能源主管部门规定，报国务院批准；通过低效率炉灶直接燃烧方式利用秸秆、薪柴、粪便等，不适用本法"。② 可见，我国法律中可再生能源的外延包括其规定的几种非化石能源。以文义观之，对于属于水能的水力发电，并未将其排除于定义之外；对于通过低效率炉灶直接燃烧方式利用秸秆等几种生物质能，则明确规定其不适用《可再生能源法》。具体而言，我国法律上的可再生能源，包括太阳能、风能、水能（小水电）、生物质能、地热能、海洋能等可再生能源。

（二）与相关概念的关系

在实践中，"可持续能源"（Sustainable Energy）、"低碳能源"（Low-carbon Energy）、"绿色能源"（Green Energy）、"清洁能源"（Clean Energy）以及"替代能源"（Alternative Energy）常与"可再生能源"同时使用。

"可持续能源"包括一切可再生能源，同时还包括致力于提高能源效率的技术，其概念源于可持续发展的概念，指既满足当代人的需要，又不损害后代人满足其需求之能力的能源，可再生能源和能源效率是可持续能源的两个重要组成部分。③ 可持续能源概念主要关注能源资源持续提供能源的能力。④

"绿色能源"则是指在生产、消费过程中不对环境造成明显负面影响的能源，其造成的影响不得超过环境的自然净化能力。⑤ 美国环境保护署（EPA）将"绿色电能"（Green Power）视作可再生能源的一个子集，代表能够提供最大的环境效益的可再生能源资源与技术，美国环境保护署将其限定为通过太阳能、风能、地热能、沼气以及对环境影响较小的小水电

---

① 王庆一主编：《能源词典》（第 2 版），中国石化出版社 2005 年版，第 5 页。

② 《可再生能源法》第 2 条。

③ Renewable Energy & Energy Efficiency Partnership（REEEP），Glossary of Terms in Sustainable Energy Regulation，see http：//www. reeep. org/file_ upload/296_ tmpphpXkSxyj. pdf，last visited November 31，2011.

④ Sustainable Energy，see http：//en. wikipedia. org/wiki/Sustainable _ energy，Last Visited November 30，2011.

⑤ Ibid.

资源产生的电能。大型的水电资源因其对环境的影响以及建设时需权衡因此导致的渔业及土地使用方面的损失，所以没有归入"绿色能源"之列，只能作为一般的可再生能源。[①]

"清洁能源"有时与"绿色能源"混用，指不排放污染物或对环境影响极小的能源。美国环境保护署认为，虽然核能在使用过程中并不排放温室气体，但其燃料的开采、提炼，以及长期具有辐射的核废料的处置都会对环境造成较大影响，因而 EPA 将其归入传统能源的范畴。[②] 但一些定义将某些形式的核能纳入"清洁能源"的范畴，如通过核嬗变（Nuclear Transmutation）过程"燃烧"掉核废料的反应堆即可以纳入清洁能源范畴。

"替代能源"是指任何可以替代某种燃料且不存在被替代燃料若干缺点的能源。这个概念的具体内涵和外延依时而变，如历史上煤炭曾作为替代能源替代了木材，石油作为替代能源替代了鲸油等。当今对替代能源亦有几种定义，如简明牛津词典定义其为："其使用不会用尽自然资源并不会损害环境的能源，特别是避免使用化石燃料或核能产生的能源"[③]；再如美国自然资源保护委员会（NRDC）对替代能源的定义是"（与化石燃料相比）尚未广泛使用但通常对环境无害的能源，如太阳能或风能"[④]。可见，"替代能源"内涵上强调于环境无害，外延上排除了化石燃料、核能等能源。替代能源有广义和狭义之分。广义的替代能源是指可以替代煤炭、石油、天然气等化石能源的其他能源，如可再生能源、核能、氢能等；狭义的替代能源是指可以替代石油的能源，如可再生能源、核能、氢能、天然气、煤基燃料等。[⑤] 本书将"替代能源"在广义概念上使用。

可再生能源产业发展及其法制状况，与低碳经济密切关联。这一关联

[①]　USEPA, *Renewable energy and green power—what's the difference?* See http：//www.epa.gov/greenpower/gpmarket/index. htm, last visited December 1, 2011.

[②]　Ibid.

[③]　Alternative energy, see http：//oxforddictionaries. com/definition/alternative + energy? view = uk, last visited December 7, 2011.

[④]　NRDC, *Reference/Links Glossary of Environmental Terms*, see http：//www. nrdc. org/reference/glossary/a. asp, last visited December 1, 2011.

[⑤]　陈新华：《能源改变命运——中国应对挑战之路》，新华出版社 2008 年版，第 268 页。

性可从清洁性、可再生性和低碳性特征三个方面进行分析。①清洁性特征有利于产生低碳效应。低碳经济作为一种以低能耗、低排放、低污染为基础的经济发展模式，以能源的清洁开发和利用为前提。相对于传统化石能源而言，可再生能源具有显著的清洁性特征，在使用过程中排放的温室气体数量极低，甚至可以实现零碳排放，满足了低碳经济发展关于"低能耗、低排放、低污染"的基本要求，能够产生巨大的低碳效应，对于维持生物圈的碳平衡、减缓全球气候变化具有重大意义。① ②可再生性特征为低碳发展提供保障。低碳经济是一种能够将能源、环境和经济三者紧密联系起来的可持续的发展方式。在低碳经济背景下，全球能源体系从化石能源向绿色能源转型。② 为此，需要通过对能源的来源和利用去碳化，同时确保能源持续供应，加速国内低碳能源体系的建立。可再生能源的可再生性特征能够在很大程度上缓解能源需求不断增长、能源供给日益紧张的趋势，提高能源效率，促进生态环境保护，同时有助于应对气候变化，实现低碳发展。③低碳性特征有助于优化能源结构。煤炭资源的开发利用加速了人类社会的工业化步伐，但是却引发了严重的环境问题。可再生能源的低碳性特征有助于促进能源结构的优化调整，为低碳经济发展提供条件。为应对全球气候变化，发达国家和发展中国家都不同程度地采取了低碳策略，调整本国能源结构。

（三）可再生能源法制的制度经济学意义

可再生能源法制，是指对可再生能源产业发展进行规制和调整的法律和制度，以及这些法律和制度的实施状况。在一般意义上，制度起源于资源的稀缺性。在一个资源短缺的世界里，如果不对资源的自由获取和利用进行约束和安排，便没有任何社会能够存在。③ 为使有限的资源发挥足够的效益，约束和规范行为主体的具体制度便应运而生。法律制度作为上层建筑和正式规则，与风俗习惯、文化传统等非正式的约束共同规制行为主体的行为。制度通常是利益各方在长期的博弈过程中形成的一致方案，应

---

① 当然，可再生能源并不是绝对的无污染。以风电为例，风电项目引起的植被破坏、施工与运行噪声等对鸟类会产生影响，如施工噪声惊吓鸟类、候鸟迁徙撞击风机叶轮、运行噪声和叶片旋转气流影响鸟类活动范围等。

② 徐玖平、卢毅：《低碳经济引论》，科学出版社2011年版，第46页。

③ 程恩富、胡乐明：《新制度经济学》，经济日报出版社2004年版，第186页。

充分考量各方面利益。① 可再生能源法制的社会需求在很大程度上源于传统能源开发利用引发的环境乃至社会经济问题。因此，可再生能源法制对于促进低碳经济发展，具有重要的战略意义，并主要体现为如下三个方面：

其一，降低交易费用。科斯认为，交易费用是获得准确的市场信息所需付出的费用，以及谈判和经常性契约的费用。没有制度约束，"看不见的手"带来的可能不是繁荣，而是社会生活的混乱。② 制度有利于市场秩序的稳定性，并节约交易费用。可再生能源立法对成本与价格、行为规则、信息披露等方面的规范，有助于为市场主体提供充分的交易信息，避免社会主体交往过程中的不可预见行为，降低市场运行的不确定性因素，从而降低交易成本。

其二，具有激励功能。为了克服资源瓶颈，使资源潜力得到最大化的发挥，必须依存制度对经济活动予以激励，从而充分发挥市场主体的主观能动性和创造性。要实现经济增长，一方面须从制度上进行激励，保障创新活动的行为主体得到最低限度的报偿；另一方面，制度本身也必须进行创新，有效的制度可以降低技术进步和技术成果转化为生产力的交易成本，从而促进生产力的发展。③ 所以，低碳化能源法律制度的构建需要诱导性政策手段的支持和推动。④ 可再生能源立法旨在支持能源产业发展，通过一系列措施激励市场主体改进技术、改善管理，实现能源产业结构和经济发展方式的转变。

其三，保障产业发展。制度本身可以依靠限制任意行为和降低冲突可能性的规则，以一般性、预防性的方式限制个人的绝对自由，⑤ 从而防止冲突；或是在冲突发生时，预先规定程序上的解决方案。在可再生能源立法中，健全特许权招标制度、完善准入制度等，都是为了防止市场垄断，

---

① 李启家教授认为，环境利益不限于物质利益，还包括精神生活，诸如人的尊严、价值、命运的维护、追求和关切等，包括生活质量和生活能力，即应包括"人之为人"的全部要素和条件。参见李启家《环境法领域利益冲突的识别与衡平》，《法学评论》2015 年第 6 期。

② 卢现祥、朱巧玲：《新制度经济学》，北京大学出版社 2007 年版，第 501 页。

③ 同上书，第 505 页。

④ 邓海峰、刘玲利：《论能源立法的低碳化》，《中国石油大学学报》（社会科学版）2010 年第 2 期。

⑤ 朱琴芬：《新制度经济学》，华东师范大学出版社 2006 年版，第 44 页。

保障市场经济体制配置资源的效率，保障产业发展秩序和低碳经济的活力。

二　我国可再生能源产业发展现状

太阳能、风能、小型水电和生物质能，是较为典型的可再生能源。近些年来，这些可再生能源品种在我国获得了迅速发展。

（一）太阳能

太阳能，是指太阳以电磁辐射形式向宇宙空间发射的能量。太阳能是重要的可再生能源，具有分布范围广、地域限制少、应用较为便利以及清洁环保等特点，其利用形式主要包括太阳能热利用、太阳能发电、光电利用、光化利用、光生物利用和光热光电综合利用等。① 太阳能在我国主要应用于太阳能光伏发电、太阳能热利用等领域。根据中国气象局风能太阳能资源中心估算，我国陆地太阳能资源的理论储量为 1.86 万亿千瓦。②

我国太阳能产业发展目前呈现发展迅速、政策支持力度大、成本逐步降低等特征。①发展迅速。我国已成为亚洲光伏产业发展核心区域。2016年，我国光伏新增装机容量达到 3454 万千瓦，累计装机容量 7742 万千瓦，新增和累计装机容量均为全球第一。③ ②政策支持力度大。2009 年我国将太阳能列入国家重大科研项目，并在其后相继出台一系列政策性文件，以扶持太阳能产业的发展。③成本逐步降低。2014 年，我国在高效率低成本晶硅太阳电池研发和产业化方面走在了世界前列。例如，英利集团"PANDA"（熊猫）太阳电池技术、天合光能"HONEY"太阳电池技术、尚德电力"PLUTO"（冥王星）太阳电池技术、晶澳太阳能"PER-CIUM"（博赛）太阳电池技术、阿特斯电力"ELPS"太阳电池技术、中电光伏"QSAR"太阳电池技术等高效率低成本的太阳电池效率均超过了 20%。④

---

① 王庆一主编：《能源词典》（第 2 版），中国石化出版社 2005 年版，第 388 页。

② 参见中国气象局风能太阳能资源中心：《中国风能太阳能资源年景公报》（2015），http://cwera.cma.gov.cn/cn/，最后访问时间 2016 年 6 月 9 日。

③ 参见国家能源局公布数据，http://www.nea.gov.cn/2017-02/04/c_136030860.htm，最后访问时间 2017 年 10 月 29 日。

④ 参见《我国晶硅太阳能电池技术与成本现状》，http://news.xinhuanet.com/science/2015-04/14/c_134149881.htm，最后访问时间 2014 年 4 月 25 日。

然而，我国太阳能光伏发电发展也存在一些问题。一方面是普及率低。从能源消费结构整体而言，我国太阳能发电等领域占有比重依然较低。究其原因，主要是由于我国太阳辐射能流密度较低，在冬季或者太阳能辐射能流密度较低的地区，要得到一定的转换功率，需安装占地面积庞大的设备，造价相对较高；同时，我国太阳能供应具有一定的不稳定性，受昼夜、气候、季节等因素影响较大，这又增加了太阳能发电大规模供应的难度。另一方面是环境保护问题不容忽视。例如，光伏产业开发利用过程中势必会产生一定的环境污染问题，诸如在多晶硅的提炼过程中会造成高污染和高耗能等问题。

（二）风能

风能，是风所负载的能量，具体指地球表面大量空气流动所产生的动能。风能的大小取决于风速和空气的密度。风能具有清洁、可再生、总量巨大的优点，对于应对能源危机、保护生态环境具有重要意义。风能也存在一些缺点，如：风力具有间歇性，白天和夏季需求高，但某些地方却风力正小；风力发电的发电机组可能影响鸟类迁徙；风力发电需要大量土地兴建风力发电场；风力发电机会产生噪声。

我国拥有丰富而优良的风能资源。陆地实际可开发利用的风能资源为2.97亿千瓦。我国的风能资源主要分布于：西北的新疆、内蒙古、甘肃；东南沿海的广东、海南、浙江、福建；东北三省地区。风力发电是目前风能利用的最主要方式，也是可再生能源开发中技术较为成熟以及较具规模化和商业化发展的发电方式。我国风力发电产业发展迅速，2014年，中国成为世界上首个突破100吉瓦累计装机容量的国家。[1] 2015年，我国风电新增装机容量创新高，风电装机容量连续四年世界第一。[2] 2016年，全年新增风电装机1930万千瓦，累计并网装机容量达到1.49亿千瓦。[3]

同时，我国风能产业发展也存在一些问题。一是缺乏科学的风能资

---

[1] 参见中国循环经济协会可再生能源专业委员会、中国可再生能源学会风能专业委员会、全球风能理事会编制《中国风电发展报告》（2015），2015年，第9页。

[2] 参见国家电网公司《国家电网公司促进新能源发展白皮书》（2016），http：//www.sgcc.com.cn/shouye/tbxw/332320.shtml，最后访问时间2016年6月9日。

[3] 参见国家能源局《2016年风电并网运行情况》，http：//www.nea.gov.cn/2017-01/26/c_136014615.htm，http：//www.nea.gov.cn/2017-02/04/c_136030860.htm，最后访问时间2017年10月29日。

源评估。我国风能资源探明度低，缺乏可靠的基础数据，使风电场在项目立项、场址选择、规划设计等环节踌躇不前，严重制约了风电产业的发展。二是风电开发成本高。风电项目一次投资较大，辅助工程造价高，使得风电场单位投资高，同时融资程序繁杂，金融机构投资信心不足，项目开发资金难以得到保障。此外，风电上网电价分摊机制不完善，只在风力发电场的当地电网分摊，造成风力发电的高电价全部由当地的电力用户负担，明显不公平。[①] 三是重复建设现象严重。我国风电产业发展迅速，同时也出现了"同质化竞争、价格无序竞争"的现象，预期产出的风能大大超出市场需求。四是"弃风"问题突出。"弃风"是指风机处于正常状态下，风电场根据电网调度机构的要求降低风机出力或停止风机运行的现象。目前，我国风电场"弃风"现象频发，不仅制约了风电产业的可持续发展，也对我国社会经济造成了巨大损失。这既有制度层面的深层原因，也有产业本身技术层面的直接原因，特别是风力发电供需矛盾突出、总量目标设定不合理、风电项目与电网项目不匹配、风电价格机制有待完善、全额保障性收购制度作用有限、输送和调峰瓶颈突出等方面。[②]

（三）小型水电

小型水电，亦称"小水电"，是指由地方、集体或个人集资兴办与经营管理的，装机容量为 25000 千瓦及以下的水电站和配套的地方供电电网。[③] 小水电有诸多优点：一是可分散开发，就地成网供电，且供电成本较低，是大电网的有益补充；二是有利于改善农村能源结构，减少高碳能源如秸秆薪柴的使用，促进生态环境改善；三是规模小，无须大量水体集中和开发性移民，开发成本低，且投资小、工期短、见效快。

我国在开发小水电过程中也出现了一些问题。如对水电站建设的盲目投资引发的"圈河运动"，造成河流无序开发，区间短流，水质恶化，自然景观被破坏等；个别河流由于未考虑生态用水，过度开发导致局部断流，影响了河流的生态环境。考虑到小水电项目对当地生态环境的影响，

---

① 杨惜春：《论我国风能资源开发利用法律制度》，《可再生能源》2010 年第 2 期。

② 于文轩、杨芸汀：《我国风电产业'弃风'问题的法律应对》，《中共长春市委党校学报》2015 年第 4 期。

③ 参见《国家经济委员会、水利电力部、国家物价局关于小水电电价的几项规定的通知》(1986)。

《可再生能源发展"十三五"规划》要求控制、限制、暂停小水电开发，注重生态保护和修复，仅对西藏、甘肃等贫困地区支持因地制宜、合理规划下的扶贫开发。"十三五"期间，全国规划新开工小水电 500 万千瓦左右。

（四）生物质能

生物质能，是指利用自然界的植物、粪便以及城乡有机废物转化成的能源。根据不同的划分标准和角度，可将生物质能分为不同的种类。依据是否能大规模代替常规化石能源，可将其分为传统生物质能和现代生物质能。传统生物质能主要包括农村的生活用能，如秸秆、薪柴、畜禽粪便等；现代生物质能是指可以大规模应用的生物质能，主要包括现代林业产生的废弃物、甘蔗渣和城市固体废物等。依据原料来源的不同，可将适合于能源利用的生物质分为农业资源、林业资源、城市有机垃圾和工业有机废弃物、畜禽粪便及水生植物五大类。[①] 生物质能具有可再生、低碳低污染、总量丰富等方面的优点。

在我国历史上，生物质能曾经是最主要的能源来源。[②] 如今，我国沼气利用技术较为成熟，在政府政策的大力推动下，已形成规模市场和产业，为农村人口提供了优质的生活燃料。在利用生物质发电方面，我国已经基本掌握了农林废弃物发电、城市垃圾发电等技术。在生物液体燃料方面，以玉米等陈化粮为原料的燃料乙醇已达到规模化应用，以微藻和浮萍为原料制备生物液体燃料的关键技术也都有了突破。

第二节　可再生能源法制现状

一　可再生能源法制的主要内容

在低碳经济背景下，为提高能源利用效率，改善能源消费结构，实现能源安全和环境安全，我国逐渐形成了可再生能源法律体系和一些较为行之有效的法律制度，为推动可再生能源产业的发展发挥了重要作用。《可再生能源法》（2005 年通过、2009 年修订）就资源调查与发展规划、产

---

① 周凤翱等：《生物质能政策与法律问题研究》，上海科学技术出版社 2013 年版，第 6 页。

② ［美］马立博：《中国环境史：从史前到现代》，关永强、高丽洁译，中国人民大学出版社 2015 年版，第 447 页。

业指导与技术支持、推广与应用、价格管理与费用补偿、经济激励与监督措施、法律责任等方面做出了规定。与可再生能源相关的其他法律包括《海岛保护法》（2009）、《循环经济促进法》（2008）、《节约能源法》（1997 年制定，2007 年修订）、《农业法》（1993 年制定，2012 年最新修订）、《水法》（1988 年制定，2002 年修订）、《大气污染防治法》（1987年制定，2016 年最新修订）、《电力法》（1995 年制定，2015 年最新修订）等。《可再生能源法》实施以来，国务院及其各部委陆续发布了与之配套的政策规定，如《可再生能源发电有关管理规定》（2006）、《可再生能源发电价格和费用分摊管理试行办法》（2006）、《可再生能源电价附加收入调配暂行办法》（2007）、《可再生能源产业发展指导目录》（2005）、《电网企业全额收购可再生能源电量监管办法》（2007）、《可再生能源发展专项资金管理暂行办法》（2015）等。基于这些立法，目前的主要法律制度包括总量目标制度、规划制度、全额保障性收购制度、分类电价制度、费用分摊制度、发展基金制度和财税支持制度。

（一）总量目标制度

总量目标制度要求在总的能源消费或电力消费中必须有规定比例的能源或电力来自可再生能源。[①] 国家将可再生能源的开发利用列为能源发展的优先领域，通过制定可再生能源开发利用总量目标和采取相应措施，推动可再生能源市场的建立和发展。国务院能源主管部门根据全国能源需求与可再生能源资源实际状况，制定全国可再生能源开发利用中长期总量目标。在此基础上，同时考虑各省、自治区、直辖市经济发展与可再生能源资源实际状况，国务院能源主管部门会同省、自治区、直辖市人民政府确定各行政区域可再生能源开发利用中长期目标。[②]

根据国家发展改革委 2016 年发布的《可再生能源发展"十三五"规划》，"十三五"期间，我国可再生能源总量指标为：到 2020 年，全部可再生能源年利用量 7.3 亿吨标准煤。其中，商品化可再生能源利用量 5.8亿吨标准煤。全部可再生能源发电装机 6.8 亿千瓦，发电量 1.9 万亿千瓦时，占全部发电量的 27%。各类可再生能源供热和民用燃料总计约替代

---

① 李俊峰、王仲颖：《中华人民共和国可再生能源法解读》，化学工业出版社 2005 年版，第 16 页。

② 《可再生能源法》第 4、7 条。

化石能源 1.5 亿吨标准煤。①

（二）规划制度

国务院能源主管部门会同国务院有关部门，根据全国可再生能源开发利用中长期总量目标和可再生能源技术发展状况，编制全国可再生能源开发利用规划，报国务院批准后实施。国务院有关部门应当制定有利于促进全国可再生能源开发利用中长期总量目标实现的相关规划。编制可再生能源开发利用规划，应当遵循因地制宜、统筹兼顾、合理布局、有序发展的原则，对风能、太阳能、水能、生物质能、地热能、海洋能等可再生能源的开发利用做出统筹安排。规划内容应当包括发展目标、主要任务、区域布局、重点项目、实施进度、配套电网建设、服务体系和保障措施等。组织编制机关应当征求有关单位、专家和公众的意见，进行科学论证。②

（三）全额保障性收购制度

全额保障性收购制度，是指电网企业有义务对电网覆盖范围内符合并网技术标准的可再生能源发电企业生产的电力优先调度，并全额予以收购的一整套措施。由于可再生能源供应的电量存在着间歇性和不稳定性的特点，电网企业通常从安全、效益的角度出发，天然地排斥可再生能源电力入网。全额保障性收购制度有助于缓解"上网难"问题，进一步减少电力供应商投资风险、降低可再生能源项目交易成本、缩短项目准入时间、提高项目融资的信誉度等，对于发展可再生能源市场和产业将起到重要作用。

《可再生能源法》规定，国家实行可再生能源发电全额保障性收购制度。国务院能源主管部门会同国家电力监管机构和国务院财政部门，按照全国可再生能源开发利用规划，确定在规划期内应当达到的可再生能源发电量占全部发电量的比重，制定电网企业优先调度和全额收购可再生能源发电的具体办法，并由国务院能源主管部门会同国家电力监管机构在年度中督促落实。电网企业应当与按照可再生能源开发利用规划建设，依法取得行政许可或者报送备案的可再生能源发电企业签订并网协议，全额收购其电网覆盖范围内符合并网技术标准的可再生能源并网发电项目的上网电量。发电企业有义务配合电网企业保障电网安全。电网企业应当加强电网

---

① 参见《可再生能源发展"十三五"规划》第三部分"发展目标"。

② 《可再生能源法》第 7、8 条。

建设，扩大可再生能源电力配置范围，发展和应用智能电网、储能等技术，完善电网运行管理，提高吸纳可再生能源电力的能力，为可再生能源发电提供上网服务。[①]

（四）分类电价制度

分类电价制度，是指根据不同技术种类可再生能源发电的特点，按照有利于可再生能源开发利用和经济合理的原则，在某一时期内分门别类地制定相应的上网电价或招标电价的制度。[②] 完善的分类电价制度，能够使市场主体在不同地区、不同时段，开发利用不同可再生能源的投资回报大体相同。[③]

在我国，分类电价制度主要内容是：实行陆上风电、光伏发电上网标杆电价[④]随发展规模逐步降低的价格政策。为使投资预期明确，陆上风电一并确定 2016 年和 2018 年标杆电价；光伏发电先确定 2016 年标杆电价，2017 年以后的价格另行制定。陆上风电、光伏发电上网电价在当地燃煤机组标杆上网电价（含脱硫、脱硝、除尘）以内的部分，由当地省级电网结算；高出部分通过国家可再生能源发展基金予以补贴；[⑤] 对非招标的海上风电项目，区分潮间带风电和近海风电两种类型确定上网电价。国家鼓励通过特许权招标等市场竞争方式确定海上风电项目开发业主和上网电价。通过特许权招标确定业主的海上风电项目，其上网电价按照中标价格执行，但不得高于以上规定的同类项目上网电价水平。[⑥] 对农林生物质发电项目实行标杆上网电价政策。未采用招标确定投资人的新建农林生物质发电项目，统一执行标杆上网电价。通过招标确定投资人的，上网电价按中标确定的价格执行，但不得高于全国农林生物质发电标杆上网电价。[⑦]

[①] 《可再生能源法》第 14 条。

[②] 李俊峰、王仲颖：《中华人民共和国可再生能源法解读》，化学工业出版社 2005 年版，第 31 页。

[③] 毛如柏、安建：《中华人民共和国可再生能源法释义》，法律出版社 2005 年版，第 83 页。

[④] 标杆电价，即在经营期电价的基础上，对新建发电项目实行按区域或省平均成本统一定价的电价政策。

[⑤] 参见《国家发展改革委关于完善陆上风电光伏发电上网标杆电价政策的通知》。

[⑥] 参见《国家发展改革委关于海上风电上网电价政策的通知》。

[⑦] 参见《国家发展改革委关于完善农林生物质发电价格政策的通知》。

海洋能发电和地热能发电等按照合理成本加利润原则，实行政府按项目定价。[①]

（五）费用分摊制度

费用分摊制度要求电力消费者相对公平地承担发展可再生能源产生的额外费用。[②] 全额保障性收购制度和分类电价制度解决了可再生能源发电企业的电力销售和投资回报问题，而费用分摊制度则解决电网企业收购带来的高费用支出问题。基于该制度，电网企业依照上网电价收购可再生能源电量所发生的费用，高于按照常规能源发电平均上网电价计算所发生费用之间的差额，附加在销售电价中分摊。电网企业为收购可再生能源电量而支付的合理的接网费用以及其他合理的相关费用，可以计入电网企业输电成本，并从销售电价中回收。[③] 资金来源于全体终端用户电价的小额附加，由各省级电网企业按照国务院价格主管部门统一核定的标准代为征收。[④] 我国专门制定了《可再生能源发电价格和费用分摊管理试行办法》，以细化这一制度。

（六）发展基金制度

可再生能源发展基金，是指由国务院财政部门依法设立的，用于支持可再生能源开发利用的资金，基金的资金来源包括国家财政年度安排的专项资金和依法征收的可再生能源电价附加收入等。可再生能源发展基金用于支持以下事项：可再生能源开发利用的科学技术研究、标准制定和示范工程；农村、牧区的可再生能源利用项目；偏远地区和海岛可再生能源独立电力系统建设；可再生能源的资源勘查、评价和相关信息系统建设；促进可再生能源开发利用设备的本地化生产。[⑤] 可再生能源电价附加收入则主要用于补贴电网企业收购可再生能源电量所发生的费用高于按照常规能源发电平均上网电价计算所发生费用之间的差额、电网企业执行当地分类

---

① 参见《可再生能源发电价格和费用分摊管理试行办法》。

② 李俊峰、王仲颖：《中华人民共和国可再生能源法解读》，化学工业出版社 2005 年版，第 21 页。

③ 《可再生能源法》第 20、21 条。

④ 《可再生能源发展基金征收使用管理暂行办法》第 8 条。根据财政部 2016 年《关于提高可再生能源发展基金征收标准等有关问题的通知》，目前我国可再生能源电价附加征收标准为 1.9 分/千瓦时。

⑤ 《可再生能源法》第 24 条。

销售电价合理的运行和管理费用超出销售电价的差额、电网企业为收购可再生能源电量而支付的合理的接网费用以及其他合理的相关费用。[①]

（七）财税支持制度

财税支持制度主要包括税收优惠和贷款支持两方面。一方面，通过降低税率、加速折旧、投资抵免等措施，吸引更多企业投资可再生能源领域；[②] 另一方面，通过开征新税种、提高税率、取消税收优惠等措施提高非可再生能源的生产价格，促进可再生能源产品的生产、供给与消费。其中，增值税和所得税是影响我国可再生能源产业投资成本、运营收入和利润发展的关键。自 2009 年起，我国将生产型增值税转为消费型增值税，这对资金密集型的可再生能源产业发展起到了很大的促进作用。[③]

贷款支持是指对可再生能源项目提供的信贷优惠和财政贴息等。目前针对农村的能源专项贴息贷款主要用于大中型沼气工程、太阳能利用和风力发电技术的推广应用等领域。此外，还通过村或乡政府为用户提供信贷担保的方式推广农村新型太阳能发电系统。[④] 全球环境基金、世界银行等组织以及丹麦等国家通过贷款投资我国可再生能源项目；我国对于国内可再生能源公司的海外并购活动也提供贷款支持。[⑤]

二　可再生能源法制面临的挑战

现行可再生能源法律制度为推动可再生能源产业的健康发展提供了重要基础，但在可再生能源配额制度、价格机制、财政支持、电网建设等方面仍存在亟待解决的问题。

其一，可再生能源配额制度。可再生能源配额制度（Renewable Portfolios Standards，RPS）于 20 世纪 90 年代由美国国家环境保护署（U. S. EPA）首次提出，是指以法律形式对可再生能源发电在电力供应中

---

① 《可再生能源发展基金征收使用管理暂行办法》第 14—18 条。

② 王书生、赵浩君：《可再生能源发展的税收激励政策探》，《华北电力大学学报》2007 年第 2 期。

③ 栗宝卿：《促进可再生能源发展的财财税政策研究》，中国税务出版社 2010 年版，第 97 页。

④ 参见《国家能源局、国务院扶贫办关于印发实施光伏扶贫工程工作方案的通知》《关于实施光伏发电扶贫工作的意见》等文件。

⑤ 华北电力大学高教所编：《新能源与可再生能源发展动态汇编》，2009 年第 12 期。

所占份额进行强制性规定的一整套措施。① 该制度有三个基本特征：法律上的强制性；规定一定时期内可再生能源须满足的百分比目标；实施机制是通过自建可再生能源发电设备、从外部处购买可再生能源电力、在绿色电力市场购买可再生能源证书这三种方式履行配额义务。② 实现可再生能源配额制度的一项重要的政策工具是可再生能源证书（Renewable Energy Certificate，REC）制度，亦称"绿色电力证书制度"，即配额义务主体通过交易可再生能源证书的形式完成配额义务的措施。③ 配额制度需要与总量目标制度配合实施。《可再生能源发展"十三五"规划》也对配额制度做出了一些规定，但该制度至今未能在我国全面实行。2016 年国家能源局发布的《关于建立可再生能源开发利用目标引导制度的指导意见》规定了 2020 年各省、自治区、直辖市行政区域全社会用电量中非水电可再生能源电力消纳量比重指标。需要看到的是，我国目前电力体制市场化程度较低，以绿色证书认证和交易为配套的可再生能源配额制的完善尚需时日。④

其二，价格机制。在价格方面，存在执行力低、不合实际、欠缺灵活性等问题。以风电价格为例，根据《国家发展改革委关于海上风电上网电价政策的通知》，非招标的海上风电项目，区分潮间带风电和近海风电两种类型确定上网电价。2017 年以前（不含 2017 年）投运的近海风电项目上网电价为每千瓦时 0.85 元（含税），潮间带风电项目上网电价为每千瓦时 0.75 元。通过特许权招标确定业主的海上风电项目，其上网电价按照中标价格执行，但不得高于以上规定的同类项目上网电价水平。根据《国家发展改革委关于完善陆上风电光伏发电上网标杆电价政策的通知》，陆上风电价格在 0.47—0.6 元/千瓦时。这相对于目前全国平均 0.36 元/千瓦时左右的煤电上网标杆价格而言，依旧很高。⑤

---

① 李艳芳、岳小花：《美国可再生能源配额制及其启示——基于德克萨斯的经验分析》，《清华法治论衡》2010 年第 1 期。

② Lincoln L. Davies，"Incentivizing Renewable Energy Deployment：Renewable Portfolio Standards and Feed-In Tariffs"，*KLRI Journal of Law and Legislation*，Vol. 1，2011.

③ 在此，1 REC 代表 1 兆瓦由可再生能源发出的电力。

④ 李艳芳、张牧君：《论我国可再生能源配额制的建立——以落实我国〈可再生能源法〉的规定为视角》，《政治与法律》2011 年第 11 期。

⑤ 参见《国家发展改革委关于降低燃煤发电上网电价和一般工商业用电价格的通知》和《国家发展改革委关于完善陆上风电光伏发电上网标杆电价政策的通知》。

其三，财政支持。目前的可再生能源发展专项资金重点支持范围是可再生能源和新能源重点关键技术示范推广和产业化示范、可再生能源和新能源规模化开发利用及能力建设、可再生能源和新能源公共平台建设，以及可再生能源、新能源等综合应用示范。[1] 在实践中，往往实力较强的企业才可能获得发展专项资金的支持。另一方面，可再生能源电价附加资金补助对象主要由财政部、国家发展改革委、国家能源局基于可再生能源电价附加资金补助目录确定，但目前财政补贴的主要对象是风电，太阳能发电项目资助较少，且受益对象主要为大型国有企业。[2]

其四，电网建设。我国风力、太阳能资源的地理分布与现有的电力负载不匹配，远离用电负荷中心，电网建设滞后，制约了可再生能源资源的灵活运用。以风电为例，虽然《可再生能源法》就可再生能源电力入网做出要求，但"弃风"现象仍然严重。2016 年，弃风较为严重的地区有甘肃（弃风率43%）、新疆（弃风率38%）、吉林（弃风率30%）和内蒙古（弃风率21%）。[3] 另外，尽管我国正在积极建设智能电网，但新技术研发（如可再生能源发电出力预测技术、大容量输电技术、智能用电互动技术、系统控制及调度运行技术、储能技术等）、[4] 安全保障、技术标准、盈利模式等方面存在的问题需要长时间的研发、探索和解决。

第三节　可再生能源法制的完善

完善可再生能源法制，应着重健全法律体系，完善可再生能源配额制度，健全能源价格机制，优化经济激励机制，完善全额保障性收购制度，加强电网规划与建设管理。

---

① 《可再生能源发展专项资金管理暂行办法》第 8 条。

② 参见《关于公布可再生能源电价附加资金补助目录（第五批）的通知》，http://jjs. mof. cn/zhengwuxinxi/tongzhigonggao/201409/t20140905_ 1136451. html，最后访问时间 2014 年 9 月 22 日。

③ 参见《2016 年风电并网运行情况》，http://www. nea. gov. cn/2017-01/26/c_ 136014615. htm，最后访问时间 2017 年 12 月 1 日。

④ 参见《可再生能源与电网发展相关情况》，http://www. chinapower. com. cn/informationzxbg/20160907/52708. html，最后访问时间 2017 年 12 月 1 日。

一　健全法律体系

要健全可再生能源法律体系，首先应进一步完善《可再生能源法》，加强对监管机制、评估机制、考核机制的完善，对重要的管理制度做出明确规定。其次是健全专项立法，针对不同的可再生能源类别、开发利用技术特点和条件以及地域禀赋等资源的个性特征，制订可再生能源专门领域立法，[1] 并在进一步立法中着重规定投资补贴制度，完善可再生能源配额制度，明确一定条件下的价格和财税激励措施，鼓励可再生能源技术发展。最后是完善配套规章，特别是《可再生能源法》授权国务院制订的可再生能源发展基金征收使用管理的具体办法、电网企业优先调度和全额收购可再生能源发电的具体办法、可再生能源产业发展项目税收优惠办法应尽快制定。

二　完善配额制度

配额制度对于促进可再生能源产业发展具有积极的作用，其实施机制一般是自建可再生能源发电设备，或者从外部购买可再生能源电力，或者在绿色电力市场购买可再生能源证书。[2] 为此，要完善配额制度，一方面，应鼓励自建可再生能源发电设备。考虑到我国可再生能源的资源和技术开发潜力，我国可再生能源配额制度实施初期可以优先发展 25 兆瓦以下的小水电、风能、太阳能、地热能、生物质能和潮汐能发电。[3] 另一方面，应完善绿色证书交易制度。绿色证书制度是配额制度的重要辅助制度，有助于促进市场交易与政府调控的有机结合。进一步制度设计应着重完善交易流程：可再生能源发电商向主管部门提出颁发证书的申请，主管部门审核后，发电商到主管机关登记注册，获得交易账户；注册后的发电

---

①　肖国兴、叶荣泗主编：《中国能源法研究报告 2009》，法律出版社 2010 年版，第 66 页。

②　Lincoln L. Davies, "Incentivizing Renewable Energy Deployment：Renewable Portfolio Standards and Feed-In Tariffs", *KLRI Journal of Law and Legislation*, Vol. 1, 2011.

③　关于是否将水力发电纳入可再生能源，学界存在争议。水能是清洁、低碳、可再生的能源，但大水电开发往往对水电站附近的生态环境造成较大影响，而小水电对环境的影响较小，且有着较大的社会效益，所以一般将一定规模（如 25 兆瓦以内）的小水电纳入可再生能源的范畴。参见李艳芳、张牧君《论我国可再生能源配额制的建立——以落实我国〈可再生能源法〉的规定为视角》，《政治与法律》2011 年第 11 期。

商根据上个月或者上个季度的发电量，获得相应的绿色证书；无法完成配额义务的主体向证书持有者购买可再生能源证书，双方完成交易后到主管机关登记；义务主体定期向监管机构报告其履行配额义务以及购买和持有可再生能源证书的情况，监管机构依法履行监管职责。[①] 此外，对于配额制度的履行情况，也应加强监督和考核。

三　健全价格机制

健全可再生能源价格机制，一方面应完善绿色电价制度，即促进和支持用户自愿为可再生能源电力支付较高的电价的措施。[②] 上海市实施绿色电价制度的经验表明，健全的绿色电价机制不能仅靠消费者的自觉行动，而应综合运用行政、法律、经济等手段。一方面，应注重对绿色电力商品的包装设计与绿色价格、绿色渠道[③]、绿色促销[④]等方面的规制。可进行绿色电力认证并赋予绿色认证标志[⑤]，再加上独特的包装设计，以便于电力公司宣传及用户辨认；畅通绿色电力购买渠道，以促进绿色电力营销；定期向社会公布绿色电力用户名单，吸引消费者注意，增加绿色电力的市场认购量。另一方面，应落实公众参与，通过政府、社会组织、消费者和企业的共同努力，拓宽绿色电力市场，为深化需求侧管理工作注入新的内容。[⑥]

另一方面，应灵活调整定价机制。就风电价格而言，可根据发电成本、技术水平、发电时数、设备容量、市场潜力情况，细化并网标杆电价，鼓励更多的中小型企业和微型用户进入风电行业。对于列入国家规划的海上大型风电场项目实行招标定价的，改变以上网电价最低的投标人作

---

① 李艳芳等：《新能源与可再生能源法律与政策研究》，经济科学出版社 2015 年版，第 412—413 页。

② 张正敏、李京京、李俊峰：《美国可再生能源政策》，《中国能源》1999 年第 6 期。

③ 张瑞、高阳：《上海市绿色电力营销策略研究》，《电力需求侧管理》2007 年第 4 期。

④ 以多样化的形式满足并影响消费者的绿色需求和购买行为，如建立绿色赠渠道、购买绿色装机产品、向购买绿色电力用户授予荣誉证书、奖牌或绿色电力标志等。参见付蓉《国外绿色电价项目及对我国的借鉴意义》，《中国能源》2011 年第 10 期。

⑤ 即通过为产品和服务建立一个符合国际标准的国家绿色生态环境标签制度，确保企业能够对其生产的产品的提供可靠的质量保证，并提高消费者和制造商就绿色环保产品和服务的认可度。See Khairul Naim Adham, Chamhuri Siwar, "Empirical Investigation of Government Green Procurement (GGP) Practices in Malaysia", *OIDA International Journal of Sustainable Development*, Vol. 4, No. 4, 2012.

⑥ 张瑞、高阳：《上海市绿色电力营销策略研究》，《电力需求侧管理》2007 年第 4 期。

为中标人的做法，降低价格因素所占比重，重视项目投资的技术方案、设计方案和运营方案等其他非价格因素，并通过签订按照中标价格订立的固定期限合同予以落实。[①]

四 优化激励机制

首先，完善补贴制度。通过适当提高可再生能源电价附加征收标准、征收污染税或污染费等特定环境税费等途径，为可再生能源的发展提供持续可靠的资金保障，并就资金的补贴对象、范围、标准、管理、时限等做出规定，完善可再生能源财政补贴制度。但从长远来看，可再生能源平价上网是大势所趋。

其次，落实税收优惠。对于企业所得税，进行生产税收抵免，设置免税期间和免税率；[②] 增加亏损弥补年限，同时实行加速折旧；设置投资抵免等。对于流转税，降低增值税税率，对可再生电力项目实行与小水电相同的6%的税率；免除可再生能源设备进口关税和进口环节增值税等。对于个人所得税，对于个人投资可再生能源高新技术产业的暂免征税，对于个人生产和消费的，给予适当比例的费用税前扣除。[③] 此外还可采取一些灵活措施，如对国内已经能够生产且设备技术较为成熟的整机进口适度征收关税等。[④]

最后，加强知识产权保护。新能源技术知识产权已经成为国际新能源战略博弈的焦点。我国是新能源技术的应用大国，同时也是新能源技术和产品的出口大国和进口大国。应继续提高新能源知识产权保护水平，提高专利授权条件或标准，扩大专利保护范围，提高专利审查科学性和公正性，降低专利申请费用和维持费用等收费水平，同时完善我国专利信息传播机制。[⑤] 此外，亦有学者注意到新能源专利联盟的双刃剑效应，主张通

[①] 牟迈：《江苏海上风电特许权项目开标：上网电价背后的玄机》，《风能》2010 年第 8 期。

[②] Merrill Jones Barradale, *Impact of Policy Uncertainty on Renewable Energy Investment*: *Wind Power and PTC*, 2008, p. 5.

[③] 栗宝卿：《促进可再生能源发展的财税政策研究》，中国税务出版社 2010 年版，第 283 页。

[④] 杨泽伟：《发达国家新能源法律与政策研究》，武汉大学出版社 2011 年版，第 192 页。

[⑤] 夏先良：《新能源技术转让需要强健的知识产权保护》，《中国能源》2012 年第 10 期。

过反垄断豁免发挥其创新正效应，同时基于专利强制许可避免竞争负效应。[1]

五　完善全额保障性收购制度

全额保障性收购制度虽然有助于缓解我国可再生能源发电"上网难"的问题，但落实效果却差强人意。为此，首先应尽快出台全额保障性收购制度的配套性实施办法，细化并网技术性标准、保障标准及其调整方法、电网企业的配额等内容。其次，应加强全额保障性收购制度实施监管的力度，督促电网企业和风电企业相互配合，建立统一的数据信息平台，实现信息公开和共享，从而促进双方合作，也便于监管部门对全额收购制度执行情况进行有效监督，从而促使电网企业切实履行风电上网的收购义务。最后，可根据风电发展的不同阶段和特点调整政策和法律规制的侧重点，逐步完善全额保障性收购制度。

六　加强电网管理

可再生能源产业的健康发展需要与之配套的电网条件。[2] 因此，应做好可再生能源发展规划和电网建设规划之间的衔接，及时筹集充足的电网建设补偿资金，强化电网调度控制及运行技术，通过建设以信息化、自动化、互动化为特征的智能电网，推进并网接入，解决可再生能源并网运行和调度管理等问题，显著提高大规模波动性电源和整个电力系统的运行控制能力，实现对可再生能源的灵活接入、传输、消纳和调节等。为此，一方面，应尽快建设适应可再生电力能源的集中与分布式相结合的新型智能电网；另一方面，应建立统一完整的智能电网规范和标准体系以及电网综合知识支撑体系，[3] 因地制宜，有效解决可再生能源发电上网问题。

---

[1]　张忠民：《新能源专利联盟的法律规制》，《科技进步与对策》2016 年第 8 期。

[2]　以风电为例，对于风能的长远发展而言，电网设施的建设远比提高风力发电机设计重要。See Andrea Larson and Stephen Keach, *Wind Power*, 2008, p. 16.

[3]　张文亮、刘壮志、王明俊、杨旭升：《智能电网的研究进展及发展趋势》，《电网技术》2009 年第 13 期。

第六章

面向低碳经济的电力法制

最好的生活是建立在创造活动的基础上。

——［英］伯特兰·罗素

电是亚原子粒子之间产生排斥力和吸引力的一种属性，是物质的基本属性。电能，即电荷及电荷运动所具有的能量，在实践中有时简称为"电"。[①]在二次能源中，目前利用最为普遍的是电能。2016 年，全国绝对发电量为 61424.9 亿千瓦时，同比增长 5.6%，其中火电发电量为 44370.7 亿千瓦时，同比增长 3.6%，水电发电量为 11933.7 亿千瓦时，同比增长 5.6%，核电发电量为 2132.9 亿千瓦时，同比增长 24.9%。[②] 2017 年 1—9 月，全国绝对发电量 46891 亿千瓦时，同比增长 6.4%。[③] 我国目前的电力管理法律制度在实践中发挥了积极作用，但也存在一些亟待解决的问题。进一步立法应更加关注市场机制、电价机制、直接交易制度、电力许可制度的完善，使其更加适应低碳经济发展的内在需求。

第一节　我国电力法制现状

一　电力法律体系

我国目前形成了以《电力法》为核心、以配套行政法规和行政规章

---

① 王庆一主编：《能源词典》（第 2 版），中国石化出版社 2005 年版，第 316 页。

② 参见《2016 年国民经济与社会发展统计公报》，http：//www.stats.gov.cn/tjsj/zxfb/201702/t20170228_ 1467424.html，最后访问时间 2017 年 8 月 30 日。

③ 参见《前三季度国民经济稳中向好态势持续发展》，http：//www.stats.gov.cn/tjsj/zxfb/201710/t20171019_ 1543751.html，最后访问时间 2017 年 10 月 30 日。

为重点、以相关规范性文件和电力行业标准为补充的电力法律框架体系，内容主要涵盖电力建设、电力生产与电网管理、电力供应与使用、电价与电费、农村电力建设和农业用电、发电与电力设施保护、电力监管、标准化管理、反窃电及其相关法律责任、电力争议处理等方面。

《电力法》对电力建设、电力生产与电网管理、电力供应与使用、电价与电费、农村电力建设和农业用电、电力设施保护、监督检查、法律责任等基本问题做出了规定。同时，还有一些关于电力方面的法律规范规定于其他法律之中。《合同法》专章规定了供用电合同制度，对供、用电人的权利义务做出了规定。《刑法》关于"破坏电力设备罪"的规定，为发电机组、电网等电力设施的正常运行提供了刑法保障。《可再生能源法》中关于鼓励和支持可再生能源发电、用电的规定，为绿色电力的发展提供了重要的法律保障。此外，与节约用电相关的立法为《节约能源法》，与环境保护相关的立法为《环境保护法》《环境影响评价法》《清洁生产促进法》等。①

同时，国务院陆续出台了一些行政法规，相关部门也制定了一系列电力监管方面的行政规章。

表 6-1　　　　　　　　　　现行主要电力立法

类别	主要立法
电力供应与使用	《进网作业电工管理办法》（1992 年），《用电检查管理办法》（1996 年），《居民用户家用电器损坏处理办法》（1996 年），《供电营业规则》（1996 年），《供用电监督管理办法》（1996 年制定，2011 年部分修改），《电力供应与使用条例》（1996 年制定，2016 年最新修订），《供电营业区划分及管理办法》（1996 年），《电力市场运营基本规则》（2005 年），《电力供需及电煤供应监测预警管理办法》（2008 年），《供电监管办法》（2009 年）
电网运行与调度	《电网调度管理条例》（1993 年制定，2011 年最新修订），《电网调度管理条例实施办法》（1994 年），《电网运行规则（试行）》（2006 年）
电力设施保护	《电力设施保护条例》（1987 年制定，2011 年最新修订），《电力设施保护条例实施细则》（1999 年制定，2011 年部分修改）
市场准入	《承装（修、试）电力设施许可证管理办法》（2004 年制定，2009 年最新修订，2015 年部分修改），《电力业务许可证管理规定》（2005 年制定，2015 年部分修改），《电力市场技术支持系统功能规范》（2003 年制定，试行）

---

① 黄振中、赵秋雁、谭柏平：《中国能源法学》，法律出版社 2009 年版，第 272 页。

续表

类别	主要立法
电价规制与电力监管	《电力监管条例》（2005 年），《上网电价管理暂行办法》（2005 年），《输配电价管理暂行办法》（2005 年），《销售电价管理暂行办法》（2005 年），《电力市场监管办法》（2005 年），《电力监管信息公开办法》（2005 年），《电力监管机构行政处罚程序规定》（2006 年），《电力监管执法证管理办法》（2006 年），《电力监管机构举报处理规定》（2006 年），《电力监管机构投诉处理规定》（2006 年），《电力监管机构现场检查规定》（2006 年），《电力可靠性监督管理办法》（2007 年），《电力监管报告编制发布规定》（2007 年），《跨区域输电价格审核暂行规定》（2007 年）
电力事故处理	《电力生产事故调查暂行规定》（2004 年），《电力安全事故应急处置和调查处理条例》（2011 年）
电力争议解决	《电力并网互联争议处理规定》（2006 年），《电力争议纠纷调解规定》（2011 年）

　　国务院及其组成部门也出台了大量关于电力监管的规范性文件，内容涉及电力体制改革、电力市场建设、电价管理、电力监管、煤电关系等方面。这些规范性文件在推进电力体制改革方面起到了积极作用。此外，我国还制定了诸多电力行业标准。截至 2016 年 12 月，有效的电力标准共有 2700 条，其中电力国家标准 430 条，电力行业标准 2277 条，强制电力标准 24 条，推荐电力标准 2253 条。[①] 这些电力标准涵盖了传统电力建设生产运行方面的规划、勘测、设计、施工安装、试验、检验、运行、维护等领域，同时还向特高压、智能电网、绿色能源等领域拓展。[②]

二　电力法制现状

　　电力监管制度、电力规划制度、电业权制度、电力业务许可证制度、电价机制、电力需求侧管理制度、电力设施保护制度、电力信息披露制度，是我国目前最主要的电力法律制度。

　　（一）电力监管制度

　　电力监管，是指电力监管机构依法对电力市场主体的经济活动实施的

　　[①] 《中国电力企业联合会"电力标准查询"》，http：//app. cec. org. cn：154/search. asp，最后访问时间 2017 年 9 月 27 日。

　　[②] 参见《2010 年电力专业标准化技术委员会秘书长工作会议召开》，《电力技术》2008 年第 6 期。

直接或间接的行政干预。① 电力监管制度，是指导、约束和调节电力监管机构、电力企业、电力调度交易机构等组织及其工作人员以及电力用户的行为的规则。② 2003 年，我国成立国家电力监管委员会，赋予其独立的监管职权。2009 年，电力监管委员会发布《供电监管办法》，对电网企业的供电能力、供电质量和安全，以及电价政策和收费标准等做出了明确的监管规定。2013 年 3 月，我国将国家能源局与国家电力监管委员会进行职能整合重组，组建新的国家能源局，仍归国家发展改革委管理，同时国家能源局新增市场监管司③和电力安全监管司④，"国家电力监管委员会"由此成为历史。

　　市场监管司的主要职能是组织拟定电力市场发展规划和区域电力市场设置方案，监管电力市场运行，监管输电、供电和非竞争性发电业务，处理电力市场纠纷，研究提出调整电价建议，监督检查有关电价和各项辅助服务收费标准，研究提出电力普遍服务政策的建议并监督实施，监管油气管网设施的公平开放。电力安全监管司则主要负责组织拟订除核安全外的电力运行安全、电力建设工程施工安全、工程质量安全监督管理办法的政策措施并监督实施，承担电力安全生产监督管理。⑤ 2013 年 10 月发布的《中央编办关于国家能源局派出机构设置的通知》规定，国家能源局在华北、东北、西北、华东、华中、南方设置 6 个区域监管局，在山西、山东、甘肃等 12 个省（自治区）设立监管办公室。区域监管局及省级监管办公室的主要职责是：在所辖区域内监管电力市场运行，规范电力市场秩

① 邵秉仁主编：《电力监管条例释义》，中国电力出版社 2005 年版，第 5 页。

② 同上书，第 8 页。

③ 市场监管司的职责是：组织拟订电力市场发展规划和区域电力市场设置方案，监管电力市场运行，监管输电、供电和非竞争性发电业务，处理电力市场纠纷，研究提出调整电价建议，监督检查有关电价和各项辅助服务收费标准，研究提出电力普遍服务政策的建议并监督实施，监管油气管网设施的公平开放。参见《国家能源局简介》，http：//www. nea. gov. cn/gjnyj/index. htm，最后访问时间 2016 年 7 月 6 日。

④ 电力安全监管司的职责是：组织拟订除核安全外的电力运行安全、电力建设工程施工安全、工程质量安全监督管理办法的政策措施并监督实施，承担电力安全生产监督管理、可靠性管理和电力应急工作，负责水电站大坝的安全监督管理，依法组织或参与电力生产安全事故调查处理。参见《国家能源局简介》，http：//www. nea. gov. cn/gjnyj/index. htm，最后访问时间 2016 年 7 月 6 日。

⑤ 参见《国家能源局简介》，http：//www. nea. gov. cn/gjnyj/index. htm，最后访问时间 2013 年 11 月 8 日。

序；监管电网和油气管网设施的公平开放；监管电力调度交易，监督检查有关电价；实施电力业务许可以及依法设定的其他行政许可和其他事项。

（二）电力规划制度

《电力法》规定，电力发展规划应当根据国民经济和社会发展的需要制定，并纳入国民经济和社会发展计划。电力发展规划应当体现合理利用能源、电源与电网配套发展、提高经济效益和有利于环境保护的原则。城市电网的建设与改造规划，应当纳入城市总体规划。城市人民政府应当按照规划，安排变电设施用地、输电线路走廊和电缆通道。地方人民政府应当根据电力发展规划，因地制宜，采取多种措施开发电源，发展电力建设。[1] 电力建设项目应当符合电力发展规划，符合国家电力产业政策。[2] 省、自治区、直辖市人民政府应当制定农村电气化发展规划，并将其纳入当地电力发展规划及国民经济和社会发展计划。[3]

2016 年 6 月，国家能源局制定了《电力规划管理办法》，规定电力规划主要包括全国电力规划和省级电力规划。全国电力规划由国家能源局负责编制，经国家发展和改革委员会审定后，由国家能源局公开发布（保密内容除外）。省级电力规划由省级能源主管部门负责编制，报国家能源局衔接并达成一致后，由省级人民政府批准并公开发布（保密内容除外）。全国电力规划指导省级电力规划，省级电力规划服从全国电力和能源规划及省级能源发展规划。

（三）电业权制度

电业权，是指电业投资者依法经政府许可，在一定区域内的电业专营权，[4] 具体包括发电权、输电权和配电权。发电权是指在特定区域内进行电力生产及配套设施建设的权利；输电权是指在特定地域建设、管理和维护电网以及输送电力的权利；配电权是指在特定地域向用户供应并销售电力的权利。[5]

---

[1]　《电力法》第 10—12 条。

[2]　《电力法》第 14 条。

[3]　《电力法》第 46 条。

[4]　肖乾刚、肖国兴：《能源法》，法律出版社 1996 年版，第 171 页。

[5]　肖勇、肖刚：《从电业权法律制度看我国的电力体制改革》，《华北电力大学学报》（社会科学版）2004 年第 2 期。

在世界范围内，电业权配置方式主要存在三种模式。一是发电、输电和配电一体化模式，其主要特征为：输电系统由垂直垄断的国家电力公司独家经营，且该输电公司同时拥有垂直垄断的部分发电和配电业务；同时，发电及配电系统允许其他公司适当参与。二是发电与输配电分离模式，即将发电权交由不同的电业权人行使，而将输电权与配电权交由同一电业权人行使，从而形成多家发电公司与一家输配电公司的产业结构。三是发电、输电和配电分离模式，即将三种电业权完全分离，由不同电业权人分别行使，由此形成多家发电、输电及配电公司之间完全竞争的电业市场形态。[①]

2002 年前，我国主要采用第一种模式，即实行国家电网公司发、输、配一体化垄断经营。这一模式限制了电力市场发育，导致了成本高、服务水平低劣、缺乏技术创新等问题。2002 年 3 月，国务院批准《电力体制改革方案》，明确规定在发电行业引入竞争机制，实行"厂网分离"，逐步实现"竞价上网"，由此过渡到上述第二种模式，电力市场交易类型逐渐丰富，如发电权交易、输电权交易、电能交易、辅助服务交易等。为了确保电力市场交易的规范进行，也有不少规章规定相继出台。例如，2008 年《发电权交易监管暂行办法》就发电权的交易做出了规定。

（四）电力业务许可证制度

电力业务许可证制度，是指电力监管机构依法审查并向提出电力经营业务申请的市场主体颁发许可证，并通过变更、撤销许可证等方式进行持续性监管的一整套措施。[②]《电力法》最早规定了我国的电力业务许可证制度。

在发电、输电、供电实行一体化经营的时期，颁发供电营业许可证即可满足对三个环节管理的需要。电力体制改革后，实行厂网分离。2005 年，原电力监管委员会发布了《电力业务许可证管理规定》，将电力业务许可证分为发电、输电、供电三个类别，并明确规定，从事发电业务的，应当取得发电类电力业务许可证；从事输电业务的，应当取得输电类电力业务许可证；从事供电业务的，应当取得供电类电力业务许可证。2009 年修订的《承装（修、试）电力设施许可证管理办法》规定了承装（修、

---

① 裴丽萍、杨名舟：《论中国电力法基本制度的创新——兼论中国电力市场的培育》，《中国法学》1998 年第 5 期。

② 黄振中、赵秋雁、谭柏平：《中国能源法学》，法律出版社 2009 年版，第 288 页。

试）电力设施许可证，将其分为承装类许可证、承修类许可证、承试类许可证三类和一到五种不同的级别。截至 2016 年 6 月，全国颁发发电类许可证（6 兆瓦及以上）达 7873 家，供电类许可证 3009 家，输电类许可证 40 家，承装（修、试）电力设施许可证 17214 家，电力进网作业许可证 2912221 个。[①]

（五）电价机制

电价机制，是指上网电价、输配电价以及销售电价的定价方式或形成机制。电价机制的主要法律依据是 2005 年《上网电价管理暂行办法》《输配电价管理暂行办法》和《销售电价管理暂行办法》等。

1. 上网电价

上网电价，是指发电企业与购电方进行上网电能结算的价格。我国的电力价格形成机制经过了三种定价方式的转变。

还本付息电价。1987 年《关于多种电价实施办法的通知》对还本付息电价做出了规定。根据该通知，上网电价由发电单位成本（按厂供电量计算）、发电单位税金和发电单位利润构成。发电利润按电力项目贷款办法，在规定期限内还清投资本息（含按规定用折旧费还贷部分）和电网发电企业平均的留利水平计算；还清投资本息后，只按电网发电企业平均利润水平计算。还本付息电价调动了社会投资办电的积极性，促进了我国发电领域电力市场的发育，但也造成了成本无约束、市场无竞争、价格无控制的局面。[②]

经营期电价。1998 年，我国开始实施以"经营期电价"取代"还本付息电价"的政策。经营期电价测算方法是在综合考虑电力项目经济寿命周期内各年度的成本和还贷需要的变化情况的基础上，通过计算电力项目每年的现金流量，按照使项目在经济寿命周期内各年度的净现金流量能够满足按项目注册资本金计算的财务内部收益率为条件测算电价。[③]

标杆电价。2004 年，我国开始实施标杆电价政策。标杆电价是指分地区对新建的燃煤电站根据平均造价和平均运行成本不再单独审批电价，而是事先制定并公布统一的上网电价，从 2004 年起投产（含已建未投

---

① 参见《上半年全国电力业务许可证核发情况：涉及火电、风电、水电、核电等》，http：//news. bjx. com. cn/html/20160926/775826. shtml，最后访问时间 2017 年 9 月 27 日。

② 李嘉龙、王炳焱：《上网电价定价方法比较》，《电力技术经济》2006 年第 3 期。

③ 同上。

产）的燃煤机组，无论机组规模、投资方，也无论是进口机组还是国产机组，都统一执行该价格。[1] 标杆电价的执行，不仅为投资者明确了电价水平，也促进了发电企业的公平竞争，为电力市场化改革奠定了基础。

2. 输配电价

输配电价，是指电网经营企业提供接入系统、联网、电能输送和销售服务的价格总称。[2] 输配电价分为共用网络输配电服务价格、专项服务价格和辅助服务价格。其中，共用网络输配电服务价格，是指电网经营企业为接入共用网络的电力用户提供输配电和销售服务的价格，简称"共用网络输配电价"。专项服务价格，是指电网经营企业利用专用设施为特定用户提供服务的价格，分为接入价、专用工程输电价和联网价三类。"接入价"指电网经营企业为发电厂提供接入系统服务的价格。"专用工程输电价"指电网经营企业利用专用工程提供电能输送服务的价格。"联网价"指电网经营企业利用专用联网工程为电网之间提供联网服务的价格。辅助服务价格，是指电力企业提供有偿辅助服务的价格。[3]

根据2005年，《输配电价管理暂行办法》，在电价改革初期，共用网络输配电价由电网平均销售电价（不含代收的政府性基金）扣除平均购电价和输配电损耗后确定，逐步向成本加收益管理方式过渡。[4] 2014年，国家发展改革委发布《关于深圳市开展输配电价改革试点的通知》，以深圳为改革试点，以深圳供电局有限公司的输配电资产和业务为核价基础，按成本加收益的方式，固定电网总收入（总收入等于准许成本、准许收益和税金之和），公布独立的输配电价，标志着向独立的输配电价迈出了第一步。2015年，国家发展改革委与国家能源局联合发布《输配电价定价成本监审办法（试行）》，明确了输配电价成本构成、归集办法以及主要指标核定标准。

3. 销售电价

销售电价，是指电网经营企业对终端用户销售电能的价格。[5] 销售电

① 刘谦、杨选兴、梁欣漾、张海：《对上网电价形成机制的探讨》，《价格理论与实践》2007年第1期。

② 《输配电价管理暂行办法》第2条。

③ 《输配电价管理暂行办法》第7—10条。

④ 《输配电价管理暂行办法》第11条。

⑤ 《销售电价管理暂行办法》第2条。

价由购电成本、输配电损耗、输配电价及政府性基金四部分构成。购电成本，是指电网企业从发电企业（含电网企业所属电厂）或其他电网购入电能所支付的费用及依法缴纳的税金，包括所支付的容量电费、电度电费。输配电损耗，是指电网企业从发电企业（含电网企业所属电厂）或其他电网购入电能后，在输配电过程中发生的正常损耗。输配电价，是指按照《输配电价管理暂行办法》制定的输配电价。政府性基金，是指按照国家有关法律、行政法规规定或经国务院以及国务院授权部门批准，随售电量征收的基金及附加。①

居民生活、农业生产用电，实行单一制电度电价。工商业及其他用户中受电变压器容量在 100 千伏安或用电设备装接容量 100 千瓦及以上的用户，实行两部制电价。受电变压器容量或用电设备装接容量小于 100 千伏安的实行单一电度电价，条件具备的也可实行两部制电价。其中，两部制电价由电度电价和基本电价两部分构成。电度电价是指按用户用电度数计算的电价；基本电价是指按用户用电容量计算的电价。基本电价按变压器容量或按最大需量计费，由用户选择，但在一年之内保持不变。② 销售电价实行峰谷、丰枯和季节电价，具体时段划分及差价依照所在电网的市场供需情况和负荷特性确定。具备条件的地区，销售电价可实行高可靠性电价、可中断负荷电价、节假日电价、分档递增或递减电价等电价形式。③

2011 年 11 月，国家发展改革委发布《关于居民生活用电试行阶梯电价的指导意见的通知》，将单一形式的居民电价改为居民阶梯电价，即按照用户消费的电量分段定价，用电价格随用电量增加呈阶梯状逐级递增的一种电价定价机制，对逐步减少电价交叉补贴、理顺电价关系，引导居民节约用电起到了积极作用。

（六）电力需求侧管理制度

电力需求侧管理（Demand Side Management，DSM），是指为提高电力资源利用效率，改进用电方式，实现科学用电、节约用电、有序用电所开展的相关活动。④ 在电力产业领域实行需求侧管理的主要目标是：减少不合理的电能消耗，提高用户端的用能效率，从而节约电能；减少用户在

① 《销售电价管理暂行办法》第 6 条。

② 《销售电价管理暂行办法》第 10—12 条。

③ 《销售电价管理暂行办法》第 15—16 条。

④ 《电力需求侧管理办法》第 3 条。

电网高峰时段的用电需求，优化电网负荷率，提高电网运行的经济性，减少或者延迟新增的发电装机容量；减少污染物排放，保护和改善环境。[①] 2017 年修订的《电力需求侧管理办法》就电力需求侧管理的具体措施和激励措施做出了规定。

1. 管理措施

根据《电力需求侧管理办法》，电力需求侧管理措施主要包括：①各省级电力运行主管部门会同有关部门和单位组织制定本省、自治区、直辖市电力需求侧管理规划、年度工作目标和实施方案，做好电力需求侧管理资源潜力调查、市场分析等工作。各地区有关部门根据本地区经济发展目标和电力供需特点，将通过需求侧管理节约的电力和电量，作为一种资源纳入电力工业发展规划、能源发展规划和地区经济发展规划，并应定期选择本省、自治区、直辖市电力需求侧管理潜力较大的用户，组织有关单位为其开展电力需求侧管理提供咨询服务，并鼓励节能服务公司积极发挥作用。②各级价格主管部门推动并完善峰谷电价制度，鼓励低谷蓄能，在具备条件的地区实行季节电价、高可靠性电价、可中断负荷电价等电价制度，支持实施电力需求侧管理。③各省级电力运行主管部门会同有关部门和单位制定本省、自治区、直辖市电网企业的年度电力电量节约指标，并加强考核。指标原则上不低于有关电网企业售电营业区内上年售电量的 0.3%、最大用电负荷的 0.3%。各省级电力运行主管部门每年根据电力供需形势和国家有关政策，组织编制本省、自治区、直辖市有序用电方案，经本级人民政府同意后组织实施，并报国家发展和改革委员会备案。④电网企业可通过自行组织实施或购买服务实现，通过实施有序用电减少的电力电量不予计入电力电量节约指标。电网企业应加强对电力用户用电信息的采集、分析，为电力用户实施电力需求侧管理提供技术支撑和信息服务。电网企业应通过电力负荷管理系统开展负荷监测和控制，负荷监测能力达到本地区最大用电负荷的 70% 以上，负荷控制能力达到本地区最大用电负荷的 10% 以上，100 千伏安及以上用户全部纳入负荷管理范围。[②]

2. 激励措施

电力需求侧管理所需资金来源于电价外附加征收的城市公用事业附

---

① 王庆一主编：《能源词典》（第 2 版），中国石化出版社 2005 年版，第 378 页。

② 《电力需求侧管理办法》第 9—14、18、20 条。

加、差别电价收入、其他财政预算安排等。电力需求侧管理资金应主要用于电力负荷管理系统的建设、运行和维护，实施试点、示范和重点项目的补贴，实施有序用电的补贴和有关宣传、培训、评估费用。电网企业开展电力需求侧管理工作合理的支出，可计入供电成本。[1]

（七）电力设施保护制度

电力设施，是指发电设施、变电设施和电力线路及其有关辅助设施的总称。电力设施安全涉及国家的政治安定、经济秩序的稳定、人民生活的提高和公共安全。[2] 从1958年《电力线路防护规程》、1996年《电力供应与使用条例》第三章对供电设施建设与保护做出的规定、1997年《刑法》将"破坏电力设备"纳入危害公共安全罪，1998年《电力设施保护条例》首次修改，1999年《电力设施保护条例实施细则》随之修改，2011年《电力设施保护条例》再次修改，我国电力设施保护法律体系不断发展和完善。[3] 电力设施保护制度的主要内容包括如下方面。

1. 保护范围

电力设施保护范围包括：①发电设施和变电设施。具体包括：发电厂、变电站、换流站、开关站等厂、站内的设施；发电厂、变电站外各种专用的管道（沟）、储灰场、水井、泵站、冷却水塔、油库、堤坝、铁路、道路、桥梁、码头、燃料装卸设施、避雷装置、消防设施及其有关辅助设施；水力发电厂使用的水库、大坝、取水口、引水隧道（含支洞口）、引水渠道、调压井（塔）、露天高压管道、厂房、尾水渠、厂房与大坝间的通信设施及其有关辅助设施。②电力线路设施。具体包括架空电力线路、电力电缆线路以及电力线路上的设备和设施。③电力线路保护区。具体包括架空电力线路保护区和电力电缆线路保护区。[4]

2. 保护措施

县以上地方各级电力管理部门方面应采取以下措施保护电力设施：①在必要的架空电力线路保护区的区界上，应设立标志，并标明保护区的宽度和保护规定；②在架空电力线路导线跨越重要公路和航道的区段，应设立标志，并标明导线距穿越物体之间的安全距离；③地下电缆铺设后，应

---

[1]　《电力需求侧管理办法》第22—24条。

[2]　沈志斌：《新版电力法实例说》，湖南人民出版社2006年版，第119页。

[3]　李珞新、戴四新：《电力法规》，高等教育出版社2006年版，第107—108页。

[4]　《电力设施保护条例》第8—10条。

设立永久性标志，并将地下电缆所在位置书面通知有关部门；④水底电缆铺设后，应设立永久性标志，并将水底电缆所在位置书面通知有关部门。①

其他单位和个人应禁止采取如下方面的行为：①闯入发电厂、变电站内扰乱生产工作秩序；移动损害标志物；危及输水、输油管道的安全运行等危害发电设施、变电设施的行为。②向电力线路射击、抛掷物体、放风筝以及私接电器设备等危害电力线路设施的行为。③在架空电力线路保护区和电力电缆线路保护区内从事可能危及电力线路的行为。④侵占电力设施项目建设土地，涂改损害电力设施建设测量标识等危害电力设施建设的行为。⑤未经批准，收购电力设施器材的行为。②

3. 妨碍处理

电力设施的建设和保护应尽量避免或减少给国家、集体和个人造成的损失。新建架空电力线路不得跨越储存易燃、易爆物品仓库的区域；一般不得跨越房屋，特殊情况需要跨越房屋时，电力建设企业应采取安全措施，并与有关单位达成协议。公用工程、城市绿化和其他工程在新建、改建或扩建中妨碍电力设施时，或电力设施在新建、改建或扩建中妨碍公用工程、城市绿化和其他工程时，双方有关单位须按照国家有关规定协商，就迁移、采取必要的防护措施和补偿等问题达成协议后方可施工。电力管理部门应将经批准的电力设施新建、改建或扩建的规划和计划通知城乡建设规划主管部门，并划定保护区域。城乡建设规划主管部门应将电力设施的新建、改建或扩建的规划和计划纳入城乡建设规划。新建、改建或扩建发电厂、变电所和电力线路设施及其附属设施，需要损害农作物，砍伐树木、竹子或拆迁建筑物及其他设施的，电力建设企业应按照国家有关规定给予一次性补偿。③

（八）电力信息披露制度

电力信息披露制度，是指电力用户、发电企业、电网企业、电力调度交易机构按照法律法规的规定，披露有关电力建设、生产、经营、价格和服务等方面内容的信息，由信息披露主体按照规定的方式，向公众或者一定的特殊主体发布信息。电力信息披露制度的主要内容包括监管信息披

① 《电力设施保护条例》第 11 条。

② 《电力设施保护条例》第 13—19 条。

③ 《电力设施保护条例》第 20—24 条。

露、调度信息披露以及市场主体信息披露。

1. 监管信息披露

根据 2005 年《电力监管信息公开办法》，电力监管信息是指国家电力监管机构①及其派出机构在履行电力监管职责过程中制作、获得或者拥有的文件、数据、图表等。国家电力监管机构负责全国电力监管信息的公开，其派出机构负责辖区内电力监管信息的公开。② 电力监管机构应当公开下列电力监管信息：电力监管机构的设置、职能和联系方式；电力监管的有关法律、行政法规、规章和其他规范性文件；电力监管各项业务的依据、程序、条件、时限和要求；电力监管机构依法履行电力监管职责的情况；其他应当公开的电力监管信息。③ 电力监管机构公开电力监管信息可以采取下列方式：国家电力监管机构门户网站及其子网站；报刊、广播、电视等媒体；新闻发布会；政策法规文件汇编；其他方便获取信息的方式。重大电力监管信息应当通过新闻发言人及时向社会发布。④

2008 年《节能发电调度信息发布办法（试行）》规定，电力监管机构负责发布的信息包括：发电厂辅助服务管理情况，发电厂并网运行管理情况，节能发电调度经济补偿情况。⑤ 同时还规定，电力监管机构应定期向各有关单位通报节能发电调度监管信息，对电力调度机构和电力企业违反规定的行为，电力监管机构可以向社会公布。⑥

2. 调度信息披露

国家经贸委于 2000 年制定《电网调度信息披露暂行办法》，国家电力调度通信中心于 2001 年发布《电网调度信息披露实施细则（暂行）》，就电网调度信息披露的方式、披露的内容、披露的主体等方面做出了规定。国务院办公厅于 2007 年发布《节能发电调度办法（试行）》也规定，节能发电调度的全过程实行信息公开制度，并且各级电力调度机构要按照有关规定及时对全体发电企业和有关部门发布调度信息，定期向社会

---

① 《电力监管信息公开办法》原文为"国家电力监管委员会"。该机构于 2013 年撤销。

② 《电力监管信息公开办法》第 2、3 条。

③ 《电力监管信息公开办法》第 6 条。

④ 《电力监管信息公开办法》第 12 条。

⑤ 《节能发电调度信息发布办法（试行）》第 8 条。

⑥ 《节能发电调度信息发布办法（试行）》第 44 条。

公布发电耗能和电网网损情况，自觉接受监管机构的监督。① 2008 年《节能发电调度信息发布办法（试行）》规定，节能发电调度信息发布方式包括网站、信息发布会、新闻发布会、书面材料、厂网联席会议等，节能发电调度信息发布周期包括年度、季度、月度和日。② 发布的信息主要包括：电网结构情况；发电机组、主要输变电设备年、月检修情况；年、月全网发电量、最大/最小发电负荷、发电利用小时；并网电厂月度实际发电量；电网损耗情况等。③

　　针对大用户"直购电"的信息发布情况，原国家电力监管委员会于 2009 年发布的《电力用户与发电企业直接交易试点基本规则（试行）》规定，电力调度交易机构应披露以下信息：直接交易合同电量、发电机组剔除容量等；由于电网安全约束限制了直接交易的具体输配线线路或输变电设备名称、限制容量、限制依据、该输配电设备上其他用户的使用情况、约束时段等；直接交易电量执行、电量清算、电费结算等情况。④

　　3. 市场主体信息披露

　　2005 年《电力企业信息披露规定》对电力企业与电力调度交易机构以及电力监管机构之间的信息披露做出了详细的规定，确立了上游发电企业对电力调度交易机构的信息披露义务、输电企业对发电企业的信息披露义务、供电企业向用户的信息披露义务等。⑤

　　2009 年《电力用户与发电企业直接交易试点基本规则（试行）》规定，直接的市场交易主体，应根据各自的职责及时披露相关信息，并按照有关规定报送电力监管机构及省级政府有关部门。⑥ 该规则还对各个交易主体的信息披露的内容做出了具体的规定，包括电力用户、发电企业以及电网企业。⑦

　　2014 年《供电企业信息公开实施办法》对供电企业的信息公开做了具体的规定，要求供电企业主动公开与人民群众利益密切相关的信息，包

---

① 《节能发电调度办法（试行）》第 19、20 项。
② 《节能发电调度信息发布办法（试行）》第 13、14 条。
③ 《节能发电调度信息发布办法（试行）》第 9 条。
④ 《电力用户与发电企业直接交易试点基本规则（试行）》第 36 条。
⑤ 《电力企业信息披露规定》第 5—8 条。
⑥ 《电力用户与发电企业直接交易试点基本规则（试行）》第 32 条。
⑦ 《电力用户与发电企业直接交易试点基本规则（试行）》第 33—36 条。

括供电企业基本情况、供电企业办理用电业务的程序及时限、供电企业执行的电价和收费标准、供电质量和电压合格率与供电可靠率情况、停限电有关信息、供电企业供电服务所执行的法律法规以及供电企业制定的涉及用户利益的有关管理制度和技术标准、供电企业供电服务承诺以及投诉电话、用户受电工程相关信息等。同时，电力用户还可以根据自身生产、生活、科研等特殊需要，向供电企业申请获取相关信息。[①]

三　电力法制评价

我国电力法制日趋完备，但同时也应看到，电力监管体制亟待健全，电力规划制度有待改进，电价形成机制不完备，电力需求侧管理激励不足，这些问题影响着我国电力产业的健康发展。

（一）电力监管体制亟待健全

2013 年 3 月国家能源局与原国家电力监管委员会职能整合后，原电力监管委员会的部分职能由国家能源局新增的市场监管司和电力安全监管司行使，由此形成了"政监合一"的电力监管体制。尽管这一制度安排是基于原国家电力监管委员会在实践中发挥作用不力等现实情况进行的，但新的电力监管体制并未从根本上解决之前电力监管中存在的问题。原国家电力监管委员会不享有电力价格的定价权，难以针对电网企业事实上的市场支配地位、地方人民政府设置区域壁垒等问题采取有效措施，虽然力图通过推行大用户"直购电"模式破局，但进展缓慢。在 2013 年之后形成的电力监管体制中，作为电力监管主体的国家能源局仍无法对电价和电力行业的市场准入实施有效管理，不易摆脱原电力监管委员会"监管无效"的困境。

（二）电力规划制度有待改进

我国目前缺乏统一的电力规划。2001 年，我国发布了电力工业"十五"规划。但由于该规划对国家电力需求和产业发展形势预判不准确，导致此间发电量大大超过规划的规定，同时还出现了一批达数千万千瓦的违规项目。"十一五"期间，国家能源局组织编制了"十一五"电力发展规划，但却没有发布。"十二五"期间，我国将电力规划分解为水电、核电、煤电、风电、光伏发电、生物质发电、天然气发电和电网规划，其中

---

① 《供电企业信息公开实施办法》第 6、7 条。

电网规划又分为南网规划、内蒙古电网规划和国网规划，对电力行业的协调发展造成了一定的负面影响。部分地区由于统一的电力规划的缺失，各电源之间以及电源与电网之间缺乏匹配，造成了"弃风"①"弃水"等现象。② 这一现象已引起主管机关的重视。2016 年《电力规划管理办法》要求，全国电力规划和省级电力规划应做到上下衔接、协调统一。

同时，目前的电力规划存在的问题还包括：滚动修编机制不健全；规划研究支撑力量不足，规划研究深度不足；规划对项目审批的指导作用有待于加强；规划后评价和责任追究制度亟待建立。③ 此外，重组后的国家能源局内设电力司、核电司以及市场监管司，均承担拟定火电、电网或者核电的有关发展规划、计划和政策并组织实施的职能，这与国家电网公司的职能发生重叠。

（三）电价形成机制不完备

目前，电价形成机制存在的问题主要包括：上网电价由行政机关确定，尚未形成市场定价机制。虽然 2005 年国家出台了标杆电价政策，按照一定区域或省的平均发电成本事先制定统一上网电价，提高了政府定价的透明度，但仍未完全确定上网电价的市场竞价机制。

在输配电价中，电网主辅、主多分离改革进展缓慢，输配电成本费用不清晰，独立的输配电价形成机制尚未形成。根据《关于推定输配电价改革的实施意见》，目前对输配电价按照"合理成本加准许收益"原则来确定不同电压等级的输配电价，逐步形成根据不同电网结构情况分别定价的机制，以吸引电网投资、缓解电网建设滞后的局面。但长远来看，为了发挥价格激励作用，提高电网经营效率，最佳的方案应是基于绩效的价格上限法和收入上限法来确定输配电价。

在销售电价中，交叉补贴严重，特别是对城乡居民、农业、公用事业等用电的政府性定价偏低，造成电价扭曲，难以很好地体现电力市场供求关系。在销售端尚未建立与电力市场机制相适应的价格调整机制，发电侧竞价上网所形成的价格波动难以有效地传导到用户，使得用户电价不能反映真实的供电成本。虽然目前实施了煤电联动机制来保障上网电价、销售

---

① 于文轩、杨芸汀：《我国风电产业"弃风"问题的法律应对》，《中共长春市委党校学报》2015 年第 4 期。

② 范珊珊：《电力规划缺位 10 年后遗症》，《广西电业》2015 年第 5 期。

③ 张卫东：《加强完善电力规划机制迫在眉睫》，《中国能源报》2013 年 4 月 8 日第 5 版。

电价与煤价的联动，但因价格调整措施滞后，仍然无法从根本上解决"市场煤和计划电"的矛盾。同时，在多次电价调整中，居民生活用电、农业用电等价格均不做调整，导致交叉补贴更加严重。另外，两部制电价适用面窄，基本电价偏低，电度电价偏高，基于电度电价的激励机制作用不明显;[①] 大用户直购电模式[②]经过十几年的试点，依旧进展缓慢，尚未在法律层面明确确立。[③]

（四）需求侧管理激励不足

电网企业是电力需求侧管理的重要实施主体。电网企业会由于实施需求侧管理措施（如分时电价等）而受到一定程度的损失。尽管《电力需求侧管理办法》规定电网企业开展电力需求侧管理工作合理的支出，可计入供电成本,[④] 但仅通过行政补贴的方式不足以激发电网公司实施电力需求侧管理的积极性。另外，对于鼓励电力用户实施电力需求侧管理，《电力需求侧管理办法》仅个别条文中做出规定，在"激励措施"一章中并未提及，这也影响了电力需求侧管理制度的落实。[⑤] 虽然目前对分时电价、峰谷电价、丰枯电价等多有探索并积累了一些经验，但仍未上升为法律规定,[⑥] 也并未全面实施，无法有效引导和激励用户参与需求侧响应。另外，实施需求侧管理需要配套财政补贴或政府性基金支持，但对于该资金的来源则并没有相应法律规范予以保障。

第二节　典型国家电力法制及其经验借鉴

20 世纪 80 年代中期以来，许多国家对电力产业进行了改革，主要着

---

① 两部制电价是我国供电部门对大工业企业实行的电价制度。该制度将电价分成基本电价与电度电价两部。基本电价是按照工业企业的变压器容量或最大需用量作为计算电价的依据，每月固定收取，不以实际耗电数量为转移;电度电价是按用电企业实际耗电度数计算的电价。

② 大用户直购电，是指发电厂和终端购电大用户之间通过直接交易的形式协定购电量和购电价格，委托电网企业将协议电量由发电企业输配至终端购电大用户，并向电网企业支付输配费用。

③ 卢炳根：《直购电尚需加快择点试行》，《中国能源报》2016 年 4 月 11 日第 5 版。

④ 《电力需求侧管理办法》第 24 条。

⑤ 李安平：《浅谈我国电力需求侧管理存在的问题及完善策略》，《科技论坛》2011 年第 10 期。

⑥ 黄少中：《加快推进电价改革的基本构想》，《中国能源报》2013 年 2 月 25 日第 5 版。

力于对电力企业进行改革和重组，打破垄断，引入竞争机制，建立开放有序的电力市场等。通过改革，市场在优化配置资源方面的作用增强，电力企业的经营成本降低，服务质量得到改善，用户电价水平降低，社会普遍受益。

一　美国的电力法制

美国 2005 年《国家能源政策法》中涉及电力管理的部分主要包括"电力"部分、"可再生能源"部分中关于水电的内容、"煤炭"部分中关于清洁电力工程的内容以及"能源政策方面的税收激励措施"中有关电力基础设施的内容。"电力"部分就电力可靠性标准、输电基础设施的现代化、输电作业改进、输电效率、市场透明度与消费者保护等内容做出了规定。[①] 在"可再生能源"部分，该法就水电开发的替代措施、激励措施、提升水电效率、小型水力发电等内容做出了规定。[②] 在"煤炭"部分，该法就煤炭—可再生能源一体化系统、煤气化等内容做出了规定。[③] 在"能源政策方面的税收激励措施"部分，该法就可再生电力生产抵扣、可再生能源债券、电力合作社收入处理、输电重组政策、核电设施生产激励、清洁煤设施投资激励等内容做出了规定。[④]

1935 年，美国通过《联邦电力法》第二部分，授权联邦政府进行州际电力交易的监管。联邦电力委员会负责州际电力批发价格的制定，而州内的电力零售业务由州一级机构监管。1935 年《公用事业控股公司法》将电力服务权授予地方性电力公司。州政府对电力零售交易进行监管，限制其他电力公司的发电业务进入那些已经授权给由某个公共电力公司提供电力服务的特许区。依照 1936 年《农村电气化法》，美国成立农村电气化管理委员会，联邦政府采取补贴的方式鼓励向农村提供电力服务，为向农村地区和人口小于 2500 人的城镇提供电力服务的项目提供贷款。1978 年《公用事业管制政策法》试图通过节能和提高效率来保障国家能源安全，明确规定联邦能源管理委员会负有确定电力价格的责任。1986 年《电力消费者保护法》规定了对水力发电项目重新颁发许可证的程序和时

---

① 美国《国家能源政策法》第十二编"电力"。
② 美国《国家能源政策法》第二编第三章"水电"。
③ 美国《国家能源政策法》第四编第二章"清洁电力工程"。
④ 美国《国家能源政策法》第十三编第一章"电力基础设施"。

限，同时规定在实施过程中要引入竞争。[①] 1990 年《洁净空气修正法案》要求所有公用事业公司电厂的发电机组必须取得排放许可证，以减少二氧化硫的排放量。2007 年，美国修改《清洁空气法》，设"电力能源生产排污削减量"专章，为美国电厂设定了在 2010 年前的各主要污染物（包括二氧化硫、氮氧化物、二氧化碳和汞）年度国内排放量，要求电厂限期达到目标，允许电厂使用排污权交易等替代手段达到目标。[②]

为促进能源产量的提高和新技术商业化，美国实行税收补贴和税收奖励措施。1978 年《能源税法》对 6 种能源投资提供 10% 的税收减免，其中太阳能和风力发电是最主要受益者。1980 年，美国扩大能源税收减免范围至生物质能、地热、海洋热流及其他可再生能源资源发电。但在 80 年代中期的税收改革中，这些优惠政策未能继续施行。1992 年《国家能源政策法》对太阳能、地热发电工程的投资执行 10% 税收减免的政策，对 1994—1999 年投产的风力发电和生物质能发电工程免征 10 年产品税。[③]

2009 年 6 月，美国通过《清洁能源与安全法》，旨在创造清洁能源就业机会，实现能源独立，减轻全球变暖，并向清洁能源经济过渡。[④] 该法对发展智能电网、输电方案、联邦可再生能源电力采购等方面做出了具体规定，要求零售配电商通过可再生能源发电和提高能效，满足部分电力增长需求，使其在 2012 年占总发电量的 6%，2020 年提高到 20%。[⑤]

二 英国的电力法制

英国 1957 年《电力法》规定，由中央电力局（CEGB）统管英格兰和威尔士的发电、输电和配电，其特点是集中、统一、垄断和国有。这一电力体制对推进当时英国电力产业快速增长起到了重要作用，但是也造成

[①] 叶荣泗、吴钟瑚主编：《中国能源法律体系研究》，中国电力出版社 2006 年版，第 154 页。

[②] 李庆保：《电力法的绿化研究——兼论美国清洁电力立法对我国的借鉴意义》，《法制与社会》2010 年第 10 期。

[③] 参见《美国电力工业主要立法、管制及其影响》，http://www.shp.com.cn/shp/ckjl/zctt/webinfo/2002/04/1290493208997377.htm，最后访问时间 2012 年 2 月 18 日。

[④] 于文轩：《美国能源安全立法及其对我国的借鉴意义》，《中国政法大学学报》2011 年第 6 期。

[⑤] The American Clean Energy and Security Act of 2009, Sec. 103.

了电力企业效益低下、国家电力企业负债过多、电价居高不下、电力企业经营困难等问题。

1982 年，英国通过《电力照明法》，允许中央政府铺设电力电缆。1983 年，撒切尔政府颁布电力法令，旨在鼓励独立发电商发展，消除对非公用事业发电商的壁垒，允许独立发电商进入国家电网。1988 年《电力私营化法案》规定了具体措施：将现有 12 家区域配电局改组为 12 家民营的区域配电公司；国家输电网络仍维持垄断格局；结束中央电力局（GEGB）对现有发电市场的独占权。由此，英国拉开了电力市场化改革的序幕。1989 年《电力法》落实了这些规定，为电力产业重组和民营化提供了法律依据。

1990 年，英国开始电力体制改革，将原来发电、输电、配电统一经营的中央电力局分成三部分：在发电领域，建立了独立经营的国家电力国际公司（NP）、国家发电公司（PG）、国家核电公司（NE）和一些独立的私人发电企业（IP）；在输电领域，建立了国家电网公司（NGC）（1995 年 12 月私有化），主要是掌握输电网和调度中心，并控制与法国、苏格兰的互联工程及两个抽水蓄能电站；在配电领域，组建了 12 个地区性独立经营的电力（配电）公司（REC）（1990 年 12 月私有化），部分地区性公司也具备发电能力；在一些地区还存在一些独立（私营）的供电公司，直接从事售电业务。在这一体制下，国家电网公司的职能主要包括：维持电网稳定经济地运行，发展电网，促进发电环节和供电环节的竞争；电网向各发电公司、配电公司及直联大用户开放，各发电公司均可利用电网出售电力，并付给国家电网公司电网连接费和电网使用费；配电公司和直接大用户也可利用电网向自己选择的发电单位购入电力。由此，英国形成了发电、输电和售电非纵向一体化的市场结构，为电力产业的公平竞争和建立有效的电力市场提供了条件。[①]

英国的电力主管部门是国家工业与贸易局（DTI），其主要职能包括：制定国家电力产业发展规划、法规及政策；执行监督；保障核电及安全。其他与电力行业管理相关的机构还有垄断与兼并委员会、公平交易办公室等，其中对电力监管最具影响的机构是电力管制办公室（OFFER）。OFFER 是政府针对电力行业管理和市场竞争设立的部门，实施电力行业

---

① 晋自力、陈松伟：《英国电力市场化改革的启示》，《经营与管理》2010 年第 1 期。

管理及内部关系协调。1998 年，OFFER 与燃气管制部门合并为天然气与电力市场办公室（OFGEM），进一步强化了电力监管。OFGEM 独立于贸易与产业部，对议会负责，旨在促进竞争、管制垄断。OFGEM 的主要监管手段之一是电力许可证制度。基于该制度，OFGEM 按照各个许可证持有者的实际情况，将《电力法》的条文具体化。许可证由 OFGEM 组织专家和法律工作者编写，许可证持有者必须在规定的时间内向 OFGEM 报送实施细则。[①]

2011 年 7 月，英国发布了《规划我们的电力未来：关于发展安全、价格适宜和低碳电力的白皮书》，其中规定了吸引投资、减少对消费者电费支出负担的影响以及创造多种电力来源组合等关键措施。白皮书的关键内容包括：执行碳最低保证价（Carbon Floor Price）计划，减少投资者的顾虑，保证碳的价格公允合理，更有力地激励投资者投资于低碳发电；实行新的长期合同，实施上网电价，签订差价合同，为投资者投资各种低碳发电形式提供稳定的财务激励；明确排放绩效标准（Emissions Performance Standard，EPS），规定 450 克二氧化碳/千瓦时的排放标准，强调新燃煤发电站必须采用碳捕获与封存技术，同时确保短期投资可以用于天然气发电站；建立实施能力机制（Capacity Mechanism），包括满足需求的能力以及发电的能力。[②]

三　德国的电力法制

1935 年，德国制定《能源经济法》。彼时，德国的电力市场几乎没有竞争，大型电网公司同时负责发电、管理和运营供电电网。该法的目的是确保尽可能安全和廉价地组织能源供应，并授权有关部门负责能源的监管、市场准入、退出和投资控制。[③]

随着全球范围内放松管制潮流的兴起，德国能源工业的高度垄断状况越发不适应能源市场发展的要求。在欧盟关于电子（包括电力）和天然

---

① 刘戒骄、魏景柱：《英国电力产业的放松管制与竞争机制的引入》，《首都经济贸易大学学报》2002 年第 4 期。

② 参见《英国电力市场白皮书 2011》，http：//www.jsjnw.org/news/12203587-1.html，最后访问时间 2012 年 2 月 16 日。

③ GesetzzurForderung der Energiewirtschaft——Energiewirtschaftsgesetz（EnWG）of 13 Dezember in 1935. BGBI，part，1，S. 1451.

气在欧盟内部市场自由化的指令（1996/92/EG 号指令）以及德国国内能源从业者的双重压力下，德国于 1998 年修订了《能源经济法》，将"保障提供最安全的、价格最优惠的和与环境相和谐的能源"作为立法目的，且这三者之间具有同等重要性。新法实行非歧视原则，保障每个用户不受歧视地使用能源网络。更为重要的是，新法打破了传统的能源工业垄断结构，引入了竞争机制，具体措施包括：①打破地域供电界限，允许任何符合条件并获得政府有关部门经营许可的公司经营供电业务。只有在不符合必要的技术、经济条件的情况下，供电的许可才会被拒绝；②对所有用户开放能源市场，任何用户均可重新选择自己的供电商；③电力公司必须将发电、输电和配电业务分开，输电在经营管理上也必须与公司的其他业务分离开来。① 同时，该法还规定了电网向第三方开放接入的各项事务，如电网接入谈判、第三方接入的义务、发输配电财务的独立核算、联网与供电义务以及对东德褐煤产地工业和煤电联产的特殊保护条款，由此启动了德国的电力市场化改革。

为实施欧盟在 2003 年发布的关于加快欧盟能源市场开放的指令（2003/54/EG 和 2003/55/EG 号指令），德国于 2005 年对《能源经济法》再次修改，提出安全、廉价、环保、用户友好、高效是能源行业的五个同等重要的目标，进一步要求调度与电网拆分，形成独立的系统运营者。该法提出在 2007 年 7 月达到向所有用户开放市场的目标。该法详细规定了联邦和州各级监管机构的职责，如网络监管事务、批准输电费、监察与报告义务、反垄断监管以避免竞争部门滥用市场力等。同时，该法也规定了进一步拆分电网公司的措施，如联网用户大于 10 万个的公司必须进行组织和公司法意义上的拆分，拆分体现在职能、信息系统、财务系统、公司独立纳税等各方面，并规定须在 2007 年 1 月份全部完成。②

2009 年，德国修订《可再生能源法》。修订后的法律主要包括总则、接入与输电配电、优惠措施、补偿机制、法律和规章程序、透明度、监管力量、实验报告和过渡性条文以及附件等章节。该法取消了对发电设施规模的限制，普遍地适用于德国境内所有利用可再生能源发电的发电设施，但在优惠措施和补偿计划中按电力来源及发电规模的不同规定了不同的优

---

①　杜群、陈海嵩：《德国能源立法和法律制度借鉴》，《国际观察》2009 年第 4 期。

②　李瑞庆、魏学好：《德国电力市场化改革的启示》，《华东电力》2007 年第 1 期。

惠政策，体现了国家扶持的导向性。[①] 该法确立的可再生能源电力优先全
额收购、分类递减电价、电力电价平衡分摊、特殊行业可再生能源电力使
用限额、信息公开和新技术特别奖励等可再生能源电力促进制度，促进了
德国可再生能源电力的发展。[②]

　　受日本福岛核电站事故影响，[③] 德国于 2011 年决定彻底放弃发展核
能，加大对可再生能源发展的投入。德国的能源供应主要来源于火力发
电，另有近 1/4 电力来自核能，可再生能源提供的电力占总电力供应量的
17%左右。而为应对气候变化，德国承诺在未来的几年里减少 40%的二氧
化碳排放量。在放弃核电、同时又不能提高火电比例的情况下，大力发展
可再生能源是唯一的出路。[④]

四　日本的电力法制

　　20 世纪 90 年代，日本电价水平高于多数欧美国家。由于其他一些传
统垄断行业的垄断相继被打破，通过引入竞争降低了服务价格，日本开始
讨论如何在电力产业引入竞争机制。

　　1995 年，日本首次修改 1964 年《电力事业法》，放开发电侧市场，
引入独立发电商（IPP），同时在电力批发市场引入竞价机制。1999 年，
日本再次修改《电力事业法》，在电力零售侧引入部分自由化机制，并调
整了电价制度。2003 年，日本第三次修改《电力事业法》，修改的主要内
容包括：输电系统仍然保持垄断，但建立了电网针对不同电力供应商的调
度机制，以保障电网对电网用户的公平与公开；重视环保问题，并基于此
对全国的电力交易与配售机制进行重新审视；在保持原有管制电力公司垂
直垄断的基础上，创造促进电力开发的环境，如鼓励开发核电、建立电力

---

　　① 蒋懿：《德国可再生能源法对我国立法的启示》，《时代法学》2009 年第 6 期。

　　② 杜群、廖建凯：《德国与英国可再生能源法之比较及对我国的借鉴意义》，《法学评论》
2011 年第 6 期。

　　③ 除该事故外，日本核电站也曾发生其他方面的问题。2015 年 5 月 18 日日本《朝日新闻》
第一版报道，川崎市两栋廉租房发生火灾，死亡 11 人，死者均为依靠低保的孤老人员。参见陈
卫平《日本的核电劳工》，《读书》2016 年第 8 期。

　　④ 参见《德国刚立新可再生能源法，德国人民却大谈可再生能源的弊端》，http：//guang-
fu. bjx. com. cn/news/20110705/293051. shtml，最后访问时间 2012 年 2 月 19 日。

批发交易中心等。①

　　日本在新能源发电方面也制定了一些立法，具有代表性的是 1997 年制定、2002 年修订的《促进新能源利用等的特别措施法》。根据该法，日本面向电力企业实施具有一定强制性质的可再生能源配额制度，其内容主要包括：①配额的义务主体。配额的义务主体包括传统电力公司（一般电气事业者）、特定电气事业者与特定规模电气事业者（PPS）。②新能源利用的范围，包括太阳能发电、风力发电、太阳热利用、温度差能源、废弃物发电、废弃物热利用、废弃物燃料制造、清洁能源汽车、天然气发电所获得的热量、燃料电池发电、动植物的有机物发电、动植物的有机物热利用、动植物的有机物燃料制造以及利用冰或雪为热源发电等。②③新能源电能利用目标值的设定。经济产业省大臣根据"综合资源能源调查会"的意见，每 4 年确定未来 8 年全国范围内的新能源利用目标值。④配额的设定。供电企业于每年 6 月 1 日之前，根据经济产业省行政法规的规定和事先确定的"年度新能源电能利用目标率"，计算当年 4 月 1 日至次年 3 月 31 日间的配额量，并上报经济产业省。经济产业省确定该企业配额标准时需要考虑的因素包括该电力企业前一年度的供电量、下一年度新能源利用目标值、引入新能源发电所需的发电设备的普及情况及其他情况。⑤完成配额的途径。供电商完成配额，既可以自行通过新能源发电完成配额任务，也可以向其他配额义务主体购买绿色电能配额。③

五　域外经验的借鉴意义

　　由典型国家的实践可见，健全的市场监管体系，完善的电价形成机制，以及大力发展绿色电能，是现阶段可供我国借鉴的经验。

（一）健全的市场监管体系

　　国外的电力监管机构的职权较为清晰明确，往往由专门的政府机构行使相关职能。如英国的天然气与电力市场办公室（OFGEM）、法国的能源

---

　　①　栾凤奎、贾俊国、韩英豪、周文瑜、曾鸣：《日本电力工业改革及其对我国电力市场建设的借鉴》，《华东电力》2006 年第 9 期。

　　②　水力发电、地热发电、研究开发阶段的波力发电、海洋温度差发电未被视为"新能源"。参见罗丽《日本能源政策动向及能源法研究》，《法学论坛》2007 年第 1 期。

　　③　王峰峰：《日本新能源推进机制建设的最新动向及启示》，《能源技术经济》2010 年第 4 期。

监管委员会等。综观一些国家的电力监管部门的职责，可发现一些共性内容，如：颁发和管理电力业务许可证，规范电力企业行为；推进电力市场化改革，监管市场运行，维护公平竞争；电力行政执法，监督电力法律法规的执行；电价监管；调解纠纷和争议，查处电力市场违规行为；发布用电需求预测、电源点选择、环境保护要求等公共信息；保护电力消费者权益；等等。[①]

独立于行政机关的中立监管机构和行业自律组织，在市场监管中也发挥重要作用。例如，日本的电力系统利用协会（ESCJ）被政府指定为日本唯一的"输配电等业务支援机构"，即中立监管机构。ESCJ 由中立者（主要是教授、学者）、一般电力公司、[②] 特定规模电力企业（Power Producer and Supplier, PPS）[③]、电力批发公司、自备电厂等组成会员，主要开展 5 个方面的工作：制定电网扩建计划、电网运营及阻塞管理等方面的指导性规则；处理输配电业务方面的纠纷和投诉；跨区联络线的剩余容量管理、阻塞管理；公布联络线剩余容量、潮流、故障等信息；制定并发布日本全国的电力供求状况和电力可靠性评价报告书。[④] 自 2004 年成立以来，ESCJ 在日本电力市场化改革的进程中发挥了重要作用，推进了公平、透明的输配电市场的建立。

（二）完善的电价形成机制

在美国，输电网络存在管制，发电和售电等环节完全放开市场，电力用户可以在各发电公司之间自由选择。这样，虽然一般居民的议价能力不强，但工业用户都纷纷转向竞争性的供电企业。在德国，则实行输配电网垄断经营、发电侧与售电侧自由竞争的格局。[⑤] 在法国，所有类型的电价构成均包括基本电价；此外，法国还鼓励用户在低负荷期用电，避免由于

---

① 叶荣泗、吴钟瑚主编：《中国能源法律体系研究》，中国电力出版社 2006 年版，第 158 页。

② 一般电力公司（一般電気事業者），是指满足一般需求，向家庭、工厂等零售电的公司，与"特定电力公司"和电力批发公司相对。

③ 特定规模电力企业从事电力零售业务，与电力公司竞争，争取终端客户。特定规模电力企业主要是拥有自备电厂的钢铁企业、石化企业等大型企业，其电源筹措有少量自供，主要来自外购。此类企业无自己的电网，因此需要利用电力公司的电网向自由化用户供电。参见刘继鹏《大船掉头：电改十八年反思与展望》，东方出版社 2015 年版，第 141—144 页。

④ 阙光辉：《日本电力市场化改革最新进展及启示》，《电力技术经济》2007 年第 3 期。

⑤ 石娟、刘珍：《电价形成机制的国际经验及启示》，《学术论坛》2015 年第 5 期。

超负荷和高峰段而负担高电价。① 在日本，法律允许电力公司分地区垄断经营，但电价制定要依法进行，经政府批准并公布实施；电力公司依用电条件制定电价，按照用户用电电压高低和用电时间、季节，以不同电价的方式分摊不同的费用。②

概言之，英美国家重视市场竞争和需求侧参与，价格透明度较高。法国电价构成以容量和分季节用电量为主，有利于电网安全调度，限制高峰负荷和节约电网备用容量。日本电价构成以电量为主，有利于居民生活用电和节能，对高耗能产业亦有一定限制作用。③ 有学者认为，竞争性电力市场可以提供更强的降低成本激励，促使电力提供者更快地采取各种降低成本的措施，包括节约人力的措施、更加有效的整修措施、以更低的成本建设新的发电设施以及更明智的投资选择等。④

（三）发展绿色电能

为发展低碳经济，越来越多的国家致力于新能源的开发和利用，实行促进绿色电能发展的价格、财政补贴、税收激励、金融激励等方面的措施。日本实行绿色配额制度和针对新能源的税收优惠、低息融资和政府补贴等措施，同时民众自发建立了绿色电力基金，实行绿色电能认购。此外日本还推出了绿色电能批发交易机制，在日本电力批发交易所（JEPX）开展绿色电能交易；实行了面向太阳能剩余电力的"固定价格收购制度"。⑤ 在德国，公共电网运营商必须购买可再生能源电力并支付优惠价格；电网运营商有义务将其电网与可再生能源发电装置连接起来，并优先购买这些装置所发电力、依法向电力供应者支付价款；同时，电网运营商在购电并支付价款时，还应优先购买可再生能源所发电力。⑥

---

① 《国外电价政策及对我国的启示》，http：//www. nea. gov. cn/2012 - 02/10/c _ 131402513. htm，最后访问时间 2016 年 7 月 12 日。

② 赵曙春：《国外电价政策借鉴》，《电力系统自动化》2000 年第 16 期。

③ 《国外电价政策及对我国的启示》，http：//www. nea. gov. cn/2012 - 02/10/c _ 131402513. htm，最后访问时间 2016 年 7 月 12 日。

④ Steven Stoft, *Power Sysmen Economics*: *Designning Markets for Electricity*, IEEE Press, 2011, p. 12.

⑤ 王峰峰：《日本新能源推进机制建设的最新动向及启示》，《能源技术经济》2010 年第 4 期。

⑥ 陈海君：《德国的可再生能源法及其借鉴意义》，《环境科学与管理》2006 年第 1 期。

第三节　我国电力法制的完善

在明确我国电力法制现存问题的基础上，应吸收典型国家电力法制建设的有益经验，着重改进电力监管体制，完善电力规划制度，推进电价机制改革，优化直接交易制度，加强需求侧管理。

一　改进电力监管体制

首先，理顺电力监管机构与宏观调控部门的关系。在现国家能源局框架下，可扩展原电力监管职能至油气、煤炭、新能源等领域。国家能源局应重点关注宏观战略规划制定与施行，以及能源政策与立法的制定工作。地方可以保留原电力监管委员会派出机构，并进一步将其监管范围扩大至上述领域。[①]

其次，厘清电力监管机构与其他部门的关系。例如，《环境保护法》将电力项目的环境影响评价、电力企业排放标准的制定、电力企业排污情况的监管纳入环境保护部门的职责范围，但《电力法》和《电力监管条例》并未对此做出规定，这导致核准电价、行使经济性监管职能时，环境成本往往被忽视。再如，《安全生产法》将电力行业的安全生产监督管理职责授予地方安全生产监督管理部门，但《电力监管条例》则规定电力监管机构具体负责电力安全监督管理工作，[②] 国家能源局也设置了电力安全监管司负责电力安全监管。此类法律规定和机构设置方面的冲突需要进一步理顺。

二　完善电力规划制度

电力规划要尊重市场规律，改进需求预测方法，创新规划思路，重视资源和环境约束。[③] 完善电力规划制度，首先是明确规划主体。国家发展改革委、国家能源局和各级地方政府的能源电力主管部门是电力规划管理的责任主体。电力主营企业、电力辅助企业、电力行业协会和电力消费者等均应参与电力规划的制定和落实。其次是细化规划流程。电力规划的研

[①] 林伯强：《"政监合一"的大能源监管》，《中国能源报》2013 年 9 月 9 日第 4 版。

[②] 《电力监管条例》第 19 条。

[③] 吴钟瑚：《电力规划思路与制度创新》，《中国发展观察》2009 年第 7 期。

究、编制、发布、滚动、后评价等环节均应由专门的规范予以细化和保障。最后是健全协调机制。此外，应特别加强电力规划与国民经济社会发展规划、能源规划、相关专业规划、城乡建设规划、省级及省级以下规划以及上下游行业规划之间的协调。①

特别地，为解决"弃风"问题，应合理规划风电建设项目，并协调其与电网项目之间的关系。应根据国家可再生能源开发利用的原则和目标，综合各地风电出力及消纳情况，结合我国经济发展和社会需求，科学制定风电和电网的建设方案，并严格按照规划审批核准风电项目。唯有如此，方可有效地从根源上减轻"弃风"现象。2013 年，国家发展改革委将企业投资风电站项目核准的审批权力下放到了地方政府投资主管部门。项目审批权的下放，可以促使地方政府结合本区域实际情况对风电项目进行审批，"弃风率"高的地区可以放缓进度，而需电量大的地区则可以加快建设，从而在源头上有效防止地方风电项目盲目建设。在制定总量目标时，应在全面考虑风能资源的现状与特点、风电出力所在区域的实际情况的基础上，做出科学合理的预期，以避免因目标本身不合理而对风电产业的健康有序发展造成的负面影响。②

三 健全电力价格机制

《国民经济和社会发展第十三个五年规划纲要》要求"全面放开竞争性领域商品和服务价格，放开电力、石油、天然气等领域竞争性环节价格"。③ 电价改革的方向是逐步放开上网电价和销售电价，而由政府核定输配电价。

在上网电价方面，目前的标杆电价为形成公平合理的竞价上网创造了条件。④ 但标杆电价仍然是政府定价。上网电价的改革方向是全面引入竞争，价格由供需各方竞争形成，即从政府定价过渡到全面市场定价。为

---

① 张卫东：《加强完善电力规划机制迫在眉睫》，《中国能源报》2013 年 4 月 8 日第 5 版。
② 从技术上讲，也有观点认为，调度运行数据的透明化，有助于诊断和解决弃风问题。参见张树伟《调度运行数据透明化是诊断"弃风"的基础》，http://www.cnenergy.org/xny_183/fd/201608/t20160803_348345.html，最后访问时间 2016 年 8 月 3 日。
③ 《国民经济和社会发展第十三个五年规划纲要》第 13 章，http://finance.ifeng.com/a/20160317/14275496_0.shtml，最后访问日期 2017 年 10 月 11 日。
④ 张钦：《有关我国电价改革的几点探讨》，《能源技术经济》2011 年第 2 期。

此，应推进电力市场建设，制定和完善电力市场运行规则，培育和规范发电市场主体。另外，上网电价中应体现环境成本，针对火力发电、水力发电和可再生能源发电等不同情况做出不同的上网电价政策，如根据火电机组的脱硫脱硝设施建设情况进行上网电价的补贴，将水电开发的生态补偿、移民安置的成本计入上网电价等。在此特别需要关注的是煤电联动机制。只有理顺电价机制，才能解决煤电倒挂引起的电厂亏损和企业倒挂问题。在目前上网电价由政府定价的情况下，煤电联营或煤电一体化经营或许为缓解发电企业发电压力的有效途径。

在输配电价方面，需核定不同地区、不同电压等级输配电价格，为此就需要出台和完善输配电成本监审、价格管理的相关规定。在以"准许成本加合理收益"为原则核定输配电价格之后，可适时考虑引入基于绩效的价格上限法或收入上限法，以激励电网企业降低成本、提高效率。需要特别关注的是，"输配分离"是电价改革乃至电力体制改革的关键性一步。只有在输配分离的情况下，才能打破电网作为单一购买方的现状，形成购电方和发电方的自由选择，有利于公开、透明的定价机制的形成。我国目前已实现了"厂网分开"，但输电网仍由配电公司管理，在很大程度上影响了电价改革。[①]

在销售电价方面，应当对居民用电逐渐推行阶梯式电价，激励其节约用电，并适当降低工商业用电价格。对居民用户和工商业用户，应拉大不同电压等级之间的价差。由于交叉补贴内在包含了一定程度的普遍服务义务，因此目前不宜完全取消，而应将隐藏的交叉补贴变为直接的基金补贴给特定的用户群体。对于两部制销售电价，应逐步扩大其适用范围，提高基本电价在销售电价中的比重。

四 优化直接交易制度

原电力监管委员会于 2004 年发布《电力用户向发电企业直接购电试点暂行办法》以来，大用户直购电模式开始发展并试点，2009 年工业和信息化部发布《关于工业企业参与大用户直购电试点有关问题的通知》，规定参与大用户直购电试点企业应具备 7 项条件，其中包括行业准入条件和符合《产业结构调整指导目录》等国家产业政策要求。2013 年 8 月，

---

① 《商务周刊》编辑部：《遥遥无期的输配分离》，《商务周刊》2010 年第 5 期。

《国家能源局综合司关于当前开展电力用户与发电企业直接交易有关事项的通知》要求继续推进电力用户与发电企业直接交易并加强后续监管，规范直接交易行为，取消对电力直接交易试点工作的行政审批，完善电力直接交易的市场准入条件（参与直接交易的电力用户不仅应当符合《产业结构调整指导目录》，还应当环保达标），实行差别化准入政策，促进产业布局优化，并且逐级开放用户，且不得通过行政手段强制指定直接交易对象、电量和电价。在此基础上，应进一步放宽市场主体准入条件，推动信息公开和信息披露。

一方面，放宽市场主体准入条件。根据 2009 年《关于完善电力用户与发电企业直接交易试点工作有关问题的通知》的规定，市场准入主体是指"具有法人资格、财务独立核算、信用良好、能够独立承担民事责任的经济实体"，主要包括"用电电压等级 110 千伏（66 千伏）及以上、符合国家产业政策的大型工业用户"和"2004 年及以后新投产、符合国家基本建设审批程序并取得发电业务许可证的火力发电企业（含核电）和水力发电企业"，2015 年《关于进一步深化电力体制改革的若干意见》对于完善市场化交易机制也做出了相应规定，按接入电压等级、能耗水平、排放水平、产业政策以及区域差别化政策等确定并公布可参与直接交易的发电企业、售电主体和用户准入标准。按电压等级分期分批放开用户参与直接交易。引导市场主体开展多方直接交易。有序探索对符合准入标准的发电企业、售电主体和用户赋予选择权，确定交易对象、电量和价格，按国家规定的输配电价向电网企业支付相应的过网费，直接洽谈合同，实现多方直接交易，短期和即时交易通过调度和交易机构实现，为工商企业等各类用户提供更加经济、优质的电力保障，这些举措都有利于优化电力配置市场。随着电力用户与发电企业直接交易制度的逐步完善和健全，应当逐步放宽市场准入主体。在制定统一的参与交易政策和交易规则之后，公平对待所有符合条件的企业。

另一方面，推动信息公开和信息披露。在 2013 年 8 月《国家能源局综合司关于当前开展电力用户与发电企业直接交易有关事项的通知》中，决定"对电力直接交易试点工作，国家有关部门不再进行行政审批"。对此，很大程度上减轻了准入主体审批的困难性，但是与之相对应的是如何来衡量市场主体的准入资格。为了避免政府部门通过行政手段强制指定直接交易的对象，应对所有符合条件的主体实行统一的标准和政策，相关的信息公开和信息披露需要及时并公开透明化。因此，对准入主体的名单公开和其他信息的透明化需要制定相关的规则和制度。

第四节 民用核能法制

一 民用核能及其立法概述

核能，即原子能，是指通过核聚变、裂变或放射性衰变所释放出的能量。20 世纪 50 年代以来，世界上大多数国家和国际组织都致力于限制军用核能，推进民用核能特别是核电产业的发展。民用核能具有能量巨大、易于运输和储存、稳定、清洁环保等特点，但同时也存在核辐射、核泄漏、核废料污染等问题。截至 2016 年 8 月，我国在运核电机组 34 台，仅次于美国、法国和俄罗斯，位居世界第四位；在建核电机组 20 台，居世界首位。

受 1979 年美国三里岛核电站泄漏事故、① 1986 年苏联切尔诺贝利核电站泄漏事故、② 2011 年日本福岛核电站泄漏事故等影响，核安全问题始终受到全球范围的广泛关注。早在 1954 年第一座核电站建成并投入使用之后，第九届联合国大会就决定设立一个专门致力于和平利用原子能的国际机构。1956 年，《国际原子能机构规约》获得通过并于次年生效。国际原子能机构（International Atomic Energy Agency，IAEA）致力于协调和发展国际核安全，在国际核安全法的发展过程中起了重要的作用。③ 1986 年《核事故或辐射紧急援助公约》是国际原子能机构推动制定的一项国际公约，旨在进一步加强安全发展和利用核能方面的国际合作，在发生核事故或辐射紧急情况时迅速提供援助，以尽量减少其后果。1988 年通过的《及早通报核事故公约》旨在进一步加强核能使用的安全和利用核能技术方面的国际合作，通过在缔约国之间尽早提供有关核事故的情报，以使可

---

① ［美］威廉·P. 坎宁安主编：《美国环境百科全书》，张坤民译，湖南科学技术出版社 2003 年版，第 629—630 页。

② 同上书，第 106—108 页。

③ 国际原子能机构是一个同联合国建立关系，并由世界各国政府在原子能领域进行科学技术合作的机构。总部设在奥地利的维也纳。截至 2016 年 2 月，该机构有 168 个成员国。参见 https：//www.iaea.org/about/governance/list-of-member-states，最后访问时间 2017 年 10 月 15 日。

能超越国界的辐射后果减少到最低限度。1987 年生效的《核材料实物保护公约》是民用核材料实物保护领域中唯一的国际法文件。公约的主要目标是保护用于和平目的的核材料的运输，将受保护的核材料分为三类。第二类和第三类核材料的运输必须有特别的警戒措施，尤其是对运输转移的时间、地点和程序做了严格规定。第一类核材料的运输需要在押运人的不断监视下进行，且需要确保与适当的反应队伍的密切联系。公约生效后在 2005 年进行了修订。1994 年通过的《核安全公约》（Convention on Nuclear Safety）旨在提高核设施安全，以保护人员、社会和环境免受核事故危害。公约规定，各缔约国有义务在本国的法律框架内，采取必要的立法、监督、行政措施及其他步骤，保证核安全。公约规定了缔约国的义务、缔约方会议的职能、纠纷的解决等内容。我国是该公约的缔约国。在核损害赔偿方面，国际社会制定了 1963 年《关于核损害的民事责任的维也纳公约》和 1997 年《核损害补充赔偿公约》。

20 世纪 80 年代以来，我国相继颁布了《民用核设施安全监督管理条例》等法规，并加入了《国际核能机构规约》等国际公约。20世纪 90 年代之后，我国民用核能立法有了进一步的发展，颁布了一系列法律法规和规章，其中以 2003 年《放射性污染防治法》最具代表性。2007 年发布的《核电中长期发展规划（2005—2020 年）》标志我国的民用核能领域进入规模化和多元化发展阶段，并促成了《放射性同位素与射线装置安全和防护条例》（2005 年）、《民用核安全设备监督管理条例》（2008 年）以及《放射性物品运输安全管理条例》（2009 年）等行政法规的制定和实施。2011 年福岛核事故后，我国更加重视民用核能发展的安全问题。2016 年，国家核应急协调委会议审议通过《"十三五"国家核应急工作规划》。[①] 2017 年 9 月，我国颁布《核安全法》，就核设施安全、核材料和放射性废物安全、核事故应急、信息公开和公众参与等做出了专门规定。

二　我国民用核能法制的现状

（一）民用核能法律体系

在法律层面，我国最主要的民用核能立法包括《核安全法》（2017

---

① 参见《国家核应急协调委会议审议〈"十三五"国家核应急工作规划〉》，www.gov.cn/xinwen/2016-05/26/content_ 5076952. htm，最后访问时间 2017 年 10 月 29 日。

年）和《放射性污染防治法》（2003年）。《核安全法》以"安全利用核能，保护公众和从业人员的安全健康、保护生态环境为目的"为目的，[1]从核设施安全、核材料与放射性废物安全、核事故的应急以及信息公开和公众参与等方面做出了专门规定。《放射性污染防治法》以"保护环境，保障人体健康，促进核能、核技术的开发与和平利用"为目的，[2]明确了放射性污染的防治和管理范围，规定国家对放射性污染防治工作依法实施统一监督管理，[3]特别是强调和规定了核设施退役后各项工作的监管内容，[4]引入了环境影响评价制度[5]和"三同时"制度。[6]

在其他相关法律中，也有关于放射性物质的规定。例如，《矿产资源法》对含有放射性元素的矿产资源的勘探和开采做出了规定。[7]《突发事件应对法》规定，生产、经营、储运、使用放射性物品的单位，应采取措施消除隐患，制定应急预案，预防突发事件。[8]《防震减灾法》规定，核电站和核设施建设工程，受地震破坏后可能引发放射性污染的严重次生灾害的，须认真进行地震安全性评价，并依法进行严格的抗震设防。[9]

行政法规层面的立法主要包括：①《民用核设施安全监督管理条例》（1986年），该条例对国家核安全局、核设施主管部门及核设施营运单位进行了职责分工，对安全许可制度的范围、程序及条件做出了规定。②《核材料管制条例》（1987年），该条例对民用核材料的监督管理体系及职责、核材料管制办法等方面做出了规定。③《核电厂核事故应急管理条例》（1993年制定，2011年最新修订），该条例规定了核电厂核事故的应急机构及其职责、应急准备、应急对策、应急防护措施、资金物资保障等。④《放射性同位素与射线装置安全和防护条例》（2005年制定，2014年最新修订），该条例对放射性同位素和射线装置的许可和备案、安全和防护、辐射事故应急处理、监督检查等方面做出了较为系统的规定。

---

① 《核安全法》第1条。

② 《放射性污染防治法》第1条。

③ 《放射性污染防治法》第8条。

④ 《放射性污染防治法》第27条。

⑤ 《放射性污染防治法》第29、41、44条。

⑥ 《放射性污染防治法》第21条。

⑦ 《矿产资源法》第16、26条。

⑧ 《突发事件应对法》第23条。

⑨ 《防震减灾法》第17条。

⑤《核出口管制条例》(1997 年制定, 2006 年最新修订), 该条例的规制对象是《核出口管制清单》所列的核材料、核设备和反应堆用非核材料等物项及其相关技术, 并规定国家对核出口实行严格管制的原则。⑥《核两用品及相关技术出口管制条例》(1998 年制定, 2007 年最新修订), 该条例的规制对象是《核两用品及相关技术出口管制清单》所列的设备、材料、软件和相关技术, 对核两用品及相关技术出口实行许可证管理制度。⑦《民用核安全设备监督管理条例》(2007 年制定, 2016 年最新修订), 该条例对民用核安全设备的许可、设计制造、进出口等方面做出了规定。⑧《放射性物品运输安全管理条例》(2009 年), 对放射性物品运输容器的设计、制造与使用, 放射性物品的运输等方面做出了规定。⑨《放射性废物安全管理条例》(2011 年), 该条例对放射性废物的管理体系、管理方式等做出了较为详细的规定。

在部门规章层面, 有关国家部委制定了大量的涉及核能管理的部门规章, 内容涵盖核进出口、核事故应急、放射性物质废物管理等方面。例如, 原国家环境保护局于 1987 年发布的《城市放射性废物管理办法》、国防科学技术工业委员会于 2002 年发布的《核事故辐射影响越境应急管理规定》、国家核安全局于 2004 年发布的《核动力厂设计安全规定》和《核动力厂运行安全规定》、原卫生部于 2007 年发布的《放射工作人员职业健康管理办法》等。

(二) 民用核能法律制度

我国民用核能法律制度主要涉及辐射防护和核安全管理方面, 主要内容如下:

其一, 安全许可制度。①国家建立核设施安全许可制度, 核设施营运单位进行核设施选址、建造、运行、退役等活动, 应当向国务院核安全监督管理部门申请许可。① ②核设施营运单位和其他有关单位持有核材料, 应当按照规定的条件依法取得许可。并附有相关义务来保障核材料在许可人的管控内。② ③国家建立放射性废物管理许可制度。专门从事放射性废物处理、贮存、处置的单位, 应当向国务院核安全监督管理部门申请许可; 国务院核安全监督管理部门负责批准核材料、放射性废物运输包装容

---

① 《核安全法》第 22 条, 以及第二章。

② 《核安全法》第 38 条。

器的许可申请。①

　　其二，辐射防护制度。《放射性废物安全管理条例》规定，核设施营运单位应当将其产生的不能回收利用并不能返回原生产单位或者出口方的废旧放射源，送交取得相应许可证的放射性固体废物贮存单位集中贮存，或者直接送交取得相应许可证的放射性固体废物处置单位处置。②《核安全法》规定，核设施营运单位应当严格控制辐射照射，确保有关人员免受超过国家规定剂量限值的辐射照射，确保辐射照射保持在合理、可行和尽可能低的水平。核设施营运单位应当按照国家有关规定，制定培训计划，对从业人员进行核安全教育和技能培训并进行考核。核设施营运单位应当为从业人员提供相应的劳动防护和职业健康检查，保障从业人员的安全和健康。核材料、放射性废物的托运人应当在运输中采取有效的辐射防护和安全保卫措施，对运输中的核安全负责。③

　　其三，运输管理制度。2009 年《放射性物品运输安全管理条例》授权国务院核安全监管部门对放射性物品的运输与辐射安全进行监督管理；国务院公安、交通运输、铁路、民航等有关主管部门依照各自职责，负责放射性物品运输安全的有关监督管理工作；县级以上地方人民政府环境保护主管部门和公安、交通运输等有关主管部门，依照各自职责，负责本行政区域放射性物品运输安全的有关监督管理工作。④ 该法针对放射性物品运输容器的设计、制造单位规定了责任制度、针对放射性物品运输容器设计单位规定了档案制度，并明确规定对从事一类放射性物品运输容器制造活动的单位实施许可证制度。⑤ 此外，《核安全法》也对运输安全做出了规定。⑥

　　其四，出口管制制度。我国对核出口实行严格管制，严格履行所承担的不扩散核武器的国际义务。国家严格限制铀浓缩设施、设备，辐照燃料后处理设施、设备，重水生产设施、设备等物项及其相关技术等核扩散敏

---

① 《核安全法》第 43、51 条。

② 《放射性废物安全管理条例》第 10 条。

③ 《核安全法》第 18、20、52 条。

④ 《放射性物品运输安全管理条例》第 4 条。

⑤ 《放射性物品运输安全管理条例》第 6、9、10 条。

⑥ 《核安全法》第 49—53 条。

感物项，以及可以用于核武器或者其他核爆炸装置的材料的出口。① 核出口由国务院指定的单位专营，任何其他单位或者个人不得经营。② 核出口审查、许可，应当遵循下列准则：①接受方政府保证不将中国供应的核材料、核设备或者反应堆用非核材料以及通过其使用而生产的特种可裂变材料用于任何核爆炸目的。②接受方政府保证对中国供应的核材料以及通过其使用而生产的特种可裂变材料采取适当的实物保护措施。③接受方政府同国际原子能机构订有有效的全面保障协定。本项规定不适用于同国际原子能机构订有自愿保障协定的国家。④接受方保证，未经中国国家原子能机构事先书面同意，不向第三方再转让中国所供应的核材料、核设备或者反应堆用非核材料及其相关技术；经事先同意进行再转让的，接受再转让的第三方应当承担相当于由中国直接供应所承担的义务。⑤接受方政府保证，未经中国政府同意，不得利用中国供应的铀浓缩设施、技术或者以此技术为基础的任何设施生产富集度高于 20% 的浓缩铀。③

其五，核安全应急响应制度。《核安全法》设专章就此做出了规定。国家设立核事故应急协调委员会，组织、协调全国的核事故应急管理工作。国务院核工业主管部门承担国家核事故应急协调委员会日常工作，牵头制定国家核事故应急预案，经国务院批准后组织实施。国家核事故应急协调委员会成员单位根据国家核事故应急预案部署，制定本单位核事故应急预案，报国务院核工业主管部门备案。核设施营运单位负责制定本单位场内核事故应急预案，报国务院核工业主管部门、能源主管部门和省、自治区、直辖市人民政府指定的部门备案。核设施营运单位应当按照应急预案，配备应急设备，开展应急工作人员培训和演练，做好应急准备。国家建立核事故应急准备金制度，保障核事故应急准备与响应工作所需经费。国家对核事故应急实行分级管理。国务院核工业主管部门或者省、自治区、直辖市人民政府指定的部门负责发布核事故应急信息。各级人民政府及其有关部门、核设施营运单位等应当按照国务院有关规定和授权，组织开展核事故后的恢复行动、损失评估等工作。核事故的调查处理，由国务院或者其授权的部门负责实施。④

---

① 《核出口管制条例》第 3 条。

② 《核出口管制条例》第 6 条。

③ 《核出口管制条例》第 5 条。

④ 《核安全法》第 54—62 条。

（三）民用核能法制评价

首先，法律体系不完整。一方面，民用核能利用基本法缺位。目前专门调整民用核能领域的法律有 2003 年《放射性污染防治法》和 2017 年《核安全法》两部，分别侧重于污染防治和核安全，均无法承担民用核能利用基本法的任务。民用核能基本法内容上应包括核能产业发展、核能安全利用、污染防护以及损害责任等方面。另一方面，与相关立法协调与衔接不力。例如，2014 年《环境保护法》缺乏对民用核能开发利用环境保护的系统规定，无法与《放射性污染防治法》和《核安全法》形成有效衔接。

其次，管理体制有待理顺。目前，我国民用核能管理至少涉及国家能源局、国家国防科技工业局、国家原子能机构和国家核安全局，以及公安部、科技部、国家安全生产监督管理总局等部门。其中，国家能源局负责拟定核电发展规划、准入条件、技术标准并组织实施，提出核电布局和重大项目审核意见，组织指导核电科研工作，组织核事故应急管理工作。[①]国家原子能机构负责除核电外的核能项目论证、审批、监督并协调实施，研究、拟定和平利用核能的政策和法规，负责核事故的应急管理工作。[②]国家核安全局负责拟定核安全有关的政策法规，并对核设施、核技术设备、核材料、放射性废物进行监督管理。[③] 不难看出，一些管理部门的职能存在交叉。例如，《核安全法》中确定实行核设施安全许可制度，核设施的选址、建造、运行、退役等应该向国务院核安全监督管理部门申请许可，[④] 但是，国家发展改革委和国家能源局也对核电站的选址和审核具有管理权。

再次，立法内容陈旧或存在空白。例如，《核材料管制条例实施细则》（1990 年）规定核材料实物保护制度由能源部设立在中国核工业总公司下的核材料管制办公室实施，国防科工委和公安部相关部门也参与部分

[①] 参见《国家能源局简介》，http：//www.nea.gov.cn/gjnyj/index.htm，最后访问日期 2017 年 10 月 12 日。

[②] 参见国家原子能机构官网：http：//www.caea.gov.cn/n6758879/index.html，最后访问日期 2017 年 10 月 12 日。

[③] 参见国家核安全局官网：http：//nnsa.mep.gov.cn/zjjg/jgzn/，最后访问日期 2017 年 10 月 12 日。

[④] 《核安全法》第 22 条。

工作，但是历经多次政府机构改革后，上述"能源部""中国核工业总公司""国防科工委"已不存在，但立法并未相应修改。

最后，法律责任规定不完备。目前关于核事故的损害责任认定及赔偿等问题，除了侵权相关法律中的规定以及 2017 年《核安全法》的原则性规定外，还有 1986 年《国务院关于处理第三方核责任问题的批复》和 2007 年《国务院关于核事故损害赔偿责任问题的批复》，这两个文件对核损害赔偿责任主体、赔偿原则、运营者赔偿数额与财政保证、国家最高补偿限额等事宜做出了规定。除此之外无专门行政法规或部门规章对此予以规定。但这两份批复是在核电项目引进外资中应外方投资者要求临时制定的，其内容过于原则，没有明确赔偿范围、赔偿程序等事项。而且性质上属于准行政法规，效力层级较低，难以全面调整复杂的核损害赔偿法律关系。因此这方面的立法亟须补充和加强。

三　我国民用核能法制的完善

其一，制定核能基本法。2017 年《核安全法》不足以成为我国民用核能领域的基本法。民用核能开发和利用活动涉及很多方面，包括采矿、运输、土地规划、项目建设审批、环境保护、安全生产等，但核能基本法不能也没有必要将这些方面均做出规定。核能基本法应针对核能开发利用领域最需解决而且最典型的问题做出框架性规定，具体规范可由其他专门法律予以明确或在相关法律中予以体现。例如核材料物质的监管，核设施准入和管制制度，包括核电站建设、运行与管理，核进出口管制制度，应急管理制度，核污染损害赔偿责任制度等应在核能基本法中做出规定，而对于核原料的勘探、开采、冶炼等则不能在核能基本法中规定，只需在矿产资源相关法律中予以明确即可。

其二，进一步明确核能主管部门及其职责。我国核工业管理体制及部门几经变革，至今未在法律中明确核能主管部门及其相应职责，这导致核能领域多头监管，影响了监管效率的提高。核能监管涉及面较广，涉及部门较多，涉及核材料、核设施、核技术、进出口管制、核应急等方面，包括行业管理、综合管理、应用管理等多个部门，因此核能监管部门应直接隶属于国务院，以保障其监管的有效性。目前核能基本法即原子能法由工业和信息化部下的国家国防科技工业局及国家原子能机构组织、环境保护部、发展改革委等相关部委参与，说明未来核能主管部门会在它们中产生，或由其分工负责。从监管职能来看，我国的国家原子能机构应属于核能主管部门。由于核安全工作在核能利用中处于十分重要的地位，因此环境保护部的国家核安全局承担核安全监管的职责，与工业和信息化部分别作为核能主管部门，在原子能法中应对其分工进行明确。对于国家发展改革委内部的国家能源局，由于其只承担核电项目的选址、批准等，并非对核电厂从核原料运输到核废物处理全过程监管，因此其不适宜作为核能主管部门。

　　其三，更新完善现有法律规定。对此需要对核能利用方面的现有条例和部门规章进行梳理，尽快制定核能利用方面缺失的法律法规内容，在核应急方面，应明确应急措施、应急资金保障、法律责任等方面的内容；在核设施退役方面，可设立专门账户，确保退役的顺利实施；对于民用核能相关专利和发明，亦应予以鼓励和保护。对层级较低的部门规章等应整理后制定为法律法规。如《核电管理条例》《核设施安全管理条例》《核损害赔偿条例》《放射性矿产资源开采登记加工管理条例》等，以弥补核能专项法律的缺失。对于过时的部门规章应删除重复、过时的内容，并对规章规定相互冲突的内容进行协调。例如《核材料管制条例》对管制主体"能源部""国防科工委"等表述进行修改。需强调的是，以上的更新完善法律规定是在核能基本法出台后的工作，以与核能基本法的相关规定保持一致，形成严密的核能法律体系。

　　其四，完善法律责任规定。由于核污染损害具有不可逆转性以及严重性，因此进一步立法应当对民用核能法律责任问题做出详细规定，对核事故损害赔偿责任的基本原则、承担方式、免除或减轻责任的条件、核事故损害的诉讼管辖权、诉讼时效等做出规定。另外考虑到核损害赔偿数额巨大以及跨界性特征，一旦发生损害，核电企业难以承受巨额赔偿，因此需构建多层次的损害救济机制。社会救济机制方面，建立完善核损害保险制度，通过社会保险分散核损害风险。国家救济机制方面，应探索建立专项赔偿基金，加大财政扶持力度，通过国家财政为核电企业提供担保的方式来分担财务风险。

第七章

适应低碳经济的能源节约法制

静以修身，俭以养德。

——诸葛亮①

在低碳经济语境下，能源节约是应对气候变化从而实现低碳经济目标的重要手段之一。20 世纪 80 年代以来，我国颁布了一系列关于能源节约的法律、法规和行政规章，法律体系初步形成。习近平总书记在党的十九大报告中指出，我国目前全面节约资源有效推进，能源资源消耗强度大幅下降。在进一步能源法制建设中，我国应着力于确立科学的能源节约管理体制，扩大调整范围，改进能效标准标识制度，更加重视市场机制，完善节能宣传和公众参与机制，促进能源节约与环境保护的互动协调，提高立法技术，以促进能源节约与低碳经济目标的顺利实现。

第一节　概述

一　能源节约的内涵

能源节约（Energy Conservation），简称"节能"，是指"加强用能管理，采取技术上可行、经济上合理以及环境和社会可以承受的措施，从能源生产到消费的各个环节，降低消耗、减少损失和污染物排放、制止浪费，有效、合理地利用能源"②。

"节能"有狭义和广义之分。狭义上的"节能"，是指生产或生活过程中一次能源和二次能源的直接节约，即以尽可能少的能源消耗生产出同

---

① 诸葛亮：《诫子书》。
② 《节约能源法》第 3 条。

样数量和质量的产品，或以同样的能源消耗生产出较原来数量更多或者质量更高的产品。广义上的"节能"，是指通过产品结构优化、产业结构调整、能源结构调整等途径实现的各种间接节能。[①]

二　能源节约与低碳经济的内在关联

在应对主要因过量排放含碳温室气体所引起的气候变化的背景下，低碳经济理念被越来越多地接受和践行。低碳经济的实质是以低能源消耗、低温室气体排放和低环境污染来保障国民经济和社会的可持续发展。在这一语境下，能源节约与应对气候变化和发展低碳经济之间存在着密切联系。在目标上，三者均致力于减少能源消耗，追求经济和社会的可持续发展；在手段上，减少化石能源的开发和利用，是推进低碳经济和应对气候变化的重要内容；在效果上，能源节约有助于高碳能源消耗的减少和低碳排放的实现，从而为应对气候变化做出实质性贡献。

能源节约亦符合经济学上的"帕累托最优"（Pareto Optimality）的要求，即这样一种资源分配的理想状态：假定固有的一群人和可分配的资源，从一种分配状态到另一种状态的变化中，在没有使任何人境况变坏的前提下，使得至少一个人变得更好。能源节约在不实质性地影响从事节约行为的法律主体的利益的同时，节省更多的可用的能源，同时有助于应对气候变化和发展低碳经济，从而对其他社会主体的利益产生裨益。

第二节　我国能源节约法制现状

一　能源节约法律体系

我国在能源节约领域的综合性立法是《节约能源法》。该法规定，"节约资源是我国的基本国策。国家实施节约与开发并举、把节约放在首位的能源发展战略"[②]。这奠定了能源节约在我国能源发展中的重要地位。

[①]　王文革：《中国节能法律制度研究》，法律出版社 2008 年版，第 1 页。类似的观点认为，广义节能包括三个方面的内容：能源生产和消费总量控制；提高终端用能效率；推进全生命周期节能。参见倪维斗、陈贞、麻木巍、付峰、李政、高健《关于广义节能的思考》，载张坤民、潘家华、崔大鹏主编《低碳发展论》，中国环境科学出版社 2009 年版，第 610—613 页。

[②]　《节约能源法》第 4 条。

除《节约能源法》外，《电力法》《循环经济促进法》等法律中也有关于节约能源的规定。如《电力法》规定："地方人民政府应当支持电力企业为发电工程建设勘探水源和依法取水、用水。电力企业应当节约用水。"①《循环经济促进法》规定："建筑设计、建设、施工等单位应当按照国家有关规定和标准，对其设计、建设、施工的建筑物及构筑物采用节能、节水、节地、节材的技术工艺和小型、轻型、再生产品。有条件的地区，应当充分利用太阳能、地热能、风能等可再生能源。"②

为了加强能源节约工作，国务院相继出台了一系列与之配套的行政法规。如《民用建筑节能条例》（2008）、《公共机构节能条例》（2008）等。与能源节约相关行政规章主要包括《重点用能单位节能管理办法》（1999）、《节约用电管理办法》（2000）、《民用建筑节能管理规定》（2005）、《能源效率标识管理办法》（2005）等。《重点用能单位节能管理办法》是对《节约能源法》关于用能单位节能相关内容的细化和扩展。《节约用电管理办法》则就加强节能管理、提高能效、促进电能合理利用和改善能源结构做出了规定。

二　能源节约法律制度

20 世纪 70 年代以来，爆发了以第一次石油危机（1973—1974 年）和第二次石油危机（20 世纪 70 年代末至 80 年代初）为代表的能源危机，严重影响了世界的经济发展，并使世界各国开始格外关注能源问题，特别是能源安全和能源可持续利用问题。我国从这一时期开始关注能源节约，并在 30 多年间形成了一些卓有成效的节能法律制度。这些法律制度可分为规划类制度、基准与认证类制度、过程控制类制度以及考评激励类制度。

（一）规划类制度

《节约能源法》规定，国务院和县级以上地方各级人民政府应当将节能工作纳入国民经济和社会发展规划、年度计划，并组织编制和实施节能中长期专项规划、年度节能计划。③ 2004 年，国家发展改革委发布了《节能中长期专项规划》，就节能的指导思想、原则与目标、节能的重点领域

---

① 《电力法》第 17 条。

② 《循环经济促进法》第 23 条。

③ 《节约能源法》第 5 条。

和重点工程以及保障措施等做出了规定。《国民经济和社会发展第十三个五年规划纲要》提出建设清洁低碳、安全高效的现代能源体系，要求着力推动能源生产利用方式变革，提高能源利用效率。国务院发布的《"十三五"节能减排综合工作方案》规定了节能减排的主要目标：到2020年，全国万元国内生产总值能耗比2015年下降15%，能源消费总量控制在50亿吨标准煤以内。全国化学需氧量、氨氮、二氧化硫、氮氧化物排放总量分别控制在2001万吨、207万吨、1580万吨、1574万吨以内，比2015年分别下降10%、10%、15%和15%。全国挥发性有机物排放总量比2015年下降10%以上。

（二）基准与认证类制度

根据现行相关立法，此类制度主要包括计量统计制度、能源效率标识制度、节能标准制度和节能产品认证制度。分述如下。

1. 计量统计制度

《节约能源法》规定，县级以上各级人民政府统计部门应当会同同级有关部门，建立健全能源统计制度，完善能源统计指标体系，改进和规范能源统计方法，确保能源统计数据真实、完整。[①] 用能单位应当加强能源计量管理，按照规定配备和使用经依法检定合格的能源计量器具；应当建立能源消费统计和能源利用状况分析制度，对各类能源的消费实行分类计量和统计，并确保能源消费统计数据真实、完整。[②]《公共机构节能条例》也规定，公共机构实施节能改造，应当进行能源审计和投资收益分析，明确节能指标，并在节能改造后采用计量方式对节能指标进行考核和综合评价。[③]

2. 能源效率标识制度

能源效率标识，简称"能效标识"，是指附在用能产品或者其包装物上，标示产品能源效率等级等性能指标的一种信息标识。能源效率标识提供的能源效率等级、能源消耗量等信息，有利于消费者综合考虑能源效率与产品价格等因素，引导和帮助消费者选择高效节能产品，从而影响用能产品的设计和市场销售，促进产品能源效率的提高和节能技术进步。[④] 该

---

① 《节约能源法》第21条。

② 《节约能源法》第27条。

③ 《公共机构节能条例》第28条。

④ 徐壮：《节能法制与政策制度》（上），中国标准出版社2010年版，第39页。

制度的法律依据是《节约能源法》《产品质量法》《能源效率标识管理办法》《中国节能产品认证管理办法》等。我国对家用电器等使用面广、耗能量大的用能产品，实行能源效率标识管理。① 生产者和进口商应当对列入国家能源效率标识管理产品目录的用能产品标注能源效率标识，在产品包装物上或者说明书中予以说明，并按照规定报国务院产品质量监督部门和管理节能工作的部门共同授权的机构备案。生产者和进口商应当对其标注的能源效率标识及相关信息的准确性负责。禁止销售应当标注而未标注能源效率标识的产品。禁止伪造、冒用能源效率标识或者利用能源效率标识进行虚假宣传。② 能源效率标识分为 5 个等级。等级 1 表示产品达到国际先进水平，最节电，即耗能最低；等级 2 表示较为节电；等级 3 表示产品的能源效率为我国市场的平均水平；等级 4 表示产品能源效率低于市场平均水平；等级 5 是市场准入指标，低于该等级要求的产品不允许生产和销售。2010 年，国家质检总局、国家标准化管理委员会发布新的《房间空气调节器能效限定值及能效等级》（GB 12021.3—2010）国家标准，将原有空调器能效的 5 个等级变更至 3 个等级，原有的 2 级标准变为现在的新 3 级标准，并成为行业准入门槛，原 1 级标准为现在的新 2 级标准，现新 1 级标准提出了全新的能效比要求。

3. 节能标准制度

我国的节能标准体系，主要由国家标准、行业标准、地方标准和企业标准构成。节能标准制度的法律依据主要包括《节约能源法》《企业节能量计算方法》《节能产品评价导则》《节能监测技术通则》《工业企业能源管理导则》等。国务院标准化主管部门和有关部门依法组织制定并适时修改有关节能的国家标准、行业标准，建立健全节能标准体系。国务院标准化主管部门会同国务院管理节能工作的部门和有关部门制定强制性的用能产品、设备能源效率标准和生产过程中耗能高的产品的单位产品能耗限额标准。国家鼓励企业制定严于国家标准、行业标准的企业节能标准。③《节约能源法》第 14 条和第 46 条还就建筑节能标准和交通运输营运车船燃料消耗量限值标准等做出了规定。

---

① 《节约能源法》第 18 条。

② 《节约能源法》第 19 条。

③ 《节约能源法》第 13 条。

4. 节能产品认证制度

用能产品的生产者、销售者，可以根据自愿原则，按照国家有关节能产品认证的规定，向经国务院认证认可监督管理部门认可的从事节能产品认证的机构提出节能产品认证申请；经认证合格后，取得节能产品认证证书，可以在用能产品或者其包装物上使用节能产品认证标志。禁止使用伪造的节能产品认证标志或者冒用节能产品认证标志。① 节能产品认证制度是规范节能产品市场、提高能源利用效率的重要途径之一，有利于引导和激励企业保证用能产品质量，提高产品市场信誉，增加产品的市场竞争力。②

（三）过程控制类制度

过程控制类制度主要包括重点用能单位管理制度、需求侧管理制度和高耗能产品、设备和生产工艺淘汰制度。分述如下。

1. 重点用能单位管理制度

我国将用能单位区分为"重点用能单位"与"一般用能单位"，实行分类管理。重点用能单位包括：年综合能源消费总量一万吨标准煤以上的用能单位；国务院有关部门或者省、自治区、直辖市人民政府管理节能工作的部门指定的年综合能源消费总量五千吨以上不满一万吨标准煤的用能单位。③ 1999 年《重点用能单位节能管理办法》规定了节能行政主管部门及其职责、重点用能单位义务、奖惩措施等。该办法规定的重点用能单位的义务包括：贯彻执行国家节约能源法律、法规、方针和标准，接受监督检查，建立健全节能管理制度，健全能源计量、监测管理制度，建立能源消费统计和能源利用状况报告制度，建立能源消耗成本管理制度，建立节能工作责任制，开展节能科研开发、技术改造和节能宣传与培训，设立能源管理岗位，并按要求配备能源管理人员等。2016 年国家发展改革委发布《重点用能单位节能管理办法（征求意见稿）》，其中规定重点用能单位的基本义务包括：贯彻执行国家和地方有关节能的法律、法规、政策和标准；按照合理用能的原则，加强能源管理，降低能源消耗，接受所在地县级以上人民政府管理节能工作的部门的监督管理。④

---

① 《节约能源法》第 20 条。

② 徐壮：《节能法制与政策制度》（上），中国标准出版社 2010 年版，第 40 页。

③ 《节约能源法》第 52 条。

④ 《重点用能单位节能管理办法（征求意见稿）》第 3 条。

2. 需求侧管理制度

国家实行有利于节能的价格政策，引导用能单位和个人节能。国家运用财税、价格等政策，支持推广电力需求侧管理、合同能源管理、节能自愿协议等节能办法。国家实行峰谷分时电价、季节性电价、可中断负荷电价制度，鼓励电力用户合理调整用电负荷；对钢铁、有色金属、建材、化工和其他主要耗能行业的企业，分淘汰、限制、允许和鼓励三类，实行差别电价政策。①

3. 高耗能产品、设备和生产工艺淘汰制度

国家对落后的耗能过高的用能产品、设备和生产工艺实行淘汰制度，② 禁止生产、进口、销售国家明令淘汰或者不符合强制性能源效率标准的用能产品、设备，禁止使用国家明令淘汰的用能设备、生产工艺。③根据《循环经济促进法》，国务院循环经济发展综合管理部门会同国务院环境保护等有关主管部门，定期发布鼓励、限制和淘汰的技术、工艺、设备、材料和产品名录。禁止生产、进口、销售列入淘汰名录的设备、材料和产品，禁止使用列入淘汰名录的技术、工艺、设备和材料。④

(四) 考评激励类制度

1. 节能目标责任制

节能目标，是指国家在前一个时期规定的，对下一个时期的节能工作有约束力的，政府必须予以实现和完成的指标。我国实行节能目标责任制和节能考核评价制度，将节能目标完成情况作为对地方人民政府及其负责人考核评价的内容。省、自治区、直辖市人民政府每年向国务院报告节能目标责任的履行情况。⑤ 国务院和省、自治区、直辖市人民政府应当加强节能工作，合理调整产业结构、企业结构、产品结构和能源消费结构，推动企业降低单位产值能耗和单位产品能耗，淘汰落后的生产能力，改进能源的开发、加工、转换、输送、储存和供应，提高能源利用效率。⑥

---

① 《节约能源法》第66条。

② 《节约能源法》第16条。

③ 《节约能源法》第17条。

④ 《循环经济促进法》第18条。

⑤ 《节约能源法》第6条。

⑥ 《节约能源法》第7条。

2. 节能评价制度

我国实行固定资产投资项目节能评估和审查制度。不符合强制性节能标准的项目，建设单位不得开工建设；已经建成的，不得投入生产、使用。政府投资项目不符合强制性节能标准的，依法负责项目审批的机关不得批准建设。[①] 国务院和县级以上地方各级人民政府负责审批或者核准固定资产投资项目的部门，应当严格控制公共机构建设项目的建设规模和标准，统筹兼顾节能投资和效益，对建设项目进行节能评估和审查；未通过节能评估和审查的项目，不得批准或者核准建设。[②] 国家发展改革委发布的《固定资产投资项目节能审查办法》自2017年1月1日起实行。

3. 激励机制

《节约能源法》设专章对激励机制做出了规定，主要包括中央财政和省级地方财政安排节能专项资金，支持节能技术研究开发、节能技术和产品的示范与推广、重点节能工程的实施、节能宣传培训、信息服务和表彰奖励等。国家实行有利于节约能源资源的税收政策，健全能源矿产资源有偿使用制度，促进能源资源的节约及其开采利用水平的提高。国家运用税收等政策，鼓励先进节能技术、设备的进口，控制在生产过程中耗能高、污染重的产品的出口。国家引导金融机构增加对节能项目的信贷支持，为符合条件的节能技术研究开发、节能产品生产以及节能技术改造等项目提供优惠贷款。国家推动和引导社会有关方面加大对节能的资金投入，加快节能技术改造等。

《循环经济促进法》要求运用税收等措施鼓励进口先进的节能、节水、节材等技术、设备和产品，限制在生产过程中耗能高、污染重的产品的出口。对符合国家产业政策的节能、节水、节地、节材、资源综合利用等项目，金融机构应当给予优先贷款等信贷支持，并积极提供配套金融服务。该法同时规定实行有利于资源节约和合理利用的价格政策，引导单位和个人节约和合理使用水、电、气等资源性产品。[③]

4. "领跑者"制度

2014年，国家发展改革委、财政部、工业和信息化部、国管局、国

---

① 《节约能源法》第15条。

② 《公共机构节能条例》第20条。

③ 《循环经济促进法》第44—46条。

家能源局、国家质检总局、国家标准委共同印发了《能效"领跑者"制度实施方案》。能效"领跑者",是指同类可比范围内能源利用效率最高的产品、企业或单位。通过树立标杆、政策激励、提高标准,形成推动终端用能产品、高耗能行业、公共机构能效水平不断提升的长效机制,促进节能减排。能效"领跑者"的实施范围包括终端用能产品、高耗能行业和公共机构三类。① 2015 年,国家发展改革委、工业和信息化部、国家质检总局联合推出了电冰箱、平板电视以及转速可控型房间空气调节器三类家用电器和高耗能行业的能效"领跑者"制度实施细则。

财政部、国家发展改革委、工业和信息化部以及环境保护部于 2015 年共同研究制定了《环保"领跑者"制度实施方案》,环保"领跑者"是指同类可比范围内环境保护和治理环境污染取得最高成绩和效果即环境绩效最高的产品,实施环保"领跑者"制度对激发市场主体节能减排内生动力、促进环境绩效持续改善、加快生态文明制度体系建设具有重要意义。②

2015 年,"光伏领跑者"计划亦正式启动,通过建设先进技术光伏发电示范基地、新技术应用示范工程等方式,引导光伏技术进步和产业升级。该计划初步规划 3GW 示范专案,并分三年、每年 1GW 完成。首批 1GW 的师范专案选址在山西大同采煤沉陷区,已于 2016 年 6 月 30 日前全数并网。③ 2017 年,国家能源局综合司对外征求有关《关于 2017 年建设光伏发电先进技术应用基地有关要求的通知》的意见,对光伏发电先进技术应用基地建设的规划、优选、评分规则等问题进行意见征集,光伏"超级领跑者计划"雏形初现。

三　能源节约法制评价

现行能源节约法制为节能管理提供了重要的法律基础,但也存在一些亟待解决的问题,主要体现在管理体制、法律调整范围、能效标准标识、

---

① 参见《能效"领跑者"制度实施方案》,http://www.ndrc.gov.cn/zcfb/zcfbtz/201501/W020150109319690625029.pdf,最后访问时间 2017 年 12 月 15 日。

② 参见《环保"领跑者"制度实施方案》,http://jjs.mof.gov.cn/zhengwuxinxi/tongzhigonggao/201506/t20150630_1263526.html,最后访问时间 2017 年 12 月 15 日。

③ 参见《光伏领跑者计划细节全解析》,http://guangfu.bjx.com.cn/news/20160705/748391.shtml,最后访问时间 2017 年 12 月 15 日。

市场机制、公众参与、立法技术与程序等方面。

在管理体制方面。我国《节约能源法》中缺少对节能主管部门的明确规定，同时将建筑、交通运输等领域的节能管理主体直接规定为建筑和交通运输主管部门，导致政策制定部门与监管执行部门混同，容易造成"运动员与裁判员身份合一"的自我监管。

在法律调整范围方面。这方面最大的问题是对消费者的节能关注不足。一般认为，终端用户节能较之能源供应与生产端节能往往会产生更好的效果。"在消费端节约的单位能量，相当于在源头节省了多个单位的能源。"[1] 在我国《节约能源法》中，直接对用能单位或个人提出要求的条款仅有 12 条，其余内容更多规定的是政府职责。

在能效标准标识制度方面。我国能效标准标识制度存在的问题主要体现为四个方面。首先是标识范围窄，局限于部分家用电器、照明器具及部分工业设备，尚未形成完整的标准体系。而在日本和丹麦，能效标识制度的适用范围已扩展至汽车甚至建筑物，使该制度在节能方面发挥更大的作用。其次是能效标准与能源节约实践衔接不足，修改周期较长，缺乏应有的动态性。再次是门槛低，过多地迁就现有技术水平，缺乏具有引导作用的超前性节能标准。[2] 最后是能效标准的制定缺乏企业和社会参与，以政府主导为主，不利于能效标准的贯彻和实施。[3]

在节能市场机制方面。我国能源节约管理大多采用行政手段，对市场机制重视不足。例如，促进终端消费者参与能源节约的重要方法之一是征收能源税和排放税，但在我国，有关能源节约的税收制度尚不完善，现有法律法规之间缺乏有效衔接。再如，关于需求侧管理、合同能源管理、节能自愿协议、节能服务公司等方面的内容，我国《节约能源法》仅做出了宣示性的规定。此外，节能技术创新支持机制和投资风险规避机制不健全，对能效改进和节能技术研究开发及推广应用支持不足。

在公众参与节能制度方面。作为现代善治的一个重要因素，公众参与

---

① ［加］彼得·特扎基安、基思·霍利汉：《破解能源饥渴症：未来低碳之路》，裴文斌等译，石油工业出版社 2010 年，第 130 页。

② 华建敏：《全国人大常委会执法检查组关于检查〈中华人民共和国节约能源法〉实施情况的报告》，第 619—620 页。

③ 王文革：《论完善中国能效标准制度的对策》，载肖国兴、叶荣泗主编《中国能源法研究报告》，法律出版社 2010 年版，第 188—189 页。

在能源节约上同样具有重要作用，但在我国尚未受到应有的重视。首先是公众在参与节能管理方面的法律地位不明确，《节约能源法》中未明确提及公众参与，公众参与未能成为制定节能标准等重要节能管理措施的法定要求。其次是公众参与形式单一，大多体现为参与和接受宣传教育，对决策过程的参与较少。再次是参与过程上侧重事后监督，但事前参与不足。最后是信息公开不充分，企业能效和节能信息披露不足，使公众难以及时获知相关信息。

在立法技术与程序方面。一方面是法律的可操作性不尽如人意。《节约能源法》共 87 条，其中很大部分是宣示性或者原则性的规定。例如，以"国家实行某项制度，其细则由某部门会同有关部门制定发布"为格式的内容竟有 18 处之多。此类规范使得法律的实施需要大量的配套立法，有时会导致法律实施主体不清，不利于节能工作的有效开展。另一方面是法律修订较慢。尽管避免法律频繁改动是维护法律权威性的重要方面，但亦应以法律能够适应社会关系调控和管理实践的需要为前提。否则，一部不能及时修订的法律，反而会降低其社会作用，最终损害权威性。日本《节能法》通过十几次修订，不断完善法律内容，值得借鉴。

第三节　典型国家能源节约法制经验借鉴

以法制手段促进能源节约，是世界各国的普遍实践。一些国家在能源节约法制建设方面积累了较为成熟的经验，其中以日本和丹麦的经验尤其值得关注。这两个国家能源资源较为贫乏，且都曾饱受能源危机之困。然而，日本和丹麦自 20 世纪 70 年代以来成功转型，摆脱了能源匮乏的桎梏，实现了高速经济发展与低速能源消耗并存、经济效益与环境效益兼顾的目标。我国虽在能源禀赋等方面与这两个国家不同，但其成熟经验值得我国深入研究和借鉴。

一　典型国家的能源节约法制概况

（一）日本的能源节约法制

20 世纪 70 年代中后期的石油危机，使国内资源贫乏的日本深刻认识到了能源节约的重要性。自彼时起，日本不断致力于推动能源节约和新能源的开发利用，并已取得明显成效。根据日本国民经济计算年报的综合能源统计数据显示，日本 GDP 的一次能源消费量较之 1973 年的 1.8 万吨石油/兆日元，已降低至 2010 年的约 1.1 万吨石油/兆日元。[①] 如将日本的能源效率作为基数 1 与其他发达国家或地区作对比，那么美国为 2.72，英国为 1.91，法国为 1.59，德国为 1.41。[②] 由此观之，日本无论在能源消耗量上还是在能效水平上，均处于世界领先水平。这与日本的能源节约法制密切相关。

1. 能源节约管理体制

日本的能源节约管理体制采用中央统一管理的方式。日本《关于合理使用能源的法律》（以下简称《节能法》）规定，节能工作主管部门是日本的经济产业省，负责人为经济产业大臣。[③] 在经济产业省内部，则由资源能源厅下的节能新能源部负责制定节能工作基本方针和节能政策、拟定节能法规措施、提供节能补助金、实行优惠税制等。同时，经济产业省下设的 9 个地区局均有相应的节能办公室，具体负责监督各地方的节能工作。[④]

经济产业省下属还设有日本节能中心（Energy Conservation Center of Japan，ECCJ）和新能源产业技术综合开发机构（New Energy and Industrial Technology Development Organization，NEDO）这两家节能专业机构。日本节能中心成立于 1978 年，属于经济产业省管辖的公益性法人（一般财团法人），总部设在东京，下设 8 个地区办公室。节能中心的主要职能包括四个方面：基于能源管理技术支持经济产业省的节能工作，如开展节能节电诊断[⑤]、楼宇节能技术支持、节能技术评价、普及和促进国际标准 ISO50001 等；开展节能宣传教育活动，如开展节能大奖的评选、

---

① 茂木正:「日本の省エネルギー政策について」（2012 年 11 月 12 日），载日本经济产业省主页：http://www.enecho.meti.go.jp/category/saving_and_new/saving/iso50001/pdf/1mogi.pdf，最后访问时间 2014 年 4 月 21 日。

② 朴光姬:《日本的能源》，经济科学出版社 2008 年版，第 315 页。

③ 日本《节能法》第 3 条规定："经济产业大臣……须从综合推进能源使用合理化出发……制定并公布关于能源使用合理化的基本方针。"除这一规定外，日本《节能法》的其他内容也基本规定由经济产业省、经济产业大臣主管或主导。

④ 朴光姬:《日本的能源》，经济科学出版社 2008 年版，第 325 页。

⑤ 节能诊断，是指通过技术和管理手段判断企业的能源消耗、能源利用率等状况，使企业获知自身节约能源的实际状况，并在此基础上分析节能潜力，提出进一步节能降耗的途径。参见《什么是节能诊断》，http://xmecc.xmsme.gov.cn/2012-12/20121218121958.htm，最后访问时间 2015 年 8 月 30 日。

通过网络和出版物的形式提供节能信息等；为节能培养人才，受国家委托，代办实施能源管理师国家考试和研修、讲座等；支援海外节能行动，如派遣专家、接受研修、向海外普及和支援节能技术以及设备等。①

新能源产业技术综合开发机构（NEDO）成立于 1980 年，是日本经济产业省的直属机构，下设 3 个地区办公室，经费全部来自经济产业省的拨款。在节能方面，该机构的主要任务是以产业化、实用化为目标，支持节能技术和产品的产业化，以及促进节能技术的研究开发、引进和推广，如研发超导技术、零能耗建筑系统（Zero Energy Building，ZEB）以及智能交通系统（Intelligent Transport System，ITS）等。②

除行政管理机关外，日本产业界还自发建立了日本经济团体联合会（Japan Business Federation，简称"经团联"）和节能服务公司（Energy Service Company，ESCO）以引入有效的市场机制，推动节能工作。"经团联"是 2002 年 5 月由原日本经济团体联合会和日本经营者团体联盟合并成立的综合性经济团体，截至 2015 年 6 月 2 日，有会员 1329 家，覆盖了包括钢铁、水泥、化学、家电、汽车、造纸、电力等各领域的企业。"经团联"在经济、产业、社会、环境、科技、劳动等领域开展研究，利用经济界的知识和经验向政府建言献策。在节能方面，"经团联"主要致力于制定实施自主节能行动计划并监督会员企业的实施情况，③ 每年发布报告，公布实施效果。④

节能服务公司（ESCO）又称"能源服务公司"，其服务包括：基于节能诊断提出节能建议，开展节能设计及施工，引进和运营节能设备，筹措节能资金，测量和保障节能效果，等等。⑤ 据 2015 年 3 月日本 ESCO 推

---

① 「省エネルギーセンターの活動」，http：//www.eccj.or.jp/profile/summary.html，最后访问时间 2015 年 8 月 24 日。

② 「NEDOについて」，http：//www.nedo.go.jp/introducing/index.html，最后访问时间 2015 年 8 月 25 日。

③ 「経団連の概要」、「一般社団法人日本経済団体連合会定款」，http：//www.keidanren.or.jp/profile/teikan.pdf，http：//www.keidanren.or.jp/profile/，最后访问时间 2015 年 8 月 25 日。

④ 経団連：「経団連環境自主行動計画」，http：//www.keidanren.or.jp/japanese/policy/pol133/index.html；経団連：「低炭素社会実行計画」，http：//www.keidanren.or.jp/policy/2013/003_honbun.pdf，最后访问时间 2015 年 8 月 30 日。

⑤ ESCO 推進協議会：「ESCO 事業とは」，http：//www.jaesco.or.jp/esco/，最后访问时间 2015 年 8 月 30 日。

进协议会发布的统计，2013 年度节能服务公司产业的市场规模达到 300 亿日元，其中工业产业部门占 166 亿日元，其他事业部门占 134 亿日元。[①]

2. 能源节约法律体系

日本目前最主要的有关能源节约的法律是 1979 年《节能法》。该法历经了十余次修订，最近一次修订于 2014 年完成。[②]《节能法》共计 8 章 99 条，包括总则、基本方针、有关工厂等的措施、有关运输的措施、有关建筑物的措施、与机械器具相关的措施、处罚规定、附则等。该法主要规范工厂领域、运输领域、建筑领域和机械器具制造领域，同时也对合理使用能源的各种具体措施做出了详细规定。[③] 内阁与经济产业省还根据该法分别通过政令和省令的形式制定了多项法律实施细则，如日本内阁 1979 年《关于合理使用能源的法律施行令》、原通商产业省（即现经济产业省）1979 年《关于合理使用能源的法律施行规则》《关于能源管理师的考试和授予许可证的规则》等。

除《节能法》外，日本与能源节约相关的主要法律还包括：①1993 年《能源供需高级化法》和《节能与再生利用支援法》。前者以修改和强化《节能法》为中心，将新的全球性环境问题考虑在内，制定了开展各种活动的详细预算；后者规定对主动采取节能及资源再生循环利用的业主实行超级利率融资，给予债权保证以及税收优惠等支持。[④] ②1998 年《关于推进地球温暖化对策的法律》（1999 年 4 月实施）。该法要求国家和地

---

① ESCO 推進協議会：「ESCO 事業の市場動向」，http：//www.jaesco.or.jp/news/docs/2013_ esco_ market_ survery_ results. pdf，最后访问时间 2015 年 8 月 30 日。

② 根据日本国立国会图书馆提供的《法令沿革一览》，日本《节能法》迄今为止已经过 1983 年、1993 年、1997 年、1998 年、1999 年、2002 年、2005 年、2006 年、2008 年、2011 年、2013 年、2014 年共十二次的修订。其中，1983 年引入了能源管理师制度，1993 年引入了针对重点用能指定单位的定期报告制度，1998 年引入了"领跑者"制度，2002 年将重点用能指定单位的范围扩充至民生服务部门，2005 年将热力与电力一体化管理，并对交通运输业引入定期报告制度，2008 年再次大规模扩充了定期报告义务的适用范围。参见日本国立国会图书馆：http：//hourei. ndl. go. jp/SearchSys/viewEnkaku. do？ i = YdVWXWgfsn46fD5WRLQlxA% 3D% 3D，最后访问时间 2015 年 8 月 25 日。另见桐原貴大、甘利朋矢「日本の省エネルギー政策の最新動向と今後求められる方向性」，「みずほ情報総研レポート 2013 社会動向レポート」。

③ 杜群、王利等：《能源政策与法律——国别和制度比较》，武汉大学出版社 2014 年版，第 67—68 页。

④ 陈海嵩：《日本的节能立法及制度体系》，《节能与环保》2010 年第 1 期。

方政府制定具体的节能目标，并要求企业根据《节能法》进行能源的高效管理。③2001 年《资源有效利用法》。该法规定了政府推进国内节能工作以及资源循环利用等内容。④2002 年《能源政策基本法》。该法对于日本长期实行、已经基本达成共识的能源政策进行了法律化的宣示和确认，对日本能源单行法普遍遵循的充分运用市场原理、普及能源知识、促进国际合作等原则做出了规定，同时也规定了节约能源和提高能效方面的内容。

3. 主要能源节约法律措施

日本目前的主要能源节约法律制度和机制包括重点用能单位指定制度、"能源管理师"制度、"领跑者"制度、能效标识制度、运输业和建筑业用能管理制度、能源节约财税支持制度和节能宣传与教育措施。

其一，重点用能单位指定制度。该制度根据日本《节能法》第 7 条的规定确立。所谓"指定"制度，是指要求特定能耗量的企业遵循特别的能源管理要求及履行报告义务的做法。日本内阁发布的《节能法》施行令规定，指定每年度①能源消耗折合原油 3000 千升以上的单位为"第一类重点用能指定单位"，年消耗折合原油 1500 千升以上的单位为"第二类重点用能指定单位"。符合这些标准的用能单位一旦被指定，就必须依法履行与其能耗相符的节能义务，具体包括：选任能源管理人员，定期报告能源使用量、能源使用效率以及伴随能源使用而发生的二氧化碳排放量、耗能设备、节能设施添置、改造或报废等情况，每年提交中长期计划书，等等。

其二，能源管理师制度。日本《节能法》第 9 条和第 10 条规定了能源管理师制度。取得能源管理师资格的方法一般有两种：通过经济产业省举办的国家考试取得，或者通过进修取得。一切人员均可通过参加日本节能中心（ECCJ）于每年 8 月举办的能源管理师考试而获得执业资格。考试科目分为必考基础科目和选考专业科目，其中必考科目为能源综合管理及法规，选考科目分为热学科目和电学科目。该考试每次合格率不足30%。② 通过进修取得，是指针对已从事三年以上节能实务工作的人员，

① 具体指每年 4 月 1 日至次年 3 月 31 日。

② 不動弘幸：「エネルギー管理士試験（熱分野）徹底研究」，オーム社 2010 年版。

可通过申请参加日本节能中心于每年 12 月举办的能源管理进修并通过最终进修结业考试获得资格。[①] 目前，日本共有约 6000 名能源管理师。[②] 第一类重点用能指定单位中从事制造、矿业、电力供应、天然气供应、热供应等业务的企业，必须根据自身能源使用情况配备 1—4 名能源管理师作为其能源管理者，负责编制和提交能源使用状况的定期报告和节能中长期计划。其他的第一类重点用能指定单位以及第二类重点用能指定单位则必须配备能源管理师作为其能源管理员，负责定期提交能源使用状况报告。根据日本《节能法》第 11 条的规定，能源管理师的工作内容包括对企业节能事项进行监督，对能源消费设备的维护和能源使用方法的改善提出建议，以及经济产业省规定的其他义务。

其三，"领跑者"制度。"领跑者"（トップランナー，Top Runner），是指汽车、电器、建材等产品生产领域能耗最低的行业标兵。"领跑者"制度在 1998 年修订的《节能法》中确立。[③] 该制度意味着厂家生产的该种商品均须超过现有商品的同类产品中节能性最好的产品，实质上是节能标准更新制度。[④] 根据该制度，节能指导性标准按当时最先进的水平制定，5 年后该指导性标准转变为强制性标准，达不到该标准的产品将被禁止在市场上销售，而新的指导性标准又同时出台。"领跑者"制度不但有效推动了日本企业节能，还形成了以技术为导向的市场竞争，激发了企业不断创新的内在动力。[⑤] "领跑者"制度的适用对象包括：在日本大量使用的机械器具；在使用时消费相当多能源的机械器具；以及特别有必要提高其性能的机械器具。[⑥] 截至 2010 年，"领跑者"制度的适用范围已包括汽车、空调、电视、照明、冰箱等 23 种产品，[⑦] 且适用范围仍在逐年扩大。最新的"领跑者"制度包括了建筑材料（如窗、绝热材料、厨房、

---

① 「エネルギー管理士について」，http：//www.eccj.or.jp/mgr1/guide/index.html，最后访问时间 2014 年 4 月 14 日。

② 朴光姬：《日本的能源》，经济科学出版社 2008 年版，第 327 页。

③ 日本《节能法》第 78—81、87、95 条。

④ 陈海嵩：《日本的节能立法及制度体系》，《节能与环保》2010 年第 1 期。

⑤ 赵爽：《能源变革与法律制度创新研究》，厦门大学出版社 2012 年版，第 142 页。

⑥ 日本《节能法》第 78 条。

⑦ 经济产业省资源エネルギー庁：「トップランナーの基準——世界最高の省エネルギー機器の創出に向けて」2010 年 3 月。

浴室、卫生间设备等)、热泵、LED 照明设备等。[1]

其四，能效标识制度。该制度是指政府要求生产企业为用户和消费者购买其产品的决策提供必要的能效信息，以引导和帮助消费者选择高效节能产品的一整套措施。[2] 能效标识是指附在用能产品上的信息标签，主要用来说明产品的能源性能，通常以能耗量、能源效率或能源成本的形式标示。[3] 日本早在 1999 年就开始对汽车、商用设备和家用电器等实行强制性能效标识制度，2000 年 8 月起开始实施统一的标识制度，目前已对包括汽车、空调设备、电冰箱、电视机、电子计算机等在内的 21 种产品实施了能效标识制度。日本还与美国联合实施办公设备能效标识计划，达到美国能效标准的，可粘贴"能源之星"（Energy Star）标识，且相互承认。[4] 能效标识由经济产业省统一制定，采用多阶段评价的方式，性能由高到低分别表示为 5 颗星到 1 颗星。能效标识还提供了该产品是否达到了领跑者基准、年消费电力量和估测的年电费金额等内容。[5]

其五，运输业用能管理制度。日本《节能法》第四章对运输业的节能做出了规定。根据该法及其实施细则，运输业用能管理制度的规制对象是达到拥有 200 辆卡车、300 节火车皮等要求的一定规模以上的运输业者，以及年发送货物 3000 万吨公里的货主。《节能法》要求这些从业者选择购买低耗油车型，提高货物装载效率，减少空运输，并设置节能责任人。运输业者需向国土交通大臣每年提交一次报告，货主向经济产业大臣及所从事的相关行业的主管大臣每年报告一次。如发现上述企业存在未充分采取节能措施的情形，主管部门可采取劝告、公布、命令及罚金等措施。[6]

其六，建筑物用能管理制度。日本《节能法》第五章对办公楼、住

①　経済産業省資源エネルギー庁：「平成 26 年度エネルギーに関する年次報告」（エネルギー白書 2015），http：//www. enecho. meti. go. jp/about/whitepaper/2015pdf/whitepaper2015pdf_ 3_ 2. pdf，最后访问时间 2015 年 8 月 30 日。

②　朴光姬：《日本的能源》，经济科学出版社 2008 年版，第 328 页。

③　金明红、李爱仙：《我国能效标识制度核心概念辨析》，《节能与环保》2005 年第 2 期。

④　朴光姬：《日本的能源》，经济科学出版社 2008 年版，第 328—329 页。

⑤　「トップランナー制度の現状と評価について」，http：//www. meti. go. jp/committee/materials/downloadfiles/g70305a05j. pdf，最后访问时间 2015 年 8 月 26 日。

⑥　経済産業省資源エネルギー庁：「我が国の省エネルギー政策について」，http：//www. enecho. meti. go. jp/category/saving_ and_ new/saving/pdf/current_ situation_ japanese. pdf，最后访问时间 2015 年 8 月 27 日。

宅等建筑物提出了明确的节能要求,并制定了建筑物的隔热、隔冷标准。新建或改建项目,须向有关部门提交节约能源的具体措施。用能超过限额的建筑物,须配备能源管理员,负责向政府有关部门提交节能中长期计划、年度计划及落实情况的报告。①

其七,能源节约财税支持制度。日本《节能法》第 82 条规定,国家为促进能源的合理使用,在财政、金融和税制上采取积极措施,其中主要包括:①税收优惠、低息贷款和补助金。对引进节能设备的工厂和单位、企事业单位新建的热电联产项目、通过合同能源服务公司改造、新建节能楼宇等,提供低息贷款和税收优惠;②政府直接提供大量资金,支持节能;③直接补贴和税收减免。经济产业省每年安排 380 亿日元,用于补贴家庭与楼房能源系统、高效热水器等;④支持节能服务机构的发展。节能服务机构与节能项目实施企业共同申请节能项目资金补助时,最高补助金额可达节能改造项目投资的 50%。②

其八,宣传与教育措施。为在全国范围内推广节能,日本设立了节能日,每月的第一天对节能活动进行评估并确定其成果;每年 2 月为日本的节能月,面向消费者和公共机构举办能源效率展览和各种大型活动。③ 日本非常重视通过大众传播和公共舆论手段来树立国民节能的理念,效果甚佳的"公众运动"即为一例。④ 日本还将节能与时尚结合,形成了"极简主义"风格,深受民众欢迎。

(二) 丹麦的能源节约法制

丹麦的能源资源赋存量不大,除石油和天然气外,其他能源资源储存很少,所需煤炭全部依靠进口。⑤ 自第一次石油危机后,丹麦大力调整能

---

① 杜群、王利等:《能源政策与法律——国别和制度比较》,武汉大学出版社 2014 年版,第 463 页。

② 朴光姬:《日本的能源》,经济科学出版社 2008 年版,第 331—332 页。

③ 同上书,第 335 页。

④ 例如,2005 年夏季,日本开始实行"清凉商务装"(クール・ビズ,cool biz)活动。根据该活动规定,6 月初至 9 月底期间,政府全体职员不着西装领带,轻装上班。政府办公室的空调设定温度不能低于 28 度。据统计,仅此举每年就节省石油 31 亿立升,削减二氧化碳排放量约46 万吨,相当于 100 万个家庭一个月的二氧化碳排放量。参见日本环境省《环境白皮书》,2006 年版,第 25 页。

⑤ 中华人民共和国商务部中国驻丹麦王国大使馆经济商务参赞处:《丹麦概况》,http://dk. mofcom. gov. cn/article/ddgk/,最后访问时间 2015 年 8 月 25 日。

源结构，积极开发新能源。从 1980 年至今，丹麦的 GDP 增长了近 60%，但能源消耗基本维持不变。① 20 世纪 70 年代前，丹麦 99%的能源均需进口。但其后几十年间，丹麦的能源自给率不断上升，1990 年上升到 50%左右，1997 年达到 100%，2005 年自给率更高达 156%。② 因此，丹麦成为公认的能源问题解决得最好的国家之一。③

1. 能源节约管理体制

自 1973 年能源危机以来，丹麦认识到需要有一个强有力的政府部门牵头主管能源事务，以便从国家利益高度出发，调动各方面资源，统筹制定国家能源发展战略并组织监督实施。为此，丹麦于 1976 年成立了能源署。目前，丹麦能源署是气候、能源与建筑部（Ministry of Climate，Energy and Building）之下的一个部门，④ 其职责最初是为了解决能源安全问题，后来管理重点逐渐涵盖国内能源生产、能源供应和分销以及节能。根据丹麦能源署官方网站的说明，丹麦能源署的职责主要涉及以下方面：从能源生产到供给、消费整个产业链的管理；能效与节能；建筑领域和交通运输领域的节能；温室气体减排；等等。⑤ 此外，丹麦气候、能源与建筑部还下设能源技术发展与示范项目（Energy Technology Development and Demonstration Programme，EUDP），该机构致力于支持研发能源技术。⑥

2. 能源节约法律体系

自 20 世纪 70 年代中后期起，丹麦开始通过立法形式推动能源节约。1976 年，丹麦颁布了《供电法案》，1979 年又颁布《供热法案》。1981 年，丹麦通过了《住房节能法案》。2000 年，丹麦制定了综合性节能法律

① 白文亭：《丹麦：全球新能源行业的标杆》，《电气时代》2011 年第 8 期。

② 华旺：《独具特色的丹麦能源发展战略》，《广西电业》2007 年第 3 期。

③ 中国驻丹麦王国大使馆经济商务参赞处：《丹麦概况》，http：//dk. mofcom. gov. cn/article/ddgk/，最后访问时间 2015 年 8 月 25 日。

④ Danish Energy Agency, *About the Danish Energy Agency*, see http：//www. ens. dk/en/about-danish-energy-agency, last visited August 25, 2015.

⑤ Ibid.

⑥ *Danish Ministry of Energy*, *Utilities and Climate - Ministerial Institutions*, see http：//www. kebmin. dk/en/the-ministry/danish-ministry-of-energy-utilities-and-climate-ministerial-institutions, last visited August 25, 2015.

《能源节约法》。[①] 2004 年，丹麦进一步修订节能法规，强调建筑和工业的节能，提倡使用节能家电，培养公民和全社会的节能习惯。[②] 现有的节能立法调整的主要领域包括建筑、器械与产品、工业、公共部门、配电和电网企业等。此外，由于丹麦属于欧盟国家，欧盟的节能相关法律也对丹麦具有约束力，这些法律包括《2012 能效指令》（*Energy Efficiency Directive* 2012）、《欧盟建筑物能效指令》（*EUDirective on The Energy Performance of Buildings*）等。

3. 能源节约主要法律制度

有效的法律规制对丹麦能源节约战略的成功实施起到了至关重要的作用，其能源规划、能效标识、建筑物节能、节能技术研发支持和环境保护税费等值得我国借鉴。

其一，能源规划制度。丹麦的能源规划十分详尽，且根据国内外的形势与需要及时更新。丹麦 1990 年制定了《能源 2000 计划》，1996 年制定了《能源 21 计划》，2005 年制定了《能源战略 2025》。2008 年，丹麦执政党与在野党达成了《关于 2008—2011 年能源政策的协议书》，规定到 2020 年能源消耗应比 2006 年水平减少 4%。目前丹麦就能源问题的远景规划是 2011 年制定的《能源战略 2050》（*Energy Strategy* 2050），该战略的目标是：到 2050 年，丹麦将完全不依赖化石燃料，完全成为一个低碳社会。在能源节约方面，丹麦倡导提高家庭和企业的能效，目标是 2020 年的能耗比 2009 年减少 6%。此外，丹麦还于 2011 年 11 月发布《我们未来的能源》（*Our Future Energy*），2012 年 3 月发布了《面向 2020 年绿色能源的加速计划》（*Accelerating Green Energy Towards* 2020），[③] 详细规定了能源有效合理利用、节能战略实施等内容。

其二，能效标识制度。在建筑能效标识方面，丹麦区分大型建筑（1500 平方米以上）和小型建筑（1500 平方米以下）。大型建筑采用 ELO 方案（亦称"能源管理方案"）（Energy Management Scheme）；对于小型建筑，1997 年《能源标识法案》要求所有小型建筑在出售时，需对房屋

---

① 周勇刚：《丹麦能源发展战略：节能与环保并举》，《可编程控制器与工厂自动化》2010 年第 5 期。

② 华旺：《独具特色的丹麦能源发展战略》，《广西电业》2007 年第 3 期。

③ 近藤かおり：「デンマークのエネルギー政策について—風力発電の導入政策を中心に—」,「レファレンス」平成 25 年（2013 年）9 月号。

进行能效评估，评估范围扩大到包括能源、电力和水。在此方面，丹麦建立了评估标准和计算模型，设立招标评估公司，开展宣传培训计划。目前，丹麦独幢住宅的节能标识率已达到85%。[①] 在器械和产品能效标识方面，丹麦实施针对白色家电的欧盟强制能效标识方案，以及针对办公设备的"能源之星"能效标识方案等，国内也有许多自愿能效标识方案，如针对窗户、燃油锅炉、工业用电动机、通风设备等的标识方案。丹麦能源署对国内的能效标识制度的实施情况进行监督检查。

其三，建筑物节能制度。在丹麦，超过30%的能源消耗用于家庭建筑采暖，[②] 因此建筑物节能意义重大。1961年起，丹麦对新建建筑能源消耗做出规定。其后，丹麦通过严格的建筑节能要求，加强对既有建筑的改造，在建筑标准中对新建建筑供热、制冷、通风、生活热水和照明等方面的能源效率做出了详细的规定，使建筑能耗大幅降低。丹麦通过征收建筑采暖燃料税、支付节能投资补贴、实施出租房屋节能一揽子计划等手段，降低建筑能耗。1996年，丹麦住房建设部门颁布条例，要求所有建筑物安装热计量装置。通过实施供热计量，室内采暖总能耗降低了50%。目前，丹麦新建建筑的供热能耗仅为1977年的25%左右。[③]

其四，节能技术研发支持制度。为了保持在能源领域的竞争力，丹麦政府不断增加对能源研发的资金支持。丹麦能源署通过"能源研究项目计划"，仅2007年就为能源研究提供资助5500万丹麦克朗。同时，也有企业对环保型能源研究提供资助。例如，Energinet公司2007年资助款项约为1.3亿丹麦克朗。另外，一些行业协会和研究机构，如丹麦能源协会[④]和丹麦战略研究理事会[⑤]等，也在能源节约研究领域提供资助。[⑥]

其五，环境保护税费制度。丹麦注重通过税费手段促进能源节约，较为典型的税种是能源税。能源税的课税对象主要是矿物燃料和电（罐装

---

① 高沛峻：《欧洲能源政策与建筑节能标识制度》，《建设科技》2006年第19期。

② 丹麦气候、能源与建筑部：*Energy Savings*，http：//www.kebmin.dk/en/climate-energy-and-building-policy/denmark/energy-supply-and-efficiency/energy-savings，最后访问时间2015年8月27日。

③ 李铮等：《欧盟和丹麦建筑节能技术与政策》，《建筑科技》2015年第4期。

④ 2007年，丹麦能源协会为节电研究提供约2500万丹麦克朗的资助。

⑤ 2006年，丹麦战略研究理事会为可再生能源和节能研究提供约1.1亿丹麦克朗的资助。

⑥ 华旺：《独具特色的丹麦能源发展战略》，《广西电业》2007年第3期。

液化气、燃料油、煤、电和天然气等），具体包括普通能源税和污染排放税。普通能源税于1977起征，最初适用于石油产品和电，以促进能源节约、鼓励以其他能源替代石油。1982年开始对煤征收能源税，对天然气征税则始于1997年。能源税的税率一直稳定增长，包括增值税在内的总税负达到消费价格的2/3。二氧化碳税于1992起年开征。目前，须缴纳能源与二氧化碳税的法律主体包括家庭、公共部门、私人服务部门、农业和工业部门。对于企业，丹麦采用被称为"二氧化碳协议"的补贴计划，即特定企业可与能源署签署自愿协议，承诺完成协议中明确的能源保护措施。在此情形下，企业可适用较低税率，获得减税优惠。此外，丹麦与节能相关的税种还有垃圾税、车用燃油税、自来水税、特定零售商品包装税、一次性餐具使用税等。另需关注的是"绿色收入返回"（Recycling of Revenue）制度。在丹麦，出于维持企业发展动力之考虑，全部或部分的"绿色收入"又通过减少其他与企业相关的税收以及使用补贴支持环保的方式返回到企业，其中大量的补贴用于能源领域，如促进可更新能源的利用、能源的节约和二氧化碳减排等。[1]

二　域外经验的借鉴意义

明确节能目标、加强法律制度建设、善用价格税收杠杆、能源节约与环境保护相互促进，是日本和丹麦能源节约法制建设的基本经验，分述如下。

其一，明确节能目标。日本和丹麦都制定了国家能源的宏观战略计划。如日本2006年经济产业省发布的《新国家能源战略》提出"构建世界最先进的能源供求结构、开展资源外交及加强能源环境的一体化建设、充实危机应对政策、解决共同课题"4个方向，同时又分别制定了8个子战略，"节能规划"就是其中第一个战略性规划。[2] 丹麦也是在1973年石油危机后，建立了能源部，制定了第一个15年的能源政策和发展规划，并基于法律程序付诸实施。[3] 在制定规划的过程中，要注意两个重要方面：一是科学制定符合本国国情的节能战略；二是制定战略目标后，要保证政策的稳定实施。

---

① 高萍：《丹麦"绿色税收"探析》，《税务研究》2005年第4期。

② 姜雅：《日本节能规划的战略目标及其保障措施》，《中国金属通报》2010年第6期。

③ 姜贤荣：《丹麦节能情况考察报告》，《节能》1991年第10期。

其二，加强法律制度建设。节能的有序进行最终依然要靠法制的保障。只有通过立法保障，才能保证节能工作持久有序运营，才能实现节能目标。法制的健全，不仅是不同位阶上的立法的完备，还要健全立法的理念。日本和丹麦两国的节能法律制度给我国节能法制建设的启示主要体现为：首先，完善节能法律法规。纵观日本和丹麦两国关于节能制度的法律法规，可见，我国应进一步充实和完善节能法律法规，提高节能制度法律法规位阶。进而扭转政策为主，法律为辅的模式。其次，细化节能法律制度，对能源企业进行分类管理，明确节能目标，制定目标责任制度。最后，鼓励发展可再生能源，并制定合理的能源规划。通过合理的能源规划，明确节能目标，并且，加大开发可再生能源，实现节能和环境保护的协调发展。

其三，善用价格税收杠杆。日本、丹麦的上述几项卓有成效的节能制度有一个共同点，即重视终端消费者节能，注重社会参与。这种重视终端节能的做法体现了节能的不对称法则：在消费端节约的单位能量，相当于在源头节省了多个单位的能源。以电能为例，从天然气资源转化为电能，再转化为家用白炽灯的光能，能量由最初的 100 个单位最后只剩下 2 个单位可用。实际上，在大部分的能量转换过程中，从燃料资源产生的能量到实际使用的能量，结果是让人难以置信的不平衡或不对称。由此给我们的启示是与其在能源源头节省 100 个单位的能量，不如在终端消费过程中节省 2 个单位的能量。[①] 因此之故，法律制度设计应更多地关注面向终端消费的能源节约。

其四，能源节约与环境保护相互促进。日本和丹麦的节能政策还有一个共同点，就是二者都十分重视节能与环保的关系。减少能源的消耗是最好的减排措施，也是最好的环保手段。而新能源的应用可以起到"一石二鸟"的作用，既作为替代能源减少了传统能源的使用，又减少污染，起到环境保护的作用。我国在能源结构上还需进一步调整。关于节能、环保与新能源的使用都需要在立法上进行规范。这就要求在立法的过程中，注重多元目标的渗透。如在能源节约立法中要有鼓励环保和使用替代能源的规定，在制度设计上也要注意不同价值目标的结合。

---

① ［加］彼得·特扎基安、基思·霍利汉：《破解能源饥渴症：未来低碳之路》，裴文斌等译，石油工业出版社 2010 年版。

其五，加强国际节能与新能源开发的合作。日本通过 ODA（Official Development Assistance，官方开发援助）项目和全球许多国家都有能源的合作。丹麦同样注重开展国际、多边和双边的能源合作，以保护丹麦能源方面的利益，提升丹麦在能源领域的国际地位，促进与能源相关的商业利益如能源技术设备的出口。这些合作包括在欧盟、欧洲能源宪章、经合组织、国际能源署、联合国和北欧部分国家，如挪威、瑞典等的能源合作。我国目前出于能源安全方面的考虑，已经开展了和上海合作组织国家如俄罗斯、哈萨克斯坦、塔吉克斯坦等在能源方面的合作。并且，2015 年我国明确提出了"一带一路"发展框架，其中能源领域的国际合作亦是其核心部分，在维护能源安全的前提下，我国亦应重视能源领域的节能化，通过国际合作，提高节能技术，推动我国节能技术领域的创新和发展。

其八，加强有关节能环保、低碳经济的宣传。日本非常重视通过国内高度发达的现代传媒、新闻、广告和娱乐业以及"公众运动"（キャンペーン，Campaign）等大众传播、公共舆论手段来树立国民节能减排的理念。如今，"省エネ"（即省エネルギー，节约能源的缩略语），已成为日本流行语之一，在电视广告上随时可以听到。如 2005 年夏季起，小泉内阁开始实行的"清凉商务装"（クール・ビズ，cool biz）活动。该活动规定，在 6 月初至 9 月底期间，政府全体职员都要脱下西装外套，解下领带，轻装上班。政府办公室的空调设定温度不能低于 28 度。据统计，仅此举每年就节省石油 31 亿立升，削减二氧化碳排放量约 46 万吨，相当于 100 万个家庭一个月的二氧化碳排放量。[①] 再如日本著名的生活家居品牌"无印良品"（MUJI）就主打低碳环保、"极简主义"的设计风格和制作工艺，受到了广泛的欢迎。同样，丹麦能源署也认为，节能宣传十分重要，必须让人们懂得节能的必要性和最佳使用能源的方法。丹麦的节能宣传有两个特点，一是结合人们需要，大量提供节能的专门信息。二是采取算细账的方法，具体地讲某种节能措施确实是有利的。[②] 而反观我国，虽然已在《节约能源法》第八条中规定了"国家开展节能宣传和教育"以及在第九条中规定了"新闻媒体应当宣传节能法律、法规和政策"，并且确实在实践中有一定的宣传，但较之日本与丹麦，无论是在宣传方式、手

---

① 日本环境省：《环境白皮书》，2006 年版，第 25 页。
② 姜贤荣：《丹麦节能情况考察报告》，《节能》1991 年第 10 期。

段上还是在宣传力度、效果上都有较大差距。我国的节能宣传教育形式和水平多数还停留于"喊口号、贴标语"层面上,并且较多属于短暂的运动式的宣传,缺乏长效宣传机制。

第四节　我国能源节约法制的完善

健全和完善我国能源节约法制,可以参考日本、丹麦等国的成熟经验,健全法律体系,完善管理体制,扩大调整范围,改进能效标准标识制度,更加重视市场机制,加强宣传和公众参与。

一　健全法律体系

《节约能源法》在建筑节能、交通运输节能、公共机构节能方面做出了原则性规定。应及时制定配套的规则,为法律的进一步实施提供明确的法律依据。目前《建筑节能管理条例》已经颁布实施,在其他领域则无相应规定,应当加紧制定"交通运输节能管理条例""公共机构节能管理条例"等配套法规。另外,《节约能源法》中的一些重要制度未规定实施办法,如该法第 66 条提到的合同能源管理等,在进一步立法中应予重视。在此情形下,制定配套法规,明确法律主体间权利、义务和责任,对于有效落实节能减排法律和政策具有重要作用。

二　完善管理体制

合理的能源节约管理体制,应形成"纵横交错"的态势。在"纵"向环节上,从节能技术研发与推广、到人才培养、再到节能宣传教育和节能法律监督,均应有明确的管理机构和参与主体。在"横"向领域上,工业、交通、建筑以及其他领域的能源节约,亦应有明确的职责分工。基于这一考虑,我国应清晰界定各主管部门的管理职责,在不同部门与机构之间合理配置管理权限,同时妥善处理政策制定部门与监管部门的关系,防止"运动员与裁判员身份合一"的局面。在此可借鉴日本和丹麦的经验,由能源管理部门(如日本的资源能源厅和丹麦的能源署)统一负责能源节约的指导和推动工作。在我国,国家能源局比较适合承担这一工作。日本和丹麦均重视能源节约管理体制上各类主体的协同合作,行政部门之外的事业单位、公益机构以及企业组织等也成为节能管理的重要参与者，亦值得我国借鉴。

三　扩大调整范围

我国能源节约相关立法直接针对终端用能主体的规定不多。从制度的有效性和效率性考虑，终端用户节能往往具有更为重要的作用。为此，进一步立法可借鉴日本和丹麦的经验，更加重视从业人员、企业单位、消费者等用能主体的节能。另外，进一步立法亦应加强对建筑领域、交通运输领域、民生领域、消费领域以及政府机关节约用能的法律调整和监督。

四　改进能效标准标识制度

可参考日本的"领跑者制度"，在家电及其他领域中规定最低能效标准，并规定确定的更新周期，以提高标准的动态性，同时激发企业的节能动力。同时，还可借鉴日本和丹麦的经验，扩展能效标识的适用范围，在各节能相关领域进行能效标准的推广和认证。能源节约主管部门亦应加强对能效认证和标识工作的监督管理，以确保能效标识的公信力。

五　重视市场机制

首先是探索建立和完善能源节约税费制度。在此可借鉴丹麦的经验，对消费者、工业、农业等领域科以税赋的同时，对节能行为实行补贴和财政返回制度，这样不至于使产业负担过重，并可形成良好的激励效果。其次是加强对节能技术研发的支持，加大对节能产品的支持力度。较之于我国，日本和丹麦对节能产业的支持力度大得多。再次是借鉴日本经验，对引进节能设备的企业，采用补助金、免税、直接补贴、低息贷款等多种手段提供鼓励。最后是完善对能源服务公司、合同能源管理、自愿减排协议等市场化节能制度的设计，及时制定相应实施细则。在此，应充分发挥节能服务公司的作用。节能服务公司，是提供用能状况诊断、节能项目设计、融资、改造（施工、设备安装、调试）、运行管理等服务的专业化公司。[1] 加快发展以节能服务公司为代表的节能服务产业，是基于市场机制促进节能减排、减缓温室气体排放的有效措施。[2]

---

[1] 参见《合同能源管理技术通则》（GB/T24915—2010）。

[2] 周伏秋、刘静茹：《运用担保机制促进节能服务产业发展》，《宏观经济管理》2011 年第11 期。

六　加强宣传与公众参与

日本节能宣传丰富多样的形式和将低碳节能与时尚相结合的路径，取得了很好的效果。丹麦在节能宣传方面提供大量的专门信息，并详细分析采取节能行动对于公众的益处。[1] 在宣传方式、宣传手段和宣传内容上，我国可借鉴日本和丹麦的经验，采取灵活、多样的宣传方式，借助科技化手段，提高宣传内容的实用性。在公众参与方面，进一步立法应明确规定公众参与的原则和制度。例如，在进行重大能源决策时，应听取有关行业协会、企业和社会公众的意见等，保障公众的知情权；同时，应健全公众对于节能和能效管理的事前参与和事后监督机制；还应进一步通过法律手段促进企业以及政府、公共机构的能源信息公开，以便利公众参与。

---

① 姜贤荣：《丹麦节能情况考察报告》，《节能》1991 年第 10 期。

第八章

适应低碳经济的能源环境保护法制

> 水居然是透亮的，荇藻青青，风一过，摇得如痴如醉，黄雀和燕子在水上沾一下脚，在野花上一站就掠走了，花一软，再努一下，细细密密的水纹久久不散。一抬头，一只白鹭拐了一个漂亮的大弯。这是远古我的家乡。
>
> ——柴静①

在低碳经济背景下，加强能源开发利用过程中的环境保护，从而实现能源资源的生态价值，是能源法的基本原则之一。② 本章所称"能源环境保护"，是指与能源开发利用相关的环境保护活动，其中既涉及能源法中有关环境保护法律机制的确立、完善及其有效实施，又涉及环境保护法中与能源开发利用有关的内容。党的十九大报告要求壮大节能环保产业、清洁生产产业和清洁能源产业，构建清洁低碳、安全高效的能源体系，这为我国能源环境保护法制建设提供了明确的目标。

第一节　概述

能源开发利用对生态环境有重大影响，这在煤炭、石油天然气、可再生能源的开发利用方面均有体现。同时，低碳经济作为一种发展模式，与能源开发利用密不可分。

---

① 柴静：《看见》，广西师范大学出版社 2013 年版，第 134 页。该书第七章"山西，山西"讲述山西省因煤炭开发引起的环境污染问题。所引文字出自该章的最后三段内容。

② 尽管从环境利用权的角度看，"对于生态价值的考虑绝不是自然资源利用权的主体和核心内容"。参见王社坤《环境利用权研究》，中国环境出版社 2013 年版，第 191 页。

一　能源开发利用的环境影响概述

煤炭在生产与消费过程中，会对大气、水、土壤、生态以及人体健康产生诸多方面的负面影响。例如，煤炭开采可能形成矿井采空区地表塌陷，露天剥离表土堆放占用大量土地，产生的固体废弃物造成土壤环境污染，同时造成矿山生态环境的破坏，形成泥石流等。[①]

石油天然气开发利用对环境的影响主要体现为对诸多环境要素的负面影响。①对大气环境的影响。石油天然气开发利用过程中产生的废气包括燃料燃烧废气和生产工艺废气。燃料燃烧废气中的主要污染物是烟尘、氮氧化物、二氧化硫、烃类等。生产工艺废气主要是烃类气体和含硫化合物。石油开发利用产生的温室气体较多，常规天然气开发利用过程中产生的温室气体相对较少。但作为非常规天然气的煤层气若开发不当，其释放的温室气体会产生较大的气候影响。②对水环境的影响。在石油钻井过程中，钻井废水和废弃泥浆如果处置不当，可能渗入地下并影响地下水质量，废弃泥浆亦可能因雨水冲刷进入河流而污染地表水体。石油天然气开采环节中影响水环境质量的主要污染物有采油（气）废水和落地原油。炼油环节产生的循环水、油品洗涤废水、冷凝废水、机泵冷却废水、原料油脱水、地面冲洗水、设备冲洗水、油罐排水等，对水环境会产生较大影响。页岩气开发利用对水环境的负面影响备受关注，特别是水力压裂法大量消耗水资源以及对地下水层的污染问题，一直是难以解决的问题。[②]③对土壤环境的影响。油气田开发建设过程中排放的污染物主要是废弃钻井液中的油类、重金属、化学添加剂、落地原油等。这些污染物直接或间接进入土壤，会严重影响土壤质量。在油气田生产过程中的施工作业，也可能引起土壤理化性质改变、肥力降低及土壤盐碱化和沙化。如果发生井喷或则管道泄漏事故，也会严重污染土壤环境。[③]④对生态系统的影响。在油气田开发建设中，钻井、作业、铺设管道、修建公路及建居民区等工程会对生态系统造成影响，加之采油、输油等环节产生的落地原油可随雨

---

①　王金南、曹东等：《能源环境：中国 2020》，中国环境科学出版社 2004 年版，第 4—5 页。

②　陈莉、任玉：《页岩气开采的环境影响分析》，《环境与可持续发展》2012 年第 3 期。

③　*Environmental impact of the petroleum industry*, see http://en. wikipedia. org/wiki/Environmental_ impact_ of_ petroleum, last visited December 20, 2013.

水或地表径流渗漏到土壤和水体中，从而对陆地生态系统和水生态系统造成负面影响。[1] 发生在海域中的石油泄漏事件，则对海洋生态系统产生巨大影响。而要对石油泄漏进行清理，则取决于许多因素，包括石油泄漏的类型、水的温度（影响蒸发和生物降解）以及海岸线和海滩的类型等，一般需要几周、几个月甚至几年的时间。[2] ⑤对人体健康的影响。石油天然气生产和消费过程还产生大量有害环境的物质，直接或者间接地影响人体健康。石油通常难以充分燃烧，从而排放一氧化碳、甲醇等对人体有害的物质。另外，伴随石油燃烧产生的细颗粒物会引起人类心肺系统疾病。例如，美国加利福尼亚州空气资源委员会研究发现，柴油发动机的尾气中含有许多致癌物质，暴露于高浓度柴油发动机尾气的工作人员肺癌发病率非常高。[3]

可再生能源也造成一定程度的环境影响。如地热能被认为是清洁能源，但在其开发利用过程中，地热水的直接排放会造成地表水的热污染。[4] 风电场如果建设在候鸟通过的地区，可能会影响鸟类迁徙并造成鸟类伤亡。[5] 光伏发电本身具有清洁性，但生产光伏发电元件和设备的过程中，亦会造成环境污染。有学者还从环境史的角度就水利工程对于实体环境的影响进行了研究，认为水利控制是我国环境史中的重要议题之一。[6]

二　能源环境保护与低碳经济的内在关联

能源利用与经济发展之间存在着高度的正相关关系。1950—2006 年，美国 GDP 年均增长 3.36%，能源消费量年均增长 1.91%。第一次石油危机期间，美国经济衰退。与 1973 年相比，美国 1975 年的能源消费下降了 4.9%，相应地，GDP 下降了 0.7%。近 30 年来，发展中国家的经济总量和能源消费增长较快。1975—2006 年，巴西和印度的 GDP 分别增长了

---

① 任晓娟主编：《石油工业概论》，中国石化出版社 2007 年版，第 15—16 页。

② Marybeth Holleman, *The Lingering Lessons of the Exxon Valdez Spill*, Seattle Times, 2004.

③ F. Peter, W. Winteringham, *Energy Use and the Environment*, Lewis Publishers, 1992, p. 44；王金南等：《能源与环境：中国 2020》，中国环境科学出版社 2004 年版，第 5 页；周晓东、胡振琪：《石油天然气开发对生态环境的破坏与治理》，《资源·产业》2000 年第 7 期。

④ 黄振中、赵秋雁、谭柏平：《中国能源法学》，法律出版社 2009 年版，第 83 页。

⑤ 参见本书第五章相关内容。

⑥ ［美］马立博：《中国环境史：从史前到现代》，关永强、高丽洁译，中国人民大学出版社 2015 年版，第 443—444 页。

1.5 和 3.9 倍，而能源消费分别增长了 1.3 和 1.7 倍。[①] 在我国，2002—2009 年，煤炭消耗量连续 8 年同比增长 10%左右；石油消耗量的增加在 2005 年及 2006 年略有放缓，但 2009 年增速接近 10%。[②] 2011 年，全年能源消费总量 32.5 亿吨标准煤，较上年增长 5.9%。[③] 2012 年，全年能源消费总量 36.2 亿吨标准煤，较上年增长 3.9%。[④] 相应地，在此期间，我国近年来经济亦呈快速发展势头。2016 年我国 GDP 增长 6.7%，[⑤] 我国经济处于由之前的高速增长向中高速增长的换挡阶段，与此呼应，能源消费也呈疲态，同年我国能源消费增长 1.3%，增速不足过去 10 年的平均值 5.3%的 1/4。

低碳经济作为一种经济发展模式，亦与能源开发利用密切关联。《京都议定书》中规定的六种温室气体，除二氧化碳外，其他五种包括甲烷、氧化亚氮、氢氟碳、全氟碳、六氟化硫，均为污染物。[⑥] 降低这些温室气体的排放就是在减少污染物的排放，而这正是能源环境保护的应有之义。可见，低碳经济的理念中内在地包含了减少环境污染。同时，低碳经济所倡导的经济、社会与环境的可持续发展，则为能源环境保护的重要目标。

第二节　我国能源环境保护法制现状

我国能源环境保护法律体系主要包括环境保护法中涉及能源开发利用活动的内容，以及能源立法中关于环境保护的内容。环境法的基本制度和能源环境保护特殊法律制度构成了我国能源环境保护法律制度的核心内容。现行能源环境保护法制在实践中发挥了较大的作用，但也存在一些亟待解决的问题，主要表现为法律体系不完整，一些立法内容滞后，重要法

---

① 魏一鸣、刘兰翠、范英等：《中国能源报告（2008）：碳排放研究》，科学出版社 2008 年版，第 2 页。

② 中国三星经济研究院：《中国的能源危机与替代能源开发》，2010 年 8 月，第 1—2 页。

③ 国家统计局：《2011 年国民经济和社会发展统计公报》，2012 年。

④ 国家统计局：《2012 年国民经济和社会发展统计公报》，2013 年。

⑤ 《2016 年我国 GDP 同比增长 6.7%》，载《人民日报》网站：http://paper.people.com.cn/rmrb/html/2017-01/21/nw.D110000renmrb_20170121_8-01.htm，最后访问时间 2017 年 1 月 30 日。

⑥ 薛进军、赵忠秀主编：《中国低碳经济发展报告（2012）》，社会科学文献出版社 2012 年版，第 57 页。

律制度尚未确立。

一　能源环境保护法律体系

当代环境法形成了以宪法中有关环境保护的规定为基础，以综合性环境保护法为核心，以污染防治、自然保护、自然资源保等领域的单行环境法律为主体、以其他相关部门法关于环境保护的规定为补充的完备体系。这一法律体系的内容均与能源开发利用相关。其中，环境保护宪法条款是《宪法》第 26 条。[①] 2014 年《环境保护法》更多地涉及了与能源开发利用相关的环境保护问题。单行环境立法包括《大气污染防治法》《水污染防治法》《海洋环境保护法》《环境噪声污染防治法》《固体废物污染环境防治法》《放射性污染防治法》《环境影响评价法》等。

一些能源立法也就环境保护做出了规定。例如，《矿产资源法》第 30 条规定，开采矿产资源必须遵守有关环境保护的法律规定，防止污染环境。《煤炭法》第 11 条规定，开发利用煤炭资源，应当遵守有关环境保护的法律、法规，防治污染和其他公害，保护生态环境。《石油天然气管道保护法》第 11 条规定，管道发展规划应符合国家能源规划，与土地利用总体规划、环境保护等规划相协调。这些法律和条款是我国现有的能源环保规范体系中不可或缺的部分。

二　能源环境保护法律制度

（一）环境法中的能源环境保护制度

我国确立了一些行之有效的能源环境保护法律制度，包括环境影响评价制度、"三同时"制度、环境保护许可证制度、环境保护税制度、环境应急处理制度、环境标准制度等。

1. 环境影响评价制度

环境影响评价制度是指对规划和建设项目实施后可能造成的环境影响进行分析、预测和评估，提出预防或者减轻不良环境影响的对策和措施，进行跟踪监测的一整套措施。根据《环境影响评价法》，我国主要对规划和建设项目进行环境影响评价。其中，规划环境影响评价的对象包括土地利用、区域、流域、海域的建设、开发利用规划，工业、农业、畜牧业、

---

① 《宪法》第 26 条："国家保护和改善生活环境和生态环境，防治污染和其他公害。"

林业、能源、水利、交通、城市建设、旅游、自然资源开发的有关专项规划。一切对环境有影响的工业、交通、水利、农林、商业、卫生、文教、科研、旅游、市政等基本建设项目、技术改造项目、区域开发建设项目以及引进的建设项目，都必须进行环境影响评价。建设项目环境影响评价的内容包括以下七个方面：建设项目基本情况；建设项目周围地区的环境状况调查；建设项目对周围地区的环境影响的分析、预测和评估；建设项目环境保护措施及其技术、经济论证；建设项目对环境影响的经济损益分析；对建设项目实施环境监测的建议；环境影响评价结论。规划及建设项目环境影响评价制度，同样适用于能源规划及能源建设项目的环境影响评价。①

2. "三同时"制度

"三同时"制度是指基本建设项目、技术改造项目、自然资源开发利用项目以及其他可能对环境造成损害的建设项目，其防治环境污染和破坏的设施与主体工程同时设计、同时施工、同时投产使用的一整套措施。同时设计，是指在对有关建设项目的主体工程进行设计时，设计单位必须按照国家规定的设计程序进行，执行环境影响报告书（表）的编审制度，并且防治污染和其他公害的设施必须与主体工程同时进行设计。同时施工，是指建设项目中有关防治污染和其他公害的设施必须与主体工程同时进行施工。建设项目在正式投产或使用前，建设单位必须向负责审批的环境保护部门提交环境保护设施竣工验收报告。经验收合格并发给相应的合格证后，该环境保护设施方可正式投产使用，且非经审批部门的许可，该环境保护设施不得停止运营。未经环境保护主管部门同意，擅自拆除或者闲置防治污染的设施，污染物排放超过规定的排放标准的，由环境保护主管部门责令重新安装使用，并处罚款。能源建设项目适用"三同时"制度。

3. 环境保护许可证制度

环境保护许可证制度，是指环境法主体在从事对环境造成或者可能造成不良影响的活动前，依法向有关管理机关提出申请，由管理机关进行审

---

① 在美国，如果建设项目被认定为可能导致环境重大影响的重大联邦行为，建设部门应制作环境影响报告书。参见张辉《美国环境法研究》，中国民主法制出版社 2015 年版，第 13 页。在日本，能源相关建设项目适用环境影响事前评价制度。参见［日］桥本道夫《日本环保行政亲历记》，冯叶译，中信出版社 2007 年版，第 207 页。

查、批准并发放相应的许可文件后，方可从事该活动的一整套措施。不同类型的许可证在管理程序上有所不同。以排污许可证为例，管理程序大致包括：①申请：由申请人向有关主管机关提出书面申请，并附为审查所必需的材料；②审查：主管机关公布受理的许可证申请，并征求有关方面的意见，对申请进行审查；③决定：主管机关经审查后做出颁发或者不颁发许可证的决定，同意发证时，告知持证人的义务和限制条件；拒绝颁发许可证的，说明拒绝理由；④监督：主管机关对持证人执行许可证的情况进行监督检查，可要求持证人提供有关资料，现场检查设备，监测排污情况，发布行政命令等；⑤处理：如果持证人违反许可证规定的义务或限制性条件时，主管机关可以中止、吊销许可证，并追究违法者的法律责任。

4. 环境保护税制度

根据《环境保护税法》，在我国领域和中华人民共和国管辖的其他海域，直接向环境排放应税污染物的企业事业单位和其他生产经营者为环境保护税的纳税人，应当依照该法规定缴纳环境保护税。应税污染物，是指该法规定的大气污染物、水污染物、固体废物和噪声。应税大气污染物按照污染物排放量折合的污染当量数确定；应税水污染物按照污染物排放量折合的污染当量数确定；应税固体废物按照固体废物的排放量确定；应税噪声按照超过国家规定标准的分贝数确定。应税税额按照应税污染物的计税依据乘以具体适用税额计算。环境保护税由税务机关征收管理，环境保护主管部门依法负责对污染物的监测管理。环境保护主管部门与税务机关应当建立涉税信息共享平台和工作配合机制。

5. 环境应急处理制度

环境应急处理制度，是指在发生或者可能发生环境污染或者环境破坏事故时，生产建设单位、有关人民政府及其相关主管部门及时采取行动，以使现实的或者潜在的损害或者损失降至最低程度，以及制定应对此种事故的行动方案的一整套措施。环境保护部际联席会议有关成员单位开展对国内外有关环境、自然灾害等预警信息或者监测数据的综合分析、风险评估工作。当收集到的信息证明突发环境事件即将发生或者发生的可能性增大时，应当按照应急预案执行。进入预警状态后，当地县级以上人民政府和有关部门应当立即启动相关应急预案措施，发布预警公告，转移、撤离或者疏散可能受到危害的人员并进行妥善安置，指令环境救援队伍进入应急状态，环境监测部门立即开展应急监测，针对突发事件可能造成的危害，封闭、隔离或者限制使用有关场所，中止可能导致危害扩大的行为和活动，调集环境应急所需的物资和设备，确保应急保障工作。负责确认环境污染事故的单位，在确定重大环境事件（Ⅱ级）后，应当在1小时内报告省级相关专业主管部门，特别重大环境事件（Ⅰ级）应当立即报告国务院相关专业主管部门，并通告其他相关部门。

6. 环境标准制度

环境标准，是指为了保护人体健康和社会物质财富，防治环境污染和破坏，而就环境中污染物的允许含量、污染源排放污染物的数量、浓度、时间和速率以及其他相关事项依法制定的技术规范。环境标准制度，是指依法对环境标准进行管理的一整套措施。环境标准的制定和实施是环境保护工作的重要组成部分。我国已经颁布了为数不少的与能源产业活动有关的环境标准，如《火电厂大气污染物排放标准》《车用汽油有害物质控制标准》《海洋石油开发工业含油污水排放标准》《核电厂环境辐射防护规定》等。①

（二）能源环境保护专门法律制度

我国目前已建立的能源环境保护专门法律制度主要包括生产者责任延伸制度、能耗监管制度、可再生能源促进制度、税费制度、船舶油污损害赔偿基金制度等以及温室气体自愿减排交易制度。

1. 生产者责任延伸制度

依《循环经济促进法》，生产者的责任延伸到产品废弃后的回收、利用、处置等环节，相应的对生产者的产品设计也提出了更高的要求。该法规定，企业应当对生产过程中产生的粉煤灰、煤矸石、尾矿、废石、废料、废气等工业废物进行综合利用；② 应发展串联用水系统和循环用水系统，提高水的重复利用率，采用先进技术、工艺和设备，对生产过程中产生的废水进行再生利用；③ 应采用先进或者适用的回收技术、工艺和设备，对生产过程中产生的余热、余压等进行综合利用；④ 建设单位应当对工程施工中产生的建筑废物进行综合利用，不具备综合利用条件的，应当

---

① 黄振中、赵秋雁、谭柏平：《中国能源法学》，法律出版社2009年版，第86页。

② 《循环经济促进法》第30条。

③ 《循环经济促进法》第31条。

④ 《循环经济促进法》第32条。

委托具备条件的生产经营者进行综合利用或者无害化处置；① 企业对生产过程中产生的废物不具备综合利用条件的，应当提供给具备条件的生产经营者进行综合利用。②

2. 能耗监管制度

我国对落后的耗能高用能产品、设备实行淘汰措施。任何单位和个人不得生产、销售国家明令淘汰的用能产品；淘汰的用能产品名录，由政府节能行政主管部门会同有关部门确定并公布，对准许在寿命中使用的产品，采取加速折旧，限期改造，大修加以处理。同时，我国对高耗能、高耗水企业实行重点监管制度。国家对钢铁、有色金属、煤炭、电力、石油加工、化工、建材、建筑、造纸、印染等行业年综合能源消费量、用水量超过国家规定总量的重点企业，实行能耗、水耗的重点监督管理制度。③

3. 可再生能源促进类制度

可再生能源促进类制度包括六项子制度。①可再生能源开发利用总量目标制度。国务院能源主管部门根据全国能源需求与可再生能源实际状况，制定全国可再生能源开发利用中长期总量目标，报国务院批准后执行，并予公布。④ ②可再生能源电力的强制上网制度。电网企业应当与依法取得行政许可或者报送备案的可再生能源发电企业签订并网协议，全额收购其电网覆盖范围内符合并网技术标准的可再生能源并网发电项目的上网电量，并为可再生能源发电提供上网服务。⑤ ③分类电价制度。可再生能源发电项目的上网电价，由国务院价格主管部门根据不同类型可再生能源发电的特点和不同地区的情况，按照有利于促进可再生能源开发利用和经济合理的原则确定，并根据可再生能源开发利用技术的发展适时调整。⑥ ④费用分摊制度。电网企业收购可再生能源电量所发生的费用，高于按照常规能源发电平均上网电价计算所发生费用之间的差额，附加在销售电价中分摊。国家投资或者补贴建设的公共可再生能源独立电力系统的销售电价，执行同一地区分类销售电价，其合理的运行和管理费用超出销

---

① 《循环经济促进法》第 33 条。

② 《循环经济促进法》第 36 条。

③ 《循环经济促进法》第 16 条。

④ 《可再生能源法》第 7 条。

⑤ 《可再生能源法》第 14 条。

⑥ 《可再生能源法》第 19 条。

售电价的部分，依法分摊。[①] ⑤可再生能源发展专项资金制度。国家财政设立可再生能源发展专项资金，用于支持以下活动：可再生能源开发利用的科学技术研究、标准制定和示范工程；农村、牧区生活用能的可再生能源利用项目；偏远地区和海岛可再生能源独立电力系统建设；可再生能源的资源勘查、评价和相关信息系统建设；促进可再生能源开发利用设备的本地化生产。[②] ⑥绿色证书交易制度。该制度建立在市场基础之上，以绿色证书的发行和交易为手段。《可再生能源"十三五"规划》规定，建立全国统一的可再生能源绿色证书交易机制，通过设定燃煤发电机组及售电企业的非水电可再生能源配额指标，要求市场主体通过购买绿色证书完成可再生能源配额义务。

4. 生态补偿制度

在能源环保领域，生态补偿制度主要表现为矿产资源税和矿产资源补偿费。《矿产资源法》规定，"开采矿产资源，必须按照国家有关规定缴纳资源税和资源补偿费"[③]。资源税征税范围包括原油、天然气、煤炭、其他非金属矿原矿、黑色金属矿原矿、有色金属矿原矿、固体盐和液体盐。资源税计税依据为应税产品的课税数量。2011 年，国务院调整了资源税的税目、税率，提高了部分矿产资源的税率，计征方式改为从价计征或从量计征，形成了新的油气资源税制度。

矿产资源补偿费，包括探矿权、采矿权使用费和价款，根据《矿产资源法》确立。探矿权、采矿权使用费按矿区面积收费。1997 年修订的《矿产资源补偿费征收管理规定》规定，矿产资源补偿费按销售收入的一定比例计征，并针对不同的课税对象做出了不同的费率规定。2013 年 7 月，国土资源部发布了《关于进一步规范矿产资源补偿费征收管理的通知》，规定要进一步加强补偿费征收与开采回采率挂钩，科学规范地计征矿产资源补偿费。

5. 船舶油污损害赔偿基金制度

财政部、交通运输部于 2012 年 5 月联合颁布了《船舶油污损害赔偿基金征收使用管理办法》。根据该办法，在我国管辖水域内接收从海上运

---

① 《可再生能源法》第 20、22 条。

② 《可再生能源法》第 24 条。

③ 《矿产资源法》第 5 条。

输持久性油类物质（包括原油、燃料油、重柴油、润滑油等持久性烃类矿物油）的货物所有人或其代理人，应缴纳船舶油污损害赔偿基金。① 船舶油污损害赔偿基金纳入政府性基金管理，收入全额上缴中央国库，专款专用。② 船舶油污损害赔偿基金用于以下油污损害及相关费用的赔偿和补偿：同一事故造成的船舶油污损害赔偿总额超过法定船舶所有人油污损害赔偿责任限额的；船舶所有人依法免除赔偿责任的；船舶所有人及其油污责任保险人或者财务保证人在财力上不能履行其部分或全部义务，或船舶所有人及其油污责任保险人或者财务保证人被视为不具备履行其部分或全部义务的偿付能力；无法找到造成污染船舶的。③ 发生以下情况时，不得从船舶油污损害赔偿基金中提供赔偿或者补偿：油污损害由战争、敌对行为造成或者由政府用于非商业目的的船舶、军事船舶、渔船排放油类物质造成的；索赔人不能证明油污损害由船舶造成的；因油污受害人过错造成的全部或部分油污损害的。④ 2014 年 5 月，交通运输部、财政部联合发布《船舶油污损害赔偿基金征收使用管理办法实施细则》。该细则界定了"海上运输""索赔人""应急处置费用""控制或清除污染措施费用""直接经济损失""船舶油污事故"等关键概念，⑤ 并增加了四类不征收基金的情形，即经我国管辖水域直接出口境外的持久性油类物质；船舶加装的自用燃油、润滑油；包装运输的持久性油类物质；政府抢险救灾、援助和我国军用的持久性油类物质。⑥

6. 温室气体自愿减排交易制度

根据 2012 年国家发展改革委《温室气体自愿减排交易管理暂行办法》的规定，国家对二氧化碳、甲烷、氧化亚氮、氢氟碳化物、全氟化碳和六氟化硫六种温室气体实行自愿减排量交易。自愿减排交易制度有助于控制温室气体的排放总量，调节地区间、企业间的污染物排放，从而有利于能源的环境保护制度有效落实。同年，国家发展改革委发布了《温室气体自愿减排项目审定与核证指南》。2013 年 3 月，国家发展改革委发

---

① 《船舶油污损害赔偿基金征收使用管理办法》第 5 条。
② 《船舶油污损害赔偿基金征收使用管理办法》第 3 条。
③ 《船舶油污损害赔偿基金征收使用管理办法》第 15 条。
④ 《船舶油污损害赔偿基金征收使用管理办法》第 16 条。
⑤ 《船舶油污损害赔偿基金征收使用管理办法实施细则》第 2—5 条。
⑥ 《船舶油污损害赔偿基金征收使用管理办法实施细则》第 6 条。

布《温室气体资源减排方法学（第一批）备案清单》，首先选择公布了可再生能源联网发电、并网的天然气发电等 52 个方法学；同年 11 月，又公布了碳汇造林项目和竹子造林碳汇项目的温室气体自愿减排方法学。

三 能源环境保护法制评价

现行能源环境保护法制在实践中发挥了较大的作用，但也存在污染企业转移立法缺位、基金制度作用有限、激励措施不力等方面的问题。

（一）污染企业转移立法缺位

污染企业转移，是指在生产活动中产生危害人体、降低环境质量或破坏生态平衡的物质的企业的迁移，通常是从经济发达地区向欠发达地区迁移，或者从城市向乡村迁移。[①] 转移后的污染企业所排放的污染物会对当地的生态环境造成破坏。我国目前未对污染企业转移做出明确的法律规定。2014 年《环境保护法》规定："任何单位和个人不得生产、销售或者转移、使用严重污染环境的工艺、设备和产品。"[②] 在此也只是对工艺、设备和产品的转移做出法律限制，而对企业本身的转移没有做出规定。立法缺位导致不少国外的污染严重的企业转移到我国。

（二）基金制度作用有限

《船舶油污损害赔偿基金征收使用管理办法》规定，船舶油污损害赔偿基金的来源是在我国管辖水域内接收从海上运输持久性油类物质（包括原油、燃料油、重柴油、润滑油等持久性烃类矿物油）的货物所有人或其代理人。[③] 不难发现，我国的船舶油污损害赔偿基金来源较为单一，且通过征收形式获得，并无财政支持。

在基金管理方面，国家设立由交通运输部、财政部、农业部、环境保护部、国家海洋局、国家旅游局以及缴纳船舶油污损害赔偿基金的主要石油货主代表等组成的船舶油污损害赔偿基金管理委员会，负责处理船舶油污损害赔偿基金的具体赔偿或者补偿事务。[④] 这一多部门协作的管理模式或可保证基金使用的公平、公正，但也会影响赔偿的效率，延长赔偿时间；同时，有些部门（如国家旅游局）的加入亦显牵强。

---

① 张勇编著：《能源资源法律制度研究》，中国时代经济出版社 2008 年版，第 153 页。
② 《环境保护法》第 46 条第 1 款。
③ 《船舶油污损害赔偿基金征收使用管理办法》第 5 条。
④ 《船舶油污损害赔偿基金征收使用管理办法》第 19 条第 1 款。

（三）激励措施不力

《可再生能源法》规定的激励措施主要包括可再生能源发展专项资金制度、财政贴息措施和税收优惠措施等，均为较为笼统的规定。同时，这些制度和措施均采取行政手段，针对企业、个人和其他社会主体的具体的鼓励性措施并不多见，这不利于激励功能的充分发挥。

第三节　典型国家能源环境保护法制借鉴

一些国家在资源开发环境保护制度、污染治理基金制度、资源税费和污染税制度、环境保护激励措施等方面，取得了一些较为成熟的经验，可资我国借鉴。

一　资源开发环境保护制度

在资源开发环境保护制度方面，美国的矿区土地复垦保证金制度和超级基金制度，以及澳大利亚的相关制度经验，值得我国借鉴。

（一）美国的矿区土地复垦保证金制度

美国的矿区土地复垦保证金的目的是确保采矿结束后复垦和闭矿顺利进行。即使在一些特殊情况下，如由于市场原因、事故或灾难导致采矿企业停业，保证金制度也可以保证复垦和闭矿。在美国，所有的州都有缴纳保证金的法律规定，这是各州复垦法规的必要部分。

保证金的类型。保证金分为全程保证金和阶段性保证金。①全程保证金是预先提取的，根据许可计划覆盖全程（包括所有采矿活动）所计算的总资金。它要求公司预先获得足够的保证金以覆盖所有可预见的运行阶段，而不是依靠简单的估计，从而能够获得良好的复垦保证。即使公司破产或由于其他原因停止运营，也较容易确保足够的保证金完成复垦和闭矿计划。②阶段性保证金允许根据企业每年采矿情况增加保证金，以保证对下个年度采矿活动所造成的破坏进行有效恢复。这种方法限制了保证金的数量，使缴纳的保证金费用最小化。

保证金形式。在美国，保证金形式有多种，如复垦担保债券、不可撤销信用证、信托基金、财产证书、存款单、存款账户和现金、法人担保、政府债券、可转让债券、保险、法人担保等。复垦担保债券是最常见和简单的保证金形式。保险公司或债券公司发行这类担保债券，由矿业公司将费用付给保险机关，以保证在没有按要求进行复垦的情况下，仍有足够的资金进行复垦。法人担保或自我保证通常需要矿业公司或提供担保的法人公司的资产负债率符合一定标准，并对公司财务进行严格的审查，要求公司提供财务报告。有时，也要求矿业公司或担保公司建立复垦现金储备。

保证金审查、罚没与返还。保证金审查通常是针对各种变化情况，重新确定矿业公司的保证金数额。各州都指定专门机关对保证金进行定期审查。审查周期1—5年不等，也有的州根据需要决定审查周期。各州通过专门的规章，规定在哪些情况下罚没保证金，完成或部分完成复垦任务的当事人可申请返还或部分返还保证金。[①]

美国也注重从能源政策层面加强环境保护。2017年1月20日，唐纳德·特朗普宣誓就职当日，美国白宫网站发布了《美国第一能源计划》（An America First Energy Plan）。该计划中宣称，美国在满足能源需求的同时，必须注重环境保护。特朗普政府认为，在此方面，保护清洁的空气和水、保护栖息地和自然保护区以及自然资源，是美国能源政策中有关环境保护的优先选择。在此方面，EPA应更多地关注空气和水的保护。[②]

（二）澳大利亚的矿产资源开发制度

澳大利亚矿产资源极其丰富，其矿产资源管理中一些与能源环境保护相关的制度，很有借鉴意义。其中，矿产资源勘查开发的环境准入与矿山环境治理制度，尤为值得我国借鉴。

根据澳大利亚政府规定，申请人办理勘查许可或采矿许可前，必须向政府有关部门申请获得环境许可。澳大利亚对环境的保护力度很大，从办理许可阶段直至采矿活动终结矿上闭坑，均有严格的法律限制。

办理许可证或采矿许可证阶段。向政府有关部门提交经过论证的评估报告（包括环境治理的设计方案），在公告期间（一般勘查2个月）要定期接受公众的质询等。完成了规定的程序后，还要缴纳环境恢复保证金才能获得环境准入的许可。环境恢复保证金缴纳额度占项目总投资的25%—100%，区间具体比例数字主要依据矿业公司以往对矿山环境保护的成效而决定。

---

① 于左：《美国矿地复垦法律的经验及对中国的启示》，《权威论坛》2005年第5期。

② An America First Energy Plan, see https://www.whitehouse.gov/america-first-energy, last visited January 21, 2017.

　　勘查或采矿活动阶段。必须严格执行环保规定（如：经过使用的水必须循环使用，不能往自然界排放；工业废油、垃圾，必须交有资质的环保回收公司处理等），而且要随时接受地方政府环境保护部门和当地居民的监督。违反环保规定的行为要受到严厉处罚。采矿活动终止、矿山闭坑后，要将环境恢复到与开采前一样的水平。有些废弃的矿山，经过投资修复，不仅恢复了环境，而且还能给当地带来可观的旅游收入。其中一个有名例子是位于维多利亚州中部地区的君主山金矿（Sovereign Hill），治理后经过政府的批准，还建立了一个内容丰富多彩的矿山博物馆，馆旁小镇的一部分还恢复到 100 年前的面貌，当地居民身着旧时的服装，按照百年前小镇的生活方式扮演当时居民角色，使其成为当地著名的旅游景点。①

　　矿山治理验收。由政府主管部门根据矿业公司制定的《开采计划与开采环境影响评价报告》，组织有关部门和专家分阶段进行验收。矿山生态环境治理验收的基本标准为：环境恢复后地形地貌整理的科学性；生物的数量以及生物的多样性；废石堆场形态和自然景观是否接近自然。如果矿业公司对矿山生态环境治理得好，可以通过降低抵押金来奖励，取得较大成绩的矿业公司，政府还将颁发奖章鼓励。

　　澳大利亚还设立了"矿山关闭基金"，资金主要来源于矿山企业的上缴，用于矿山关闭后的生态恢复、设施拆除、产业转型等目的。如果企业按照标准完成了闭坑的相关工作，上缴资金将被返还。②

二　污染治理基金制度

　　20 世纪后半叶，美国经济发生了深刻的变革，经济和工作重心经历了从城市到郊区、由北向南、由东向西的转移，许多企业在搬迁后留下了大量的"棕色地块"，具体包括废弃的工业用地、汽车加油站、废弃的库房、废弃的可能含有害放射性物质的居住建筑物等。以"拉夫运河（The

---

①　谭文兵：《澳大利亚矿产资源开发管理及其对我国的借鉴意义》，《矿山机械》2008 年第 2 期。

②　郑娟尔、余振国、冯春涛：《澳大利亚矿产资源开发的环境代价及矿山环境管理制度研究》，《中国矿业》2010 年第 11 期。

Love Canal）事件"① 为契机，美国于 1980 年通过了《综合环境反应、赔偿和责任法》（*Comprehensive Environmental Response, Compensation and Liability Act*, CERCLA），亦称"超级基金法"。该法主要由四方面内容构成：第一是建立了信息收集和分析制度，该制度使联邦政府和州政府能够对化学垃圾处置场进行监督和鉴定，并提出相应的解决方案；第二是赋予联邦政府更大的权力，使其既可以对危险废物进行紧急处理，也可以对渗漏场地进行清理；第三是明确规定危险废物泄漏事故的肇事者应承担清理和恢复原状之责任；第四也是该法的最具特色的一方面，是确立了危险废物信托基金和关闭后责任信托基金制度，通过设立专项基金的方式，用以支付迁移和补偿行为所需的费用，保障污染受害者赔偿请求权的实现。该法主要侧重于对已遗弃危险废物倾倒场和无主危险废物的泄漏治理与补救。该法与《资源保护与回收法》共同构成了美国固体废物污染防治和泄漏治理补救制度，为固体废物污染的预防和治理提供了更为充分的法律依据。

三 环境保护税费类制度

在资源生产环节上，发达国家的资源税费体系基本相似，已逐渐形成以保护资源有效利用、减少环境污染为基本目标的绿色生态税收体系。各发达国家的资源税制模式差异不大，就能源税而言，主要区别在于税率不一样。美国按销售收入的一定比例征收；加拿大按坑口收入的 15%—25%征收，由各省规定矿业税收的最高限额。此外，发达国家的资源税归属也有所不同。如英国由中央独享，对地方给予财政补偿。而美国、日本、澳大利亚等国则是由中央和地方共享。从税负上看，日本和欧洲的能源税负较重，而美国、加拿大、澳大利亚等联邦制国家相对较轻。随着能源消费集中于交通运输行业，燃油税成为发达国家的能源税制中最重要的税种。关于燃油税，有的在生产环节征收，有的在零售环节征收，还有的

---

① 拉夫运河事件：拉夫运河位于美国加利福尼亚州，是一个世纪前为修建水电站挖成的一条运河，20 世纪 40 年代干涸被废弃。1942 年，美国胡克公司购买了这条大约 1000 米长的废弃运河，当作垃圾仓库来倾倒大量工业废弃物，持续了 11 年。1953 年，这条充满有毒废弃物的运河被公司填埋覆盖好后转赠给当地的教育机构。此后，纽约市政府在这片土地上陆续开发了房地产，盖起了大量的住宅和一所学校。从 1977 年开始，这里的居民不断发生各种怪病，孕妇流产、儿童夭折、婴儿畸形、癫痫、直肠出血等病症也频频发生。1987 年，这里的地面开始渗出含有多种有毒物质的黑色液体。

对轮胎征收等。德国等欧洲国家只征收汽油税；美国主要对汽油和柴油征收。美国、德国在零售环节征收，日本的汽油税在从仓库装运汽油时征收，柴油税在零售环节向柴油车主征收。[①]

污染税是国家为了保护环境与资源而对开发、利用环境资源的单位和个人征收的一种税。目前西方各国普遍开征的污染税主要有：①空气污染税。荷兰和瑞典已开征二氧化碳税，美国、德国、日本、挪威、荷兰等国开征二氧化硫税。②水污染税。德国和荷兰按照水质水量综合概算进行征税，新加坡、纽约和莫斯科则按污水量征税。③固体废弃物税。该税有两种征收标准：一是根据废弃物的实际体积定额征收，如加拿大、瑞典和荷兰；二是根据废弃物体积和类型定额征收，如芬兰、法国等。课税对象包括饮料包装物、纸和纸制品、旧轮胎等。④噪声税。美国、德国、日本和荷兰等国均有该税，日本、荷兰按照飞机着陆架次计征，美国则对洛杉矶机场的每位旅客和每吨货物征收一美元噪声治理税，用于机场周围居民区的隔音费用。⑤垃圾税。荷兰的垃圾税以每一家庭为一征收单位，人口少的可以得到一定的减免，芬兰和英国于 1996 年也开征了垃圾税。⑥注册税。欧盟国家普遍开征注册税。注册税是从源泉控制环境污染的一项有力措施，如瑞典对含活性物质的新型杀虫剂征收注册税 1400—5600 欧元，而且注册过的产品每年还需支付 700 欧元。[②] 可见，发达国家的污染税征收范围十分广泛，几乎所有类型的污染物都要征收污染税。税收可以增加企业污染的成本，从而有效抑制企业的污染。在能源环境保护过程中，税收是一个较有力的杠杆，有效利用税收，可以起到较好的环境保护效果。

四　环境保护激励措施

激励措施对于能源环境保护制度的有效实施至关重要。在此方面，日本在太阳能产业领域的措施非常典型，可资借鉴。

（一）财政补贴制度

1974 年日本开始实施"阳光计划"，该计划中主要实施"家用太阳能补助制度"，即在居民安装家用太阳能光伏发电设备时给予直接补助。日本于 2003 年变直接补助为间接补助，导致太阳能光伏产业发展减速，于

---

①　林伯强：《中国能源思危》，科学出版社 2012 年版，第 168—172 页。

②　李慧凤、杜春丽：《从环境税制国际实践看我国污染税制度建设》，《中国流通经济》2007 年第 5 期。

是，日本政府又于 2009 年起恢复对家用太阳能发电设备的直接补贴制度，使得光伏产业重占鳌头。

（二）剩余电力买入制度

该制度是指电力公司对使用太阳能、风能、废弃物等发电设备的发电用户，对其设备产生的剩余电力以一定的价格购买的制度。该制度鼓励电力公司自愿对使用太阳能发电设备发电的用户，对其设备产生的剩余电力以高于普通热电联产的剩余电力的买入价格买入，从而激励家庭用户使用太阳能发电装置。

（三）税收优惠制度

日本的太阳能利用税收优惠激励分为国税优惠和地税优惠。国税方面主要为能源供需构造改革投资促进税制；地税方面主要是本地区太阳能等新能源利用设备的固定资产税的减免制度。

（四）低息贷款融资制度

日本政策投资银行对那些进行太阳能等新能源开发且输出功率为 150兆瓦以上的企业进行低息贷款，融资比率为 40%；中小企业金融合作社和国民金融合作社还专门设立资源能源资金，特别是针对太阳能利用等环境友好型企业，进行贷款支持。①

五　域外经验的借鉴意义

上述国家面对低碳经济发展需求采取不同的模式以适应低碳经济发展需求。概言之，可以分欧盟的"小国需求"模式、日本的"资源短缺+大国需求"模式和美国的"大国稀缺型+经济优先性"模式。其中，欧盟的"小国需求"模式重视经济发展方式与能源和环境的协调及良性促动，侧重于"环境保护与协调发展"的战略考量；日本的"资源短缺+大国需求"模式注重技术创新，鼓励提高能效，保持经济性方面的竞争力，同时依托国际市场获得廉价能源；美国的"大国稀缺型+经济优先性"模式通过市场化机制促进企业投资，鼓励基础创新，辅之以财政金融手段，实现节能减排，保持能源成本的经济性和科技创新的领先性。② 具言之，在

---

① 于杨曜：《论日本太阳能利用法律制度及其对我国的借鉴》，载肖国兴、叶荣泗主编《中国能源法研究报告》，法律出版社 2010 年版，第 95—99 页。

② 崔民选、王军生、陈义和：《天然气战争》，石油工业出版社 2010 年版，第 254—257 页。

制度层面可资借鉴的经验有如下四个方面：

其一，加快完善能源环境保护法律制度。一些国家的工业化进程起步较我国早，期间遭遇的能源环境问题也先于我国，而目前大多数发达国家都已成功地完成转型，即从过去严重的能源环境污染转变为目前的重视能源环境保护。这些国家的一些成熟、有效的法律制度、政策很值得我国借鉴。如前文述及的澳大利亚的矿产资源勘查开发的环境准入与矿山环境治理制度，以及"矿山关闭基金"制度；美国的矿区土地复垦保证金制度、超级基金制度；发达国家资源税与污染税制度；日本的新能源政策；等等。

其二，利用市场机制控制污染物排放。发达国家的法治发展较为成熟，而它们的市场化更为成熟。从中可以得出结论，法治的完善有利于市场的规范，而市场的成熟又会进一步推动法治的发展。从上述发达国家的税收政策中可以看到，政府有效的税收政策可以调节市场的运作，从而有效控制污染。政府对污染物进行收税，增加了企业的生产成本，但同时也督促企业要积极探索能源环境保护，减少污染物排放。而通过政府在社会上的正确引导，以及公众环保意识的逐渐增强，环保产品会赢得更广泛的市场，从而提高企业的经济效益。政府通过税收的调节，既促使企业降低污染以减少生产成本，又鼓励企业生产环保产品以迎合消费者的偏好，提高经济效益，从而实现了市场对能源环境保护的积极推动作用。

其三，积极开发利用可再生能源。在这一方面，日本的经验尤其值得借鉴。日本能源自产能力不足，十分重视新能源的开发利用。日本通过政策、立法和制度创新推动新能源发展的实践，值得我国借鉴。日本很多新能源政策通过立法推动，立法为开发利用新能源保驾护航。日本于1980年依据《替代石油能源法》设立了"新能源和产业技术开发机构"（NE-DO），开始大规模支持新能源技术和节能技术开发。20世纪90年代后，日本加速新能源立法，陆续制定一系列法律法规，为新能源的开发和利用提供了必要的支撑。另外，日本通过新能源中长期规划规定强制性指标，以推进新能源推广和使用。如1974年，日本制定并实施了第一个综合新能源技术开发长期规划"新能源开发计划"，即"阳光计划"。1993年，日本合并了此前的"阳光计划"与"月光计划"后，制定了一个综合性中长期计划"能源和环境领域综合技术开发推荐计划"，即"新阳光计划"。"新阳光计划"旨在实现经济增长，对新能源的发展和环境保护产生做出了巨大贡献。与此同时，日本还系统地实施财税金融激励政策，对开发新能源的行业和企业均实行一定程度的优惠，使从事新能源事业的公司和消费者对新能源产业的前景信心十足，极大地促进了这一新兴产业的快速发展。[1]

其四，充分发挥司法机关的作用。在美国，司法机关在能源环境执法方面发挥了积极的作用。其中较为典型的一个案例，是美利坚合众国等诉美国电力公司案。原告认为被告违反了《清洁空气法》规定的防止恶化和新污染源审查条款，同时也违反了一些州制定的实施方案，请求法院对被告的行为发布禁令救济并施行民事处罚。该案持续近 8 年的时间，最终以和解结案。被告在履行削减和控制氮氧化物排放量、实行二氧化硫与颗粒物的减排与控制等义务的同时，还应开展环境改善项目，并向美国政府支付 1500 万美元的处罚金。[2]

第四节　我国能源环境保护法制的完善

为了完善能源环境保护法制，应着力健全能源环境保护法律体系，加强污染企业转移规制，改进产业激励措施，健全生态环境损害赔偿基金制度和环境污染处理机制。

其一，健全能源环境保护法律体系。《环境保护法》第 40 条规定"国家促进清洁生产和资源循环利用。国务院有关部门和地方各级人民政府应当采取措施，推广清洁能源的生产和使用"，同时还规定"企业应当优先使用清洁能源，采用资源利用率高、污染物排放量少的工艺、设备以及废弃物综合利用技术和污染物无害化处理技术，减少污染物的产生"，这体现了国家开始对能源环境的保护有所重视。为了更好地适应低碳经济背景下环境管理和能源管理的现实需要，该法还应规定能源环境保护方面的特有制度和措施。并可以制定单行的能源环境保护单行立法。在制定和修订各单行法时，亦应对能源活动的环境问题做出规定。例如，在修订《电力法》时，可增加有关电力项目建设及运行中的生态保护、污染物排放防控、二氧化碳减排、可再生能源发电促进等方面的法律制度。同时，

---

① 吴志忠：《日本新能源政策与法律及其对我国的借鉴》，《法学杂志》2013 年第 1 期。

② 张建宇、严厚福、秦虎编译：《美国环境执法案例精编》，中国环境出版社 2013 年版，第 65—82 页。

制定能源基本法时亦应对能源环境保护制度做出专章规定。

其二，加强污染企业转移规制。一方面，应适时修订环境标准，避免"脏企业"转移。在此应特别处理好区域协同发展过程中同一区域（如京津冀地区）内污染企业转移的规制，以及不同区域之间在防止污染企业转移方面的协同配合措施，尤其是防止东部地区污染向中西部地区转移和城市污染向农村转移。另一方面，应贯彻《环境保护法》规定的损害担责原则，[①] 令污染者承担污染防治和控制措施的合理成本，消除污染转移的可能经济利益，以避免污染者将治污成本转移。

其三，改进产业激励措施。在产业发展支持资金的配给方面，由于政府用于支持可再生能源产业发展的资金属公共资源，其配给和使用应遵守严格的标准和程序，增加透明度。可以基于竞争性机制选择项目单位，将资金供给的"一对一"模式转变为"一对多"的竞争模式。在资金使用方面，应加强后续监督，提高产业发展支持资金使用效率，使其发挥更大的作用。在激励手段方面，应增加经济性激励措施，通过市场手段鼓励企业、个人和其他社会主体参与能源开发利用过程中的环境保护。

其四，健全生态环境损害赔偿基金制度。近些年来，我国日益重视针对生态功能损害的法律救济。2014 年，环境保护部环境规划院发布《环境损害鉴定评估推荐方法》（第Ⅱ版），其中就生态环境损害鉴定评估方法做出了重点修订。[②] 2015 年《最高人民法院关于审理环境民事公益诉讼案件适用法律若干问题的解释》和《最高人民法院关于审理环境侵权责任纠纷案件适用法律若干问题的解释》均允许原告诉请被告承担生态环境修复费用；中共中央办公厅、国务院办公厅于同年 12 月印发《生态环境损害赔偿制度改革试点方案》，就相关问题做出了进一步规定。2016 年8 月，我国又批准吉林、江苏、山东、湖南、重庆、贵州、云南 7 省市开展生态环境损害赔偿制度改革试点工作。[③] 这些努力，为我国生态环境损害赔偿基金制度的完善做出了重要的贡献。在进一步探索中，应将环境保护部门作为资金管理机构，明确资金的来源和用途，完善资金使用与审核

---

① 《环境保护法》第 5 条。

② 环境保护部环境规划院：《环境损害鉴定评估推荐方法》（第Ⅱ版），2014 年 10 月，第 1 部分。

③ 中共中央办公厅国务院办公厅：《关于在部分省份开展生态环境损害赔偿制度改革试点的报告》，2016 年 8 月。

程序，同时重视资金使用的社会监督。①

　　其五，健全环境污染处理机制。以海洋环境污染为例。一是明确索赔主体。根据现有立法，有权代表国家索赔的部门为"行使海洋环境监督管理的部门"。② 在我国，行使海洋环境监督管理的部门包括渔政监察机关、环境保护机关、港监机关、沿线县级以上人民政府行使海洋环境监督管理的部门等。这种笼统的规定在实践中难以操作。环境保护主管部门可作为行使此项职权的主管部门。二是细化损害类型及其赔偿方式。对于私人财产损失，应包括直接损失和利润及营利能力的减损，以及可以证明的未来损害；③ 对于国家财产损失，应包括生态损失和因石油污染导致的国家收益减损。三是健全油污损害赔偿基金。可将海洋石油污染损害纳入2005 年《船舶油污损害赔偿基金征收使用管理办法》的适用范围，由从事海洋石油天然气开发的企业缴纳，具体缴纳标准可参照船舶油污基金的征收标准。④

---

　　① 于文轩：《论我国生态损害赔偿金的法律制度构建》，《吉林大学社会科学学报》2017 年第 5 期。

　　② 《海洋环境保护法》第 42 条。

　　③ 2008 年《渔业污染事故经济损失计算方法》对海洋石油污染引起的未来不能继续养殖的年限、赔偿标准均有涉及。参见李正《我国海洋石油污染民事赔偿研究——以 BP 公司民事赔偿为例》，《生态经济》2013 年第 6 期。

　　④ 刘玲：《美国石油污染损害赔偿制度对我国的启示——以海洋石油开发为视角》，《河北法学》2013 年第 7 期。

第九章

应对气候变化与国际能源合作

没有比脚更长的路，没有比人更高的山。

——汪国真①

在全球化背景下，能源法制无法独善其身。全球能源问题的解决，也在很大程度上依赖于国际社会的共同努力，并影响我国能源产业的健康发展和社会经济的可持续发展。在应对气候变化、推进低碳经济的语境下，国际能源合作的意义更加不可忽视。如习近平总书记在党的十九大报告中所述，我国近些年来积极引导应对气候变化国际合作，已成为全球生态文明建设的重要参与者、贡献者和引领者。

第一节　应对气候变化与能源

气候变化，是指除在类似时期内所观测的气候的自然变异之外，由于直接或间接的人类活动改变了地球大气的组成而造成的气候变化。② 目前人类面临的气候变化问题大部分归因于人类活动，特别是以二氧化碳为主的温室气体排放量的不断增加。不同种类的能源的开发和利用，会不同程度地对气候系统造成影响。太阳能、风能、生物质能等新能源对气候的影响相对较小，而一次性能源中的煤炭、石油、天然气、大中型水电等常规能源对气候的影响相对较大。③ 从应对气候变化角度讲，能源与气候变化的"适应"和"减缓"侧面均密切相关，需高度关注。

---

① 汪国真：《山高路远》。

② 《联合国气候变化框架公约》第 1 条。

③ 于文轩：《石油天然气法研究——以应对气候变化为背景》，中国政法大学出版社 2014年版，第 11 页。

一 应对气候变化与传统能源

传统化石能源燃烧是导致温室效应、引发全球气候变暖的主要原因。煤炭燃烧释放的二氧化碳是最主要的温室气体。在应对气候变化背景下，煤炭产业应实现两个改变：一是降低煤炭消费在整个能源消费中的比重，从量上减少二氧化碳的排放；二是实现煤炭的清洁化利用，从质上实现清洁生产，减少二氧化碳的排放，实现煤炭清洁高效利用。

尽管石油生产的环境影响及其潜在后果是可管理的，而且产业部门也已为此而或多或少地采取了行动，但对气候变暖的讨论仍然占据着人们的核心视野。目前讨论的已不再是社会责任抑或产业管理的问题，而是非常尖锐地涉及这一产业是否应如现在这样继续发展下去的问题。[1] 开采、运输、加工与炼制石油需要大量的设备和运输工具从而消耗能源，因此导致二氧化碳等温室气体的排放。同时，石油中含有甲烷，而在原油开采、炼制和加工过程中，由于设备自身和操作过程中的人为因素，井口装置、管道等设备有可能因密封不严而发生甲烷的逸散。[2] 更为重要的是，石油产品在作为燃料燃烧时，也会排放温室气体。

与煤炭和石油相比，天然气以其含氢量高、碳排放量少的特点，成为三大传统化石能源中最为清洁的能源，其开发利用符合应对气候变化、推进低碳发展的内在要求。[3]

二 应对气候变化与可再生能源

可再生能源的清洁性与应对气候变化的主旨高度契合。开发和利用可再生能源、提高能源利用效率、增加其在能源生产和消费结构中的比重，成为世界各国应对气候变化的重要途径。

在应对气候变化背景下，发展太阳能光伏、光热发电，提高太阳能发电效率，对于降低火力发电比重、减少燃煤过程中的碳排放具有重要意义。丰富的风能资源以及近年来我国风电技术的发展，使我国风电产业呈

---

[1] Michael Economides, Ronald Oligney, *The Color Of Oil - The History, the Money and the Politics of the World's Biggest Business*, Round Oak Publishing Company, 2000, p. 144.

[2] 刘玲、赵婧：《我国石化行业温室气体排放源识别》，《化工环保》2013 年第 4 期。

[3] 于文轩：《中国能源法制导论——以应对气候变化为背景》，中国政法大学出版社 2016 年版，第 5 页。

现高速发展的态势。风能具有清洁、可再生、总量巨大的优点，风电产业的发展有利于降低燃煤发电的比重，减少碳排放量。小型水电一般被视为可再生能源，技术简单成熟，既可因地制宜地开发利用水资源，又可提高供电效率，有助于逐渐减少火力发电，降低发电过程中的碳排放。生物质能直接或间接来自绿色植物的光合作用，可转化为常规的固态、气态和液态燃料，是一种重要的可再生能源，其利用有助于减少大气中的二氧化碳含量。[①]

第二节　应对气候变化法制的国际法背景

国际社会在《联合国气候变化框架公约》和《京都议定书》框架下不断展开磋商。2015 年 12 月通过的《巴黎协定》，对 2020 年之后国际社会的应对气候变化的行动做出安排，被认为是继《京都议定书》之后在气候变化谈判中达成的第三个具有里程碑意义的国际法文件。

一　《联合国气候变化框架公约》及其《京都议定书》

1992 年《联合国气候变化框架公约》为世界各国在应对全球气候变化问题上提供了一个基本框架，其内容主要包括：明确了应对气候变化的最终目标，即将大气中温室气体的浓度稳定在防止气候系统受到危险的人为干扰的水平上；确定了国际合作应对气候变化的基本原则，包括"共同但有区别的责任"原则、公平原则、各自能力原则和可持续发展原则；划分了发达国家和发展中国家，并且区别对待，明确发达国家的减排义务和向发展中国家提供资金援助和技术转让的义务以及承认发展中国家有消除贫困、发展经济的优先需要。1997 年《京都议定书》就 2012 年前主要发达国家减排温室气体的种类、减排时间表和额度等做出具体规定，确立了"京都机制"，即联合履约机制、排放权交易机制和清洁发展机制三个灵活机制。通过这些机制，发达国家实现自身减排目标不仅可以依靠在本国内采取减排对策，也可以通过购买其他国家的排放权来实现或者帮助其他国家实现减排来冲抵自己的减排指标。

---

① 于文轩：《中国能源法制导论——以应对气候变化为背景》，中国政法大学出版社 2016 年版，第 6 页。

《联合国气候变化框架公约》和《京都议定书》对各国在应对气候变化方面的法制努力起到了相当大的促进作用。首先是推动了各国在应对气候变化方面的立法或规划的努力。例如，德国先后通过制定《可再生能源法》《热电联产法》《能源节约法》来减少温室气体排放，英国在 2008年通过《气候变化法》，美国通过《清洁能源与安全法》，韩国通过《绿色经济增长法》，日本通过《地球温暖化对策推进法》等，以完成《联合国气候变化框架公约》和《京都议定书》确定的减排目标。其次是促进经济转型。各国为实现减排目标，一方面对国内能源结构进行调整，不同程度地强调新能源的开发和利用，从而推动可再生能源行业的发展；另一方面对产业结构进行调整，对于国内高耗能、高污染的企业予以关停或转移，并大力发展以技术为支撑的新兴产业，如生物医药、电子科技等产业，推动经济转型升级。例如，美国《清洁能源与安全法》确定可再生能源发电在电力消费中的比例，确定了国家要对清洁能源技术和能源效率技术保持一定的投资规模；德国也在《可再生能源法》中确定通过国家补贴，强制入网等措施促进可再生能源产业发展。[1] 最后是推动了碳排放权交易和清洁发展机制的发展，使发达国家之间温室气体排放权交易增加，同时也使发展中国家可以通过发达国家资助的清洁开发项目获得所需的资金或技术。

然而，美国自小布什时期起一直拒绝加入《京都议定书》。国际社会一直致力于寻求以适当的方法纳入美国，并致力于鼓励主要的发展中国家设定排放限额。在这些努力中，最主要的是 2007 年 "巴厘路线图" 和 2009 年的哥本哈根会议。"巴厘路线图" 的核心是《巴厘行动计划》，该行动计划主要包括减缓、适应、技术和资金四个方面的内容，要求发达国家缔约方承担可测量、可报告和可核证的温室气体减排承诺或行动，发展中国家采取适当的国内减缓行动，并要求加强应对气候变化方面的国际合作。在哥本哈根会议上，各国里程碑式地同意设定温室气体排放限额，这将国际社会对气候变化问题的关注提升到了一个空前的高度，[2] 这无疑是一大进步；但是，却未能达成一份表述清晰、具有法律约束力的国际条约。为此，国际社会在此基础上继续开展不懈的努力。《巴黎协定》正是

---

① 李艳芳：《各国应对气候变化立法比较及其对中国的启示》，《中国人民大学学报》2010年第 4 期。

② 张海滨：《气候变化与中国国家安全》，时事出版社 2010 年版，第 277 页。

在这样的背景下产生的。

二　《巴黎协定》对国内履约之要求

2009 年哥本哈根会议未能达成具有法律约束力的共识，成为 20 余年以来气候变化国际努力的一大遗憾。在此背景下，2015 年巴黎气候变化大会被寄予厚望。经过与会各国的艰苦努力，终于达成了具有法律约束力的《巴黎协定》。从国内履约角度观之，协定对国家计划、国家自主贡献（INDC）机制、适应气候变化、信息通报制度以及国际合作等方面的强调，需要予以特别关注。

（一）充分发挥国家计划的作用

《巴黎协定》强调制定并执行应对气候变化的国家计划在应对气候变化中的重要作用，如国家自主贡献、国家适应计划等。首先是制定应对气候变化的国家规划。《巴黎协定》要求各国自主申报国家贡献并进行信息通报，这就要求国家统筹确定产业发展、资源消耗、经济转型等方面的制度安排，各方面协同推进以达到减排目标。在适应层面，一方面涉及对气候变化敏感的农业、林业、牧业等产业的调整，如农业方面农业基础设施的加强，耕地的保护，农产品的市场供应等；另一方面涉及对敏感区域的保护，如易受海水淹没和影响的沿海生态保护区、人类聚居区的保护等。这些均需国家规划层面做出努力。其次是采取行动，执行应对气候变化的国家计划，包括法律措施、经济措施、政治措施、技术措施等。如在监管上需要国家配备相应的监管人员和技术监管设施，以增强对行业温室气体排放的管控；在处罚上也要设定标准，将温室气体排放纳入管控范围，其中既要基于和遵循现有的科技水平，又要考虑社会经济发展情况；在经济激励上，需要通过资金、技术等扶持和激励绿色产业的发展；在政治措施上通过对监管者转变考核标准，施加政治压力，完善监督追责等方式促进国家计划的执行。[①]

我国向来重视通过国家计划手段开展应对气候变化工作，引导和推动国家在减缓和适应等方面的行动，就应对气候变化的具体目标、原则、重点领域和重要措施做出规定。由于我国目前尚未制定专门的应对气候变化法，国家计划在气候变化领域就起到了不可替代的作用。在

---

① 《巴黎协定》第 4 条第 2、19 款、第 7 条第 1、9 款。

《京都议定书》生效后，为履行公约项下义务，国家发展改革委于2007年编制了《中国应对气候变化国家方案》，此后各省以此为基础也陆续编制了地方应对气候变化方案，使应对气候变化工作纳入社会经济的总体布局之中。在减排方面，通过《"十二五"控制温室气体排放工作方案》《"十二五"节能减排综合性工作方案》《节能减排"十二五"规划》《2014—2015年节能减排低碳发展行动方案》和《国家应对气候变化规划（2014—2020年）》等，我国将减排目标进行细化，通过综合利用多种措施实施减排，内容更全面，措施更有针对性和操作性，在应对气候变化方面发挥了重要的作用。可以预期的是，《巴黎协定》后，我国将仍然非常重视通过国家计划的方式就应对气候变化的步骤和措施进行安排。

（二）基于国家自主贡献机制推动能源法制建设

《巴黎协定》在减缓行动方面确认了通过国家自主贡献的方式自愿申报国家减排目标："各缔约方应编制、通报并持有它打算实现的下一次国家自主贡献。"[1] 一旦申报了自主贡献，国家即应采取减缓措施来实现该目标。国家自主贡献的落实情况要每5年通报一次，并且每次更新要逐步增加国家自主贡献，由此形成一种"螺旋上升"机制。在这种机制下，各国在应对气候变化方面"只进不退"。这对目前温室气体排放量世界第一的我国构成了极大的挑战。气候变暖的程度取决于大气层中温室气体的多少，由此实际上取决于温室气体的排放量。二氧化碳大约占全球温室气体排放量的80%，且主要源自化石燃料的燃烧。[2] 因此，对国家自主贡献履行的最主要的因素是对能源产业的规制与调整。

自加入《联合国气候变化框架公约》和《京都议定书》以来，我国密集地修改或者制定了不少与应对气候变化有关的能源法律法规。在法律层面如《煤炭法》《可再生能源法》《节约能源法》《清洁生产促进法》《循环经济促进法》等，同时其他配套法规规章也相继出台，如《公共机构节能条例》《再生资源回收管理办法》《可再生能源发电有关管理规定》等。作为能源基本法的"中华人民共和国能源法"（草案）

---

① 《巴黎协定》第4条第2款。

② ［美］戴维·M. 德瑞森：《法律的动态经济分析》，王颖译，复旦大学出版社2015年版，第199页。

也已形成并征求社会意见。① 可以预见，为了履行《巴黎协定》下的国际承诺，我国会通过更加积极地推进能源立法等手段，如推动"能源法"尽快出台、尽快对《电力法》进行修订等，对所承诺的自主贡献目标进行及早消化。

（三）立法内容更加注重"适应"侧面

《巴黎协定》高度重视适应气候变化，认为其是为保护人民、生计和生态系统而采取的气候变化长期应对措施的关键组成部分。《巴黎协定》规定确立全球适应目标，并确保采取适当的适应对策，同时还确定了适应行动的基本思路，即采用国家驱动，同时考虑到脆弱群体、社区和生态系统，将适应纳入相关的社会经济和环境政策以及行动中。这要求应从国家层面开展适应规划进程，包括制定和加强相关的计划、政策。并且要采取相关行动，如评估气候变化影响和脆弱性，建设社会经济和生态系统的抗御力等。除了本国内部采取的适应努力外，第7条第6款还特别规定应开展适应努力方面的国际合作，合作内容包括交流适应努力方面的良好做法、经验教训等信息、相互之间的体制安排、关于气候的科学研究等。为了保证公开透明和可比性，并且对各国形成压力，第7条第10款规定应当定期提交和更新适应信息通报。②

目前我国所制定的法律或规划主要集中于减缓方面。如《可再生能源法》通过可再生能源总量目标制度、全额收购制度、专项资金、税收和信贷鼓励措施等，均旨在促进可再生能源产业的发展，提高可再生能源发电比重，从而减少对火电的依赖，进而减少温室气体排放。《节约能源法》从工业节能、建筑节能、交通运输业节能、重点用能单位节能等方面减少能源消耗，控制温室气体排放。《循环经济促进法》亦从生产、流通和消费过程中的减量化、再利用、资源化角度减少资源消耗，提高资源利用效率从而减少温室气体排放。此外，《环境保护法》《大气污染防治法》等也从不同角度加强对温室气体排放的管控以保护环境。在适应气候变化方面，我国依据《农业法》《水法》《草原法》《防洪法》等开展了相应的行动，但在目标、原则、机制、制度等方面并不成体系，在适应

---

① 国家发展和改革委员会：《中国应对气候变化的改革与行动——2015年度报告》，2015年，第29页。

② 《巴黎协定》第7条第1、5、6、10款。

资金的安排、适应技术的研发方面亦未给予充分重视。①

（四）信息通报制度促进公众参与

《巴黎协定》将加强透明度建设作为一项基本义务。《巴黎协定》要求在行动和资助两方面强化透明度，包括国家信息通报、两年期报告和两年期更新报告、国际评估和审评以及国际协商和分析等机制建设。《巴黎协定》规定国家应定期提供的信息包括反映温室气体的人为源排放和汇清除量的国家清单报告，为执行和实现国家自主贡献方面取得的进展所必需的信息，气候变化影响和适应相关的信息，此外发展中国家还应在需要和接受的资金、技术转让和能力建设资助情况方面提供信息。② 在通报国家自主贡献时，应为清晰、透明和了解而提供必要的信息。此外，《巴黎协定》还规定了拟定并通报长期温室气体低排放发展战略等。③

我国在政策和立法层面越来越重视应对气候变化方面的公众参与。《国家应对气候变化规划（2014—2020 年）》规定了公众参与的基本原则，即在政府对气候变化工作进行引导的同时，促进个人、企业和社会组织的积极参与，形成社会合力。在 2014 年《环境保护法》中，亦设专章对信息公开和公众参与做出规定。《巴黎协定》对国家信息通报制度的重视，将进一步促进我国在应对气候变化领域的公众参与。

（五）国际合作更加广泛和深化

《巴黎协定》重视国际合作。从内容上看，主要包括能力建设、资金和技术转让等方面。在能力建设方面，《巴黎协定》强调要加强发展中国家的能力建设，包括在执行适应和减缓行动方面，在技术开发、推广和应用方面，获得气候资金的能力方面，教育培训和公共宣传方面以及透明、准确、及时的信息通报方面五个方面的能力建设。《巴黎协定》确定的基本思路是由国家驱动，以获得的经验教训为指导，依据并响应国家需要，促进本国自主。同时，《巴黎协定》还规定发展中国家应当定期通报落实能力建设的计划、政策、行动或措施的进展情况。④

在资金支持和技术转让方面，《巴黎协定》贯彻共同但有区别的责任

---

① 彭斯震等：《中国适应气候变化政策现状、问题和建议》，《中国人口资源与环境》2015年第9期。

② 《巴黎协定》第 13 条第 1、7、10 款。

③ 《巴黎协定》第 4 条第 8、19 款。

④ 《巴黎协定》第 11 条第 1、2、4 款。

原则，强调发达国家应为发展中国家在减缓和适应两方面提供资金资助并在技术开发和转让方面加强合作，而且这一努力应当逐步超过先前的努力。从而为支持资金的上调预留了空间。对于其他国家则鼓励提供这方面的资助。《巴黎协定》确定了对于发展中国家加快、鼓励和扶持创新的努力应提供资助，包括利用《巴黎公约》技术机制和《巴黎公约》资金机制来采取协作性方法开展研究开发，以帮助发展中国家在技术周期早期阶段获得技术。[①]

　　我国作为温室气体排放大国，特别需要在国际社会与各国加强沟通，利用国际社会的资金、技术来促进我国经济的转型与发展。为此，我国已开始在国际层面进行相应的努力。2014 年以来，我国分别与美国、欧盟、英国发表气候变化联合声明，且通过与其他国家或国际组织达成气候变化谅解备忘的形式来促进气候变化领域的合作。[②] 在《巴黎协定》谈判过程中，我国积极推动与各国就巴黎气候大会的议题进行广泛的交流，对协定的最终达成起到了非常积极的作用。[③] 在引进资金和技术方面，我国于 2005 年通过了《清洁发展机制项目运行管理办法》，并于 2011 年修订。2010 年，我国颁布《中国清洁发展机制基金管理办法》，这对清洁发展机制的项目运行起到了推动和保障作用，截至 2015 年 5 月，国家发展改革委批准的清洁发展机制项目合计达 5073 项，截至 2015 年 12 月，获得核证减排量（Certified Emission Reduction，CERs）的 CDM 项目已达 1468 项，[④] 在促进节能减排等方面发挥了巨大的作用。此外，我国也积极帮助其他发展中国家和小岛屿国家培训技术人员，赠送低碳节能产品并通过资金支持促进南南合作。[⑤]《巴黎协定》后，我国与国际社会在气候变化领域的合作将会更加广泛和深入。

[①] 《巴黎协定》第 9 条第 3 款、第 10 条第 5 款。

[②] 国家发展和改革委员会：《中国应对气候变化的政策与行动——2015 年度报告》，2015 年，第 39—40 页。

[③] 《大国智慧和担当中国积极推动巴黎气候大会成功》，http：//news. ycwb. com/2015-12/01/content_ 20943721. htm，最后访问时间 2016 年 1 月 30 日。

[④] 数据源自中国清洁发展机制网：http：//cdm. ccchina. gov. cn/NewItemTable1. aspx，最后访问时间 2016 年 1 月 30 日。

[⑤] 国家发展和改革委员会：《中国应对气候变化的政策与行动——2015 年度报告》，2015 年，第 41—42 页。

三　《巴黎协定》对我国专门立法的借鉴意义

2016 年 9 月 3 日，我国向联合国交存《巴黎协定》批准文书。目前，由国家发展改革委牵头的"应对气候变化法"的研究起草正在进展之中。基于《巴黎协定》在上述方面的要求，专门立法应在政策框架、适应气候变化能力建设、激励措施、公众参与、国际合作等方面做出努力。

（一）确立应对气候变化政策框架

政府的主要对内职能包括保护国民自由、再分配产权以及提供公共产品。[①] 在应对气候变化方面，政府在提供公共产品方面的最重要的职能之一，是制定国家规划。2014 年 9 月，我国发布《国家应对气候变化规划（2014—2020 年）》，就应对气候变化的指导思想和主要目标、控制温室气体排放、适应气候变化影响、实施试点示范工程、完善区域应对气候变化政策、健全激励约束机制、强化科技支撑、加强能力建设、深化国际交流与合作、组织实施等方面做出了安排。这些方面的内容应在应对气候变化专门立法中固定下来。

应对气候变化政策框架应包括如下几个层次。第一是将应对气候变化作为国家经济社会发展的重大战略，纳入县级以上人民政府的国民经济和社会发展规划。第二是国务院应对气候变化主管部门编制国家应对气候变化规划，报国务院批准后实施。[②] 第三是省级人民政府根据国家应对气候变化规划和本地区应对气候变化的实际要求，编制并组织实施本地区的应对气候变化规划。

（二）加强适应气候变化能力建设

"减缓"和"适应"是应对气候变化专门法所需关注的两大领域。对于包括我国在内的大多数国家而言，"适应"侧面较之于"减缓"侧面需要更大的努力。《巴黎协定》对"适应"侧面的强调，要求专门立法在此方面给予充分的重视。为此，至少应在总体要求、风险评估、碳汇能力、敏感地区和产业、人群健康等方面做出规定。

其一，总体要求。国家在产业布局、基础设施与重大项目规划和建

---

① ［德］柯武刚、史漫飞：《制度经济学：社会秩序与公共政策》，韩朝华译，商务印书馆 2000 年版，第 357 页。

② 这一层次的政策目前已经开始实践，如上述《国家应对气候变化规划（2014—2020 年）》。

设中应充分考虑气候变化的影响，提高适应气候变化的能力。各部门和各级人民政府应当采取有效措施适应气候变化，减轻气候变化的不利影响。

其二，风险评估。一方面，是借鉴国际环境法上的跨界环境影响评价（TEIA）制度，定期评估气候变化对经济社会发展和人民生产生活的影响，并提出适应气候变化的对策建议。另一方面，是应对气候变化主管部门应当组织对城乡规划和国家重点建设工程、重大区域性经济开发项目和其他易受气候变化影响的工程建设项目进行气候灾害风险评估，评估结果应作为规划和项目审批依据。

其三，碳汇能力。研究表明，"热带雨林的砍伐是全球气候变化的第二大原因，紧随矿物燃料的燃烧之后。反过来，气候变化又加快了森林的消亡，加剧了生活在那里的人们的贫穷"[1]。国家应基于生态系统管理方法，[2] 防止水、草原、湿地、荒漠、沿海等生态系统因气候变化出现退化，鼓励造林绿化，加强森林抚育，增加草原植被，加强湿地保护和恢复以及农田林网建设，保持生态系统碳汇能力。

其四，敏感地区和产业。应加强北方农牧交错带、西北荒漠区与黄土高原、西南石漠化地区、青藏高原等生态脆弱地区的综合治理，加大生态建设力度。此外，还亟须对种植业、林业、畜牧水产养殖业及其他易受气候变化影响的产业加强引导，增强其适应气候变化的能力。

其五，人群健康。国家应鼓励开展气候变化对人群健康影响的研究，加强气候变化脆弱地区公共医疗卫生设施建设，加强与气候变化相关卫生资源投入与健康教育。

（三）采取激励措施

激励措施应包括财政、税收、信贷、政府采购、补贴、科技创新鼓励

---

① ［美］弗雷德·克鲁普、米丽亚姆·霍恩：《决战新能源——一场影响国家兴衰的产业革命》，陈茂云等译，东方出版社 2010 年版，第 144 页。

② 综合生态系统管理（Integrated Environmental Management，IEM）是指管理自然资源和自然环境的一种综合管理战略和方法，它要求综合对待生态系统的各组成部分，综合考虑社会、经济、自然（包括环境、资源和生物多样性等）的需要和价值，综合采用多学科的知识和方法，综合运用行政的、市场的和社会的调整机制，来解决资源利用、生态保护和生态系统退化的问题，以达到创造和实现经济的、社会的和环境的多元惠益，实现人与自然的和谐共处。参见王灿发主编《中国干旱地区土地退化防治立法与政策研究》，法律出版社 2009 年版，第 2 页。

六个方面。① 一是财政激励措施。县级以上人民政府应设立应对气候变化科目，用于减缓和适应气候变化。二是税收激励。应实行有利于应对气候变化的税收政策，采取征收碳税等措施，控制温室气体排放，推进低碳产业发展。三是信贷措施。应鼓励金融机构增加对应对气候变化项目的信贷支持，为低碳技术研发应用、低碳产品生产和推广提供优惠信贷支持。四是政府采购。制定政府采购名录时，应优先列入具有低碳标识、低碳产品认证的产品和设备。五是补贴政策。对具有低碳标识、取得低碳产品认证证书的产品和设备提供补贴，支持适应气候变化行动。六是科技创新。应鼓励应对气候变化科学研究和低碳技术的研发，将应对气候变化和低碳技术纳入国家科技发展计划。

（四）鼓励公众参与，推动信息公开

在应对气候变化语境下，信息公开是一种"自上而下"的模式，而公众参与则是一种"自下而上"的模式。②《联合国气候变化框架公约》《京都议定书》和《巴黎协定》均非常重视国家信息通报义务。相应地，在国内法层面，在制定应对气候变化政策、审批与气候变化有关的重大项目时，应向社会公布相关信息，征求公众的意见。同时，还应鼓励单位和个人对违反应对气候变化法律规定的行为向行政机关检举和向司法机关控告。在信息公开方面，国务院应对气候变化主管部门应定期发布应对气候变化公报；地方人民政府应公布本辖区内的应对气候变化信息。

（五）深化应对气候变化国际合作

我国在开展应对气候变化国际合作时，应坚持共同但有区别的责任原则、公平原则和各自能力原则。应特别支持在科学研究、技术研发和能力建设等方面开展国际合作，推动建立资金、技术转让的国际规则。同时，还应重视通过南南合作，支持发展中国家的应对气候变化能力建设。

---

① 有学者将激励措施归纳为"选择性激励机制"，其中包括积极激励和消极激励两个方面。参见陈贻健《气候正义论——气候变化法律中的正义原理和制度构建》，中国政法大学出版社2014年版，第271—272页。

② 黄婧：《国际温室气体减排责任分担机制研究》，中国政法大学出版社2014年版，第191页。

第三节　基于"一带一路"倡议的能源国际合作

2013 年 9 月和 10 月，我国提出共建"丝绸之路经济带"和"21 世纪海上丝绸之路"（以下简称"'一带一路'建设"）的倡议，得到国际社会高度关注。2015 年 3 月，我国发布《推动共建丝绸之路经济带和 21 世纪海上丝绸之路的愿景与行动》文件（以下简称《愿景》），对"一带一路"的基本问题进行了阐释，是现阶段我国对"一带一路"建设最为系统和完整的说明。[①] 党的十九大提出，要推动构建人类命运共同体，坚持环境友好，合作应对气候变化，为能源国际合作提出了方向。[②]

一　背景与意义

当今世界正发生复杂深刻的变化，国际金融危机深层次影响继续显现，世界经济缓慢复苏、发展分化，国际投资贸易格局和多边投资贸易规则酝酿深刻调整，各国面临的发展问题依然严峻。国际上不安定因素有增加的风险，恐怖主义、极端主义、分裂主义、霸权主义等威胁国际和平的势力有所抬头。而经济全球化与一体化的趋势又要求建立一个更加和平、开放、平等的国际秩序。

从世界范围看，开展"一带一路"建设，旨在促进经济要素有序自由流动、资源高效配置和市场深度融合，推动沿线各国实现经济政策协调，开展更大范围、更高水平、更深层次的区域合作，共同打造开放、包容、均衡、普惠的区域经济合作架构。共建"一带一路"符合国际社会的根本利益，彰显人类社会共同理想和美好追求，是国际合作以及全球治理新模式的积极探索，将为世界和平发展增添新的正能量。通过"一带一路"建设，将推动沿线各国发展战略的对接与耦合，发掘区域内市场的潜力，促进投资和消费，创造需求和就业，增进沿线各国人民的人文交流与文明互鉴。[③]

---

① 本节主要内容源自于文轩、褚建鑫《"一带一路"视域下的能源国际合作》，《人民法治》2015 年第 11 期。

② 习近平：《中国共产党第十九次全国代表大会政治报告》，第十二部分。

③ 国家发展和改革委员会、外交部、商务部：《推动共建丝绸之路经济带和 21 世纪海上丝绸之路的愿景与行动》，第一部分。

基于"一带一路"倡议开展能源国际合作，对我国也具有重大意义。

首先，开展"一带一路"能源国际合作能够有效解决我国的能源安全问题。一方面，随着我国经济发展的突飞猛进，对能源的需求不断增大，能源安全问题日益突出。中国社会科学院发布的《世界能源中国展望（2014—2015）》指出，我国能源对外依存度 2015 年为 11%，2020 年则接近 26%。面对这样的能源形势，寻求有效的国际能源合作已成为重要任务，若能打开我国与中亚、阿拉伯地区、东南亚和俄罗斯更为广泛的能源合作局面，势必将缓解我国能源需求的巨大缺口。另一方面，传统的石油进口海上主要通道，即中东航线、非洲航线和东南亚航线，都必经马六甲海峡，我国的能源安全极易受到威胁。而"一带一路"能源基础设施建设将丰富我国的能源通道选择。

其次，开展能源国际合作，将为我国能源企业"走出去"提供更多的机会，如为沿线国家提供基础设施和交通建设等，这在一定程度上能够释放我国的剩余产能。

再次，开展"一带一路"的能源国际合作，也对我国能源结构转型和升级有很大帮助。根据《愿景》，"一带一路"的能源合作，不仅注重传统能源，更注重可再生能源的合作，这将促进我国能源结构更多地向着可再生能源的转型。

最后，"一带一路"能源合作，有助于我国减少碳排放量，改善环境。中亚国家的天然气资源丰富，天然气较之煤炭石油更为低碳，如果能够在能源合作中达成我国与中亚国家就液化天然气（LNG）的协议，那么将有效地减少我国的碳排放量和空气污染。

二　能源国际合作的重点与原则

《推动共建丝绸之路经济带和 21 世纪海上丝绸之路的愿景与行动》对"一带一路"能源国际合作的重点和应坚持的基本原则做出了规定，成为我国开展能源国际合作的重要指南。

（一）"一带一路"能源国际合作的重点领域

"一带一路"经济带上有许多能源出口国，如"丝绸之路经济带"上的俄罗斯、哈萨克斯坦、吉尔吉斯斯坦等国家，以及"海上丝绸之路"的东南亚各国，如印度尼西亚、泰国、缅甸、文莱等。这些国家能源种类多元、能源禀赋好、国内消费低，因此我国十分重视与"一带一路"战略沿线国家开展能源方面的合作。

根据《愿景》，具体的合作内容重点主要包括以下几个方面：①能源基础设施合作。共同维护输油、输气管道等运输通道安全，推进跨境电力与输电通道建设，积极开展区域电网升级改造合作等。②传统能源合作。加大煤炭、油气、金属矿产等传统能源资源的勘探、开发合作。③可再生能源合作。积极推动水电、核电、风电、太阳能等清洁、可再生能源的合作。④能源加工转化合作。推进能源资源就地就近加工转化合作，形成能源资源合作上下游一体化产业链。⑤能源资源深加工技术、装备与工程服务合作。[①]

（二）"一带一路"能源国际合作的基本原则

"一带一路"国际能源合作，按《愿景》的表述，应当遵循开放合作、和谐包容、市场引导以及互利共赢的基本原则。①开放合作。"一带一路"相关的国家基于但不限于古代丝绸之路的范围，各国和国际、地区组织均可参与，使共建成果惠及更广泛的区域。"一带一路"是条线索，它存在广泛的扩充余地。以能源领域合作来看，它可以伸展到阿拉伯、中东国家、非洲国家，以及东北亚国家，乃至欧洲、美国。因此，"一带一路"代表的是一种开放和合作的思路，而不仅仅是一个曾经的历史概念或地理概念。②和谐包容。倡导文明宽容，尊重各国发展道路和模式的选择，加强不同文明之间的对话，求同存异、兼容并蓄、和平共处、共生共荣。"一带一路"沿线涉及60多个国家，横跨了欧亚大陆，国家之间的制度、文化、利益均有所不同，特别是在能源问题上，体现明显。面对现状，我们应当本着对话、合作的态度，维护自身利益，寻找共同利益。实践证明，即使是在能源问题上存在利益冲突，如果处理得当，同样能够联手共同合作。③市场引导。遵循市场规律和国际通行规则，充分发挥市场在资源配置中的决定性作用和各类企业的主体作用，同时发挥好政府的作用。在"一带一路"能源合作过程中，应当充分发挥能源企业，特别是要注意发挥民营企业在能源合作中的重要性。④互利共赢。兼顾各方利益和关切，寻求利益契合点和合作最大公约数，体现各方智慧和创意，各施所长，各尽所能，把各方优势和潜力充分发挥出来。[②]

---

① 国家发展和改革委员会、外交部、商务部：《推动共建丝绸之路经济带和21世纪海上丝绸之路的愿景与行动》，第四部分。

② 同上。

三 能源国际合作的挑战及其应对

在开展"一带一路"能源国际合作时，一些突出的问题特别值得引起注意，尤其是能源合作与大国关系、能源合作中的国际机制、能源合作与基础设施建设，以及能源合作与环境保护。

（一）能源合作与大国关系

"一带一路"开展的地带主要位于中亚和东南亚，这些地区具备重要的战略意义，许多大国均在此角力。而能源合作问题，更是会触碰到许多大国的利益。首先，是我国与俄罗斯的利益。中俄是重要的战略合作伙伴，我国在开展与中亚的能源合作时，要充分考虑俄罗斯的地区利益。因为中亚和独联体国家是俄罗斯重要的战略后方和优先发展方向，同时中亚与俄罗斯在能源问题上也高度相关、唇齿相依，因此我国与中亚各国加强能源合作和互联互通建设势必会使俄罗斯产生忧虑。例如，俄罗斯担心"中吉乌铁路"使用的标准轨与俄式轨不能衔接，导致中亚国家增加对俄离心倾向。然而其实质正如一些学者指出的，"铁轨的不兼容还是技术层面的，观念上的不兼容更麻烦"[1]。"一带一路"倡议中的能源合作需要中俄互利共赢、避免恶性竞争，"一带一路"建设应当成为发展中俄全面战略伙伴关系的重要举措。[2] 其次，是我国与美国的利益。美国主导的"新丝绸之路"计划，希望把中亚的油、气、电输往南亚，在我国的西部、西南部和南部构筑一条由美国主导的经济与能源通道。[3] 因此"新丝绸之路"计划不免与我国的"一带一路"建设产生矛盾甚至冲突。除此之外，在"一带一路"能源合作的过程中，我国与印度和日本的利益也难免发生冲突。如何妥善处理与这些大国之间的关系，成为重要课题。根本而言，应本着"互利共赢"的基本原则来增强沟通、互信和合作。中美在"一带一路"沿线能源领域中，存在巨大的合作潜力。例如，在东南亚，中美在"大湄公河次区合作"（GMS）的能源互联互通、能源政策等方面已经进行合作并取得一定成果。而中印同样作为人口大国，可以共同协作开发第三国资源。目前，中印两国企业已经开始在第三国协作勘探和开采

---

① 王义桅：《一带一路：机遇与挑战》，人民出版社 2015 年版，第 106 页。

② 张生玲、魏晓博、张晶杰：《"一带一路"战略下中国能源贸易与合作展望》，《国际贸易》2015 年第 8 期。

③ 刘建国、梁琦：《"一带一路"能源合作问题研究》，《中国能源》2015 年第 7 期。

油气资源。并且，中印两国作为亚洲重要的能源进口方，若能在国际能源定价权领域积极合作，不仅可以提高两国的整体议价能力，甚至可以为形成亚洲范围的油气输入国集体议价机制奠定基础。[①] 而中日两国的矛盾与竞争，则或可通过中日韩自贸区的进一步强化和将"海上丝绸之路"向日本侧延伸等方式予以化解。

（二）能源合作中的国际机制

在"一带一路"能源合作的过程中，涉及大量国际法律、环境与贸易、金融结算等方面的问题。一带一路涉及 60 多个不同的国家，各国制度和法律差异很大，发展和开放程度不同，需要有效的协调机制。[②] 而我国目前参与全球能源合作程度比较低，具有法律效力的实质性合作不多。在东北亚，我国也缺乏与其他国家的能源合作机制。我国应当以"一带一路"能源合作为契机，更为全面积极地参与到国际能源治理中。我国应该积极参与国际能源合作过程。只有参与到能源合作法律规则的制定中，才有机会表达我国能源合作的意志，才有可能打破西方发达国家对国际能源合作主导权的垄断。其中，《能源宪章条约》（*Energy Charter Treaty*）（以下简称《能源宪章》）是国际能源领域具有法律约束力的多边条约，能源宪章条约的文本包括八个部分，50 条内容，包括了投资保护、能源贸易和运输保护、能源效率及争端解决等几部分，调整对象是各国的能源生产者、消费者和运输者，可谓是能源界的 WTO。[③] 目前，"一带一路"上跟我国有能源合作的国家，如中亚各国等，多已成为《能源宪章》的成员国。许多专家学者均建议，我国应当利用当前"一带一路"能源合作的契机，顺势加入《能源宪章》，积极参与制定和引导国际能源规则向着有利于我国的方向发展，并且在条件成熟时抓紧推动建立"一带一路"区域能源合作机制，如建立本地区的能源宪章和能源合作机构等。《能源宪章条约》在全球能源和合作机制方面发挥着举足轻重的作用，是全球开展能源合作活动的重要法律保障。2015 年 5 月 20 日至 21 日，我国签署了新的《国际能源宪章宣言》。所有签署这一宣言的国家还会应邀参加对 1994 年《能源宪章条约》各个条款的修

---

① 杨晨曦：《"一带一路"区域能源合作中的大国因素及应对策略》，《新视野》2014 年第 4 期。

② 马振岗：《应对"一带一路"安全风险》，《中国投资》2015 年第 5 期。

③ 余家豪：《"一带一路"能源合作聚焦三大关键词》，《中国石油报》2015 年 3 月 10 日第 2 版。

改工作，并就新的"国际能源宪章条约"达成共识。[①] 这是下一阶段我国与《能源宪章》进一步深化合作的信号。

（三）能源合作与基础设施建设

在能源合作中，能源基础设施建设的合作至关重要。但由于任务艰巨，因此存在巨大的资金缺口。亚洲开发银行曾经做过测算，2010—2020年，亚太地区基础设施建设投资需要 8 万亿美元，而亚洲开发银行每年能提供的基础设施项目贷款仅为 100 亿美元。[②] 因此，从金融等领域加强对"一带一路"能源基础设施建设的投入便成为重要课题。有鉴于此，我国发起并建立亚洲基础设施投资银行，为"一带一路"有关沿线国家基础设施建设提供资金支持，促进经济合作。同时，我国设立了 400 亿美元的"丝路基金"直接支持"一带一路"的基础设施、资源开发等项目，成为能源合作的催化剂。

（四）能源合作与环境保护

"一带一路"沿线国家多数生态环境较为脆弱，其中有不少国家处于干旱、半干旱环境，生态风险较大。而在能源合作的过程中，不免需要对生态环境进行一定程度的利用，如勘探、开采、铺设管道等行为。在此过程中若不能妥善处理环境保护问题，不仅将对生态环境造成破坏，对当地居民造成影响，而且还极易引发东道国的抵制，最终致使合作失败，产生对我国的质疑。这方面，缅甸密松水电站项目的搁浅应当成为前车之鉴。因此，在开展"一带一路"能源建设的过程中，中方企业应当充分了解并遵守东道国有关环境保护的法律规定和制度，做好在当地的信息公开和征求意见工作，与当地政府和人民积极沟通。同时，中方能源企业应当在开发地开展好生态补偿和环境修复工作。因此，这就要求不仅我国的能源企业应当"走出去"，环保产业也应当配套地"走出去"，在"一带一路"能源领域开展环保国际化合作。国务院发展研究中心资源与环境政策研究所副所长谷树忠就曾指出，"一带一路"绝不会成为"脏带""脏路"，而是要成为环境友好的"绿色丝路"。在合作的过程中，绝不能将落后产能输出他国，而应当加深我国和相关国家产业融合、产能融合，实

[①] 国家能源局：《中国签署新的国际能源宪章宣言》，http：//www.nea.gov.cn/2015-05/29/c_134282011.htm，最后访问时间 2015 年 10 月 8 日。

[②] 张生玲、魏晓博、张晶杰：《"一带一路"战略下中国能源贸易与合作展望》，《国际贸易》2015 年第 8 期。

现产业共同升级，经济共同发展。[1] 此外还值得指出的是，在"一带一路"能源合作开发中，除注重常规能源的开发外，还应注重可再生能源的开发合作，例如与中亚国家和东南亚国家积极开展陆上风电及海上风电的合作，以及推广我国的光伏发电项目等，促进我国以及"一带一路"周边国家的能源结构调整和转型，实现促进和发展低碳经济的目标。

---

① 邵海鹏：《学者称"一带一路"绝不会成为脏带、脏路》，http：//www.yicai.com/news/2015/09/4691234.html，最后访问时间 2015 年 10 月 8 日。

结　语

理是因事而见的，舍事而求理，无有是处。

——吕思勉[1]

　　能源产业的发展是现代经济社会持续发展的重要动力。我国能源资源总量丰富，但人均能源资源拥有量较低，能源资源赋存分布不均衡，能源资源开发难度较大，产业发展面临能源缺口大、进口来源单一、环境成本高等问题。加强能源法制建设对于解决这些问题至关重要。

　　在能源法领域中，价值体系决定性地影响着法律制度及其实施。能源法的价值体系由正义、秩序和效率三个方面构成。在这一体系中，正义价值和秩序价值处于最高位次。正义价值是秩序价值的目标和实质，秩序价值是正义价值的表现形式和实现手段。效率价值是正义价值的重要实现途径，并为秩序价值的实现提供支持。正义价值和秩序价值相对于效率价值的前提和基础地位不容忽视。这一价值体系是构建能源法的原则和目标体系的基础。

　　低碳经济对能源管理体制在管理理念、管理原则、管理目标、管理制度和运行模式等方面提出了相应的要求。在管理理念方面，应遵循能源法的可持续发展原则、安全与效率兼顾原则、利益平衡原则和综合调整原则。在管理原则方面，应遵循管监分离原则和权力制衡原则。管理目标应与能源法的目标体系相一致，即保障能源安全、提高能源效率、促进能源产业健康发展。在管理制度方面，应通过科学的能源政策和管理制度，减少影响低碳经济发展的负面因素。在运行模式方面，应发挥市场机制的作用，行政权力与市场机制充分发挥各自的优势，形成内洽的互补与协作

---

[1]　吕思勉:《中国通史》，江西人民出版社 2015 年版，第 2 页。

模式。

完善的能源法律体系和法律制度，是能源开发利用及其规制合理化和规范化的前提，有利于能源法律机制和制度的规范与协调，并且有利于最大限度地发挥制度功能，促进低碳经济发展。我国已初步形成了由煤炭、石油天然气、可再生能源、电力、能源节约和能源环境保护等领域的立法构成的能源法律体系，为能源管理提供了重要的法律依据，但在结构的完整性、配套法规的完备性和内容的可操作性等方面有待提高。为此，应在低碳经济理念指导下，尽早制定能源基本法，健全专项立法，完善法律制度和法律机制，并加强与国际能源法的衔接。

在推进生态文明建设和低碳经济语境下，生态环境保护、资源开发利用与能源产业规制在法制层面存在千丝万缕的联系。自然资源的开发往往出于能源利用之目的，而相应地对生态环境和社会经济发展产生影响，作为典型的自然资源的化石能源的开发利用与生态环境和社会发展之间的关联性则更显而易见。① 这样的关联性，使得能源法、自然资源法、生态法和环境保护法之间在各个层面和方面的衔接、协同与互动都不可忽视。明确这一点，对于推进能源法学、自然资源法学和环境法学研究，对于提高立法科学性和保障立法的有效实施，都具有重要意义。

---

① 2016 年 5 月 23 日，习近平总书记在黑龙江省伊春市考察调研时强调，生态就是资源，生态就是生产力。

参考文献[*]

一 中文论著

1. 曹明德等：《中国碳排放交易法律制度研究》，中国政法大学出版社 2016 年版。

2. 柴静：《看见》，广西师范大学出版社 2013 年版。

3. 陈大夫：《环境与资源经济学》，经济科学出版社 2001 年版。

4. 陈绍洲、徐配若：《石油化学》，华东化工学院出版社 1993 年版。

5. 陈新华：《能源改变命运——中国应对挑战之路》，新华出版社 2008 年版。

6. 陈贻健：《气候正义论——气候变化法律中的正义原理和制度构建》，中国政法大学出版社 2014 年版。

7. 陈元：《能源安全与能源发展战略研究》，中国财政经济出版社 2007 年版。

8. 程恩富、胡乐明：《新制度经济学》，经济日报出版社 2004 年版。

9. 迟福林主编：《经济转型低碳经济崛起》，国家行政学院出版社 2011 年版。

10. 崔建远：《准物权研究》，法律出版社 2012 年版。

11. 崔民选、王军生、陈义和：《天然气战争》，石油工业出版社 2010 年版。

12. 董保华等：《社会法原论》，中国政法大学出版社 2001 年版。

13. 杜群、王利等：《能源政策与法律——国别和制度比较》，武汉大学出版社 2014 年版。

---

[*] 按文献名称的汉语拼音顺序排列，省略了正文中引用的政策文件、法律文件、国际条约以及网络资料，相关文献信息详见正文脚注。

14. 龚向前：《气候变化背景下能源法的变革》，中国民主法制出版社2008年版。

15. 何建坤：《低碳发展：应对气候变化的必由之路》，学苑出版社2010年版。

16. 胡德胜：《美国能源法律与政策》，郑州大学出版社2010年版。

17. 胡德胜：《能源法学》，北京大学出版社2017年版。

18. 黄婧：《国际温室气体减排责任分担机制研究》，中国政法大学出版社2014年版。

19. 黄振中、赵秋雁、谭柏平：《中国能源法学》，法律出版社2009年版。

20. 贾文瑞等：《21世纪中国能源、环境与石油工业发展》，石油工业出版社2002年版。

21. 姜润宇主编：《战略石油储备》，中国市场出版社2007年版。

22. 赖向军、戴林：《石油与天然气——机遇与挑战》，化学工业出版社2005年版。

23. 李丹：《环境立法的利益分析》，知识产权出版社2009年版。

24. 李俊峰、王仲颖：《中华人民共和国可再生能源法解读》，化学工业出版社2005年版。

25. 李龙主编：《法理学》，武汉大学出版社1996年版。

26. 李珞新、戴四新：《电力法规》，高等教育出版社2006年版。

27. 李润生：《石油与监管》，石油出版社2002年版。

28. 李艳芳等：《新能源与可再生能源法律与政策研究》，经济科学出版社2015年版。

29. 栗宝卿：《促进可再生能源发展的财财税政策研究》，中国税务出版社2010年版。

30. 梁治平：《梁治平自选集》，广西师范大学出版社1997年版。

31. 林伯强：《中国能源思危》，科学出版社2012年版。

32. 林卫斌、方敏：《能源管理体制比较与研究》，商务印书馆2013年版。

33. 刘继鹏：《大船掉头：电改十八年反思与展望》，东方出版社2015年版。

34. 刘金国、舒国滢主编：《法理学教科书》，中国政法大学出版社

1999 年版。

35. 卢现祥、朱巧玲：《新制度经济学》，北京大学出版社 2007 年版。

36. 吕思勉：《中国通史》，江西人民出版社 2015 年版。

37. 吕振勇：《能源法简论》，中国电力出版社 2008 年版。

38. 毛如柏、安建：《中华人民共和国可再生能源法释义》，法律出版社 2005 年版。

39. 裴广川主编：《环境伦理学》，高等教育出版社 2002 年版。

40. 朴光姬：《日本的能源》，经济科学出版社 2008 年版。

41. 清华大学环境资源与能源法研究中心：《中国能源法（草案）专家建议稿与说明》，清华大学出版社 2008 年版。

42. 任晓娟主编：《石油工业概论》，中国石化出版社 2007 年版。

43. 邵秉仁主编：《电力监管条例释义》，中国电力出版社 2005 年版。

44. 沈志斌：《新版电力法实例说》，湖南人民出版社 2006 年版。

45. 孙桂娟、殷晓彦、孙相云、杨锐、孙少叶、王莹：《低碳经济概论》，山东人民出版社 2010 年版。

46. 王才良：《世界石油工业 140 年》，石油工业出版社 2005 年版。

47. 王灿发主编：《中国干旱地区土地退化防治立法与政策研究》，法律出版社 2009 年版。

48. 王丹：《中国石油产业发展路径：寡占竞争与规制》，中国社会科学出版社 2007 年版。

49. 王金南、曹东等：《能源环境：中国 2020》，中国环境科学出版社 2004 年版。

50. 王人博、程燎原：《法治论》，山东人民出版社 1989 年版。

51. 王社坤：《环境利用权研究》，中国环境出版社 2013 年版。

52. 王文革：《中国节能法律制度研究》，法律出版社 2008 年版。

53. 王曦：《国际环境法》，法律出版社 2005 年版。

54. 王义桅：《一带一路：机遇与挑战》，人民出版社 2015 年版。

55. 王正立、刘伟、张迎新：《世界部分国家能源管理机构简介》，中国大地出版社 2005 年版。

56. 邬名扬主编：《政治经济学新编》，中国政法大学出版社 1999 年版。

57. 肖乾刚、肖国兴：《能源法》，法律出版社 1996 年版。

58. 徐玖平、卢毅:《低碳经济引论》,科学出版社 2011 年版。

59. 徐壮:《节能法制与政策制度》(上),中国标准出版社 2010 年版。

60. 严大凡、翁永基、董绍华:《油气长输管道风险评价与完整性管理》,化学工业出版社 2005 年版。

61. 杨京平主编:《生态安全的系统分析》,化学工业出版社 2002 年版。

62. 杨泽伟:《发达国家新能源法律与政策研究》,武汉大学出版社 2011 年版。

63. 杨泽伟:《中国能源安全法律保障研究》,中国政法大学出版社 2009 年版。

64. 叶荣泗、吴钟瑚主编:《中国能源法律体系研究》,中国电力出版社 2006 年版。

65. 于文轩:《石油天然气法研究——以应对气候变化为背景》,中国政法大学出版社 2014 年版。

66. 于文轩:《中国能源法制导论——以应对气候变化为背景》,中国政法大学出版社 2016 年版。

67. 张海滨:《气候变化与中国国家安全》,时事出版社 2010 年版。

68. 张辉:《美国环境法研究》,中国民主法制出版社 2015 年版。

69. 张建宇、严厚福、秦虎编译:《美国环境执法案例精编》,中国环境出版社 2013 年版。

70. 张文显:《二十世纪西方法哲学思潮研究》,法律出版社 2006 年版。

71. 张文显主编:《法理学》,法律出版社 1997 年版。

72. 张文显主编:《马克思主义法理学——理论与方法论》,吉林大学出版社 1993 年版。

73. 张勇:《能源基本法研究》,法律出版社 2011 年版。

74. 张勇编著:《能源资源法律制度研究》,中国时代经济出版社 2008 年版。

75. 赵爽:《能源变革与法律制度创新研究》,厦门大学出版社 2012 年版。

76. 赵小平主编:《能源管理工作手册》,中国市场出版社 2008 年版。

77. 赵选民、董春诗、焦兵、李继翠：《中国石油财税制度》，科学出版社 2008 年版。

78. 赵震江主编：《法律社会学》，北京大学出版社 1998 年版。

79. 周凤翱等：《生物质能政策与法律问题研究》，上海科学技术出版社 2013 年版。

80. 周琪：《美国能源安全政策与美国对外战略》，中国社会科学出版社 2012 年版。

81. 朱琴芬：《新制度经济学》，华东师范大学出版社 2006 年版。

82. 卓泽渊：《法的价值论》，法律出版社 2006 年版。

二　外文译著

1. ［德］柯武刚、史漫飞：《制度经济学：社会秩序与公共政策》，韩朝华译，商务印书馆 2000 年版。

2. ［德］马克思、恩格斯：《马克思恩格斯全集》（第 26 卷），人民出版社 1974 年版。

3. ［德］马克思、恩格斯：《马克思恩格斯选集》（第 2 卷），人民出版社 1995 年版。

4. ［德］《马克思恩格斯文集》（第 9 卷），人民出版社 2009 年版。

5. ［法］保尔·昂利·霍尔巴赫：《自然的体系》，管士滨译，商务印书馆 1964 年版。

6. 〔古希腊〕柏拉图：《法律篇》，张智仁、何勤华译，上海人民出版社 2001 年版。

7. ［加］彼得·特扎基安、基思·霍利汉：《破解能源饥渴症：未来低碳之路》，裴文斌等译，石油工业出版社 2010 年版。

8. ［加］格温·戴尔：《气候战争》，冯斌译，中信出版社 2010 年版。

9. ［美］埃德加·博登海默：《法理学——法律哲学与法律方法》，邓正来译，中国政法大学出版社 1999 年版。

10. ［美］保罗·A. 萨缪尔森、威廉·D. 诺德豪斯：《经济学》（第十四版），首都经济贸易大学出版社 1996 年版。

11. ［美］戴维·M. 德瑞森：《法律的动态经济分析》，王颖译，复旦大学出版社 2015 年版。

12. ［美］丹尼尔·H. 科尔：《污染与财产权》，严厚福、王社坤译，北京大学出版社 2009 年版。

13. ［美］弗雷德·克鲁普、米丽亚姆·霍恩：《决战新能源——一场影响国家兴衰的产业革命》，陈茂云等译，东方出版社 2010 年版。

14. ［美］格雷戈里·祖克曼：《页岩革命：新能源亿万富豪背后的惊人故事》，艾博译，中国人民大学出版社 2014 年版。

15. ［美］凯斯·R. 孙斯坦：《自由市场与社会正义》，金朝武、胡爱平、乔聪启译，中国政法大学出版社 2002 年版。

16. ［美］马立博：《中国环境史：从史前到现代》，关永强、高丽洁译，中国人民大学出版社 2015 年版。

17. ［美］托马斯·库恩：《科学革命的结构》，金吾伦、胡新和译，北京大学出版社 2003 年版。

18. ［美］威廉·P. 坎宁安主编：《美国环境百科全书》，张坤民译，湖南科学技术出版社 2003 年版。

19. ［美］约翰·罗尔斯：《正义论》，何怀宏、何包钢、廖申白译，中国社会科学出版社 1988 年版。

20. ［美］约瑟夫·P. 托梅因、理查德·D. 卡达希：《美国能源法》，万少廷译，法律出版社 2008 年版。

21. ［日］桥本道夫：《日本环保行政亲历记》，冯叶译，中信出版社 2007 年版。

22. ［以色列］尤瓦尔·赫拉利：《人类简史——从动物到上帝》，林俊宏译，中信出版社 2014 年版。

23. ［英］哈耶克：《法律、立法与自由》（第一卷），邓正来、张守东、李静冰译，中国大百科全书出版社 2000 年版。

24. ［英］哈耶克：《自由秩序原理》（上册），邓正来译，生活·读书·新知三联书店 1997 年版。

25. ［英］梅因：《古代法》，沈景一译，商务印书馆 1984 年版。

三　学术论文

1. ［加］罗兰·普里德尔：《美国和加拿大石油天然气行业监管体制简介》，《国际石油经济》2001 年第 2 期。

2. 常纪文：《〈中华人民共和国气候变化应对法〉有关公众参与条文

的建议稿》，《法学杂志》2015 年第 2 期。

3. 陈德胜、雷家骕：《法、德、美、日四国的战略石油储备制度比较与中国借鉴》，《太平洋学报》2006 年第 2 期。

4. 陈海君：《德国的可再生能源法及其借鉴意义》，《环境科学与管理》2006 年第 1 期。

5. 陈海嵩：《日本的节能立法及制度体系》，《节能与环保》2010 年第 1 期。

6. 陈军平、马英娟：《行政决策中的公众参与机制》，《中国行政管理》2009 年第 1 期。

7. 陈丽萍：《美国煤炭资源立法概览》，《国土资源情报》2007 年第 4 期。

8. 陈莉、任玉：《页岩气开采的环境影响分析》，《环境与可持续发展》2012 年第 3 期。

9. 陈卫平：《日本的核电劳工》，《读书》2016 年第 8 期。

10. 邓海峰、刘玲利：《论能源立法的低碳化》，《中国石油大学学报》（社会科学版）2010 年第 2 期。

11. 董维武：《国外煤炭资源的管理——美国、南非、俄罗斯的实证分析》，《中国煤炭》2001 年第 9 期。

12. 董秀成、佟金辉、李君臣：《我国天然气价格改革浅析》，《中外能源》2010 年第 9 期。

13. 杜东亚：《中外石油法律体制比较研究》，《中国石油和化工》2005 年第 4 期。

14. 杜群、陈海嵩：《德国能源立法和法律制度借鉴》，《国际观察》2009 年第 4 期。

15. 杜群、廖建凯：《澳大利亚的能源法律制度及其借鉴》，《时代法学》2009 年第 3 期。

16. 杜群、廖建凯：《德国与英国可再生能源法之比较及对我国的借鉴意义》，《法学评论》2011 年第 6 期。

17. 杜祥琬：《中国能源的可持续发展之路》，《求是论坛》2006 年第 22 期。

18. 段治平、周传爱、姜爱萍：《我国煤炭成本核算存在的问题及对策建议》，《价格理论与实践》2007 年第 6 期。

19. 范珊珊：《电力规划缺位 10 年后遗症》，《广西电业》2015 年第 5 期。

20. 方忠于、朱英、石宝明：《国外石油立法》（一），《当代石油石化》2003 年第 10 期。

21. 方忠于、朱英、石宝明：《国外石油立法》（二），《当代石油石化》2003 年第 11 期。

22. 付蓉：《国外绿色电价项目及对我国的借鉴意义》，《中国能源》2011 年第 10 期。

23. 傅玥雯：《我国石油储备大事记》，《中国能源报》2010 年 2 月 8 日。

24. 高沛峻：《欧洲能源政策与建筑节能标识制度》，《建设科技》2006 年第 19 期。

25. 高萍：《丹麦'绿色税收'探析》，《税务研究》2005 年第 4 期。

26. 高世宪等：《能源战略和政策的回顾与评估》，《经济研究参考》2004 年第 83 期。

27. 何刚、张国枢：《国外煤矿安全生产管理经验对我国的借鉴意义》，《中国煤炭》2006 年第 7 期。

28. 何国家：《国外煤炭行业管理和政策对我国的借鉴意义》，《中国煤炭》2007 年第 1 期。

29. 贺嘉、刘辉等：《欧洲管道立法管窥（之一）——俄罗斯、西班牙、英国石油天然气管道保护立法考察》，《中国石油企业》2006 年第 5 期。

30. 洪波、许红：《欧美的天然气定价机制及价格监管对我国的启示》，《石油规划设计》2009 年第 1 期。

31. 华旺：《独具特色的丹麦能源发展战略》，《广西电业》2007 年第 3 期。

32. 黄婧：《论美国能源监管立法与能源管理体制》，《环境与可持续发展》2012 年第 2 期。

33. 黄清：《我国煤炭资源地质勘探存在的问题及对策》，《煤炭经济研究》2005 年第 1 期。

34. 霍小丽：《国外天然气定价机制及对我国的启示》，《中国物价》2008 年第 11 期。

35. 霍小丽：《我国天然气定价机制的建立与完善》，《中国物价》2007 年第 11 期。

36. 姜贤荣：《丹麦节能情况考察报告》，《节能》1991 年第 10 期。

37. 姜雅：《日本节能规划的战略目标及其保障措施》，《中国金属通报》2010 年第 6 期。

38. 蒋懿：《德国可再生能源法对我国立法的启示》，《时代法学》2009 年第 6 期。

39. 金明红、李爱仙：《我国能效标识制度核心概念辨析》，《节能与环保》2005 年第 2 期。

40. 晋自力、陈松伟：《英国电力市场化改革的启示》，《经营与管理》2010 年第 1 期。

41. 李安平：《浅谈我国电力需求侧管理存在的问题及完善策略》，《科技论坛》2011 年第 10 期。

42. 李昌麒：《论市场经济、政府干预和经济法之间的内在联系》，载杨紫烜主编《经济法研究》（第 1 卷），北京大学出版社 2000 年版。

43. 李慧凤、杜春丽：《从环境税制国际实践看我国污染税制度建设》，《中国流通经济》2007 年第 5 期。

44. 李嘉龙、王炳焱：《上网电价定价方法比较》，《电力技术经济》2006 年第 3 期。

45. 李军：《我国能源管理现状及思考》，《技术与创新管理》2011 年第 6 期。

46. 李启家：《环境法领域利益冲突的识别与衡平》，《法学评论》2015 年第 6 期。

47. 李清芬：《我国天然气定价机制改革研究》，《中国证券期货》2012 年第 12 期。

48. 李庆保：《电力法的绿化研究——兼论美国清洁电力立法对我国的借鉴意义》，《法制与社会》2010 年第 10 期。

49. 李瑞庆、魏学好：《德国电力市场化改革的启示》，《华东电力》2007 年第 1 期。

50. 李艳芳、岳小花：《美国可再生能源配额制及其启示——基于德克萨斯的经验分析》，《清华法治论衡》2010 年第 1 期。

51. 李艳芳：《各国应对气候变化立法比较及其对中国的启示》，《中国人民大学学报》2010 年第 4 期。

52. 李铮等：《欧盟和丹麦建筑节能技术与政策》，《建筑科技》2015
年第 4 期。

53. 李正：《我国海洋石油污染民事赔偿研究——以 BP 公司民事赔偿
为例》，《生态经济》2013 年第 6 期。

54. 梁朝辉：《国际经验对我国能源管理机构改革的启示》，《世界经
济与政治论坛》2008 年第 1 期。

55. 刘建国、梁琦：《'一带一路'能源合作问题研究》，《中国能源》
2015 年第 7 期。

56. 刘戒骄、魏景柱：《英国电力产业的放松管制与竞争机制的引
入》，《首都经济贸易大学学报》2002 年第 4 期。

57. 刘玲、赵婧：《我国石化行业温室气体排放源识别》，《化工环
保》2013 年第 4 期。

58. 刘玲：《美国石油污染损害赔偿制度对我国的启示——以海洋石
油开发为视角》，《河北法学》2013 年第 7 期。

59. 刘谦、杨选兴、梁欣漾、张海：《对上网电价形成机制的探讨》，
《价格理论与实践》2007 年第 1 期。

60. 刘瑾、江敏、范巍：《英国油气管道环境保护立法研究》，《中国
石油企业》2010 年第 12 期。

61. 栾凤奎、贾俊国、韩英豪、周文瑜、曾鸣：《日本电力工业改革
及其对我国电力市场建设的借鉴》，《华东电力》2006 年第 9 期。

62. 罗东坤、褚王涛：《借鉴欧美经验制定中国天然气法律》，《天然
气工业》2007 年第 1 期。

63. 罗丽：《日本能源政策动向及能源法研究》，《法学论坛》2007 年
第 1 期。

64. 马飞、李丽等：《我国天然气定价机制改革问题研究》，《价格理
论与实践》2013 年第 3 期。

65. 马延琛、吴兆雪：《中国新能源安全观与实现全球能源安全》，
《东北亚论坛》2007 年第 4 期。

66. 马振岗：《应对'一带一路'安全风险》，《中国投资》2015 年第
5 期。

67. 牟迈：《江苏海上风电特许权项目开标：上网电价背后的玄机》，

《风能》2010 年第 8 期。

68. 倪维斗、陈贞、麻木巍、付峰、李政、高健：《关于广义节能的思考》，载张坤民、潘家华、崔大鹏主编《低碳发展论》，中国环境科学出版社 2009 年版。

69. 聂光华：《我国天然气定价机制研究》，《中国青年政治学院学报》2013 年第 1 期。

70. 潘小娟：《外国能源管理机构设置及运行机制研究》，《中国行政管理》，2008 年 3 月。

71. 裴丽萍、杨名舟：《论中国电力法基本制度的创新——兼论中国电力市场的培育》，《中国法学》1998 年第 5 期。

72. 彭斯震等：《中国适应气候变化政策现状、问题和建议》，《中国人口资源与环境》2015 年第 9 期。

73. 阙光辉：《日本电力市场化改革最新进展及启示》，《电力技术经济》2007 年第 3 期。

74. 石娟、刘珍：《电价形成机制的国际经验及启示》，《学术论坛》2015 年第 5 期。

75. 史丹、冯永晟、李雪慧：《深化中国能源管理体制改革——问题、目标、思路与改革重点》，《中国能源》2013 年第 1 期。

76. 帅健：《美国油气管道的安全管理体系研究》，《油气储运》，2008 年第 7 期。

77. 谭文兵：《澳大利亚矿产资源开发管理及其对我国的借鉴意义》，《矿山机械》2008 年第 2 期。

78. 王峰峰：《日本新能源推进机制建设的最新动向及启示》，《能源技术经济》2010 年第 4 期。

79. 王海生：《2013 年国内煤矿生产安全事故统计分析》，《中州煤炭》2014 年第 9 期。

80. 王明远：《我国天然气输配管网经营准入制度研究》，《清华法学》2008 年第 6 期。

81. 王世声、杨涌江：《改革我国石油管理体制的主要思路》，《中国石化》2005 年第 9 期；

82. 王书生、赵浩君：《可再生能源发展的税收激励政策探》，《华北电力大学学报》2007 年第 2 期。

83. 王威:《巴西油气管理体制及其对我国的启示》,《国土资源情报》2007 年第 8 期。

84. 王文革:《论完善中国能效标准制度的对策》,载肖国兴、叶荣泗主编《中国能源法研究报告》,法律出版社 2010 年版。

85. 卫辑:《德国的矿山安全卫生立法》,《劳动安全与健康》1998 年第 5 期。

86. 温宗国、王迪、周爱国、陈吉宁:《跨国石油公司环境保护机制的比较分析》,《油气田环境保护》2008 年第 9 期。

87. 吴宇:《石油行业的环保现状》,《环境教育》2009 年第 2 期。

88. 吴志忠:《日本新能源政策与法律及其对我国的借鉴》,《法学杂志》2013 年第 1 期。

89. 吴钟瑚:《电力规划思路与制度创新》,《中国发展观察》2009 年第 7 期。

90. 夏先良:《新能源技术转让需要强健的知识产权保护》,《中国能源》2012 年第 10 期。

91. 肖钢、白玉湖:《基于环境保护角度的页岩气开发黄金准则》,《天然气工业》2012 年第 9 期。

92. 肖国兴:《再论能源革命与法律革命的维度》,《中州学刊》2016 年第 1 期。

93. 肖乾刚、姜建初:《资源法制:创新与重构——可持续发展与我国自然资源法制》,载杨紫烜主编《经济法研究》(第 1 卷),北京大学出版社 2000 年版。

94. 肖勇、肖刚:《从电业权法律制度看我国的电力体制改革》,《华北电力大学学报》(社会科学版)2004 年第 2 期。

95. 邢荣华:《加快石油天然气立法》,《油气田地面工程》2006 年第 6 期。

96. 徐冬青:《中国能源安全战略体系的构建》,《市场周刊》2009 年第 6 期。

97. 杨晨曦:《'一带一路'区域能源合作中的大国因素及应对策略》,《新视野》2014 年第 4 期。

98. 杨逢珉、鲍华钧:《国际原油价格与中国能源安全》,《中国高新技术企业》2009 年第 21 期。

99. 杨凤玲、杨庆泉、金东琦：《英国天然气行业政府管制及立法》，《上海煤气》2004 年第 1 期。

100. 杨惜春：《论我国风能资源开发利用法律制度》，《可再生能源》2010 年第 2 期。

101. 余敏友、唐旗：《能源安全观的变迁与国际能源机制的演进》，载肖国兴、叶荣泗主编《中国能源法研究报告》，法律出版社 2010 年版。

102. 于文轩、褚建鑫：《"一带一路"视域下的能源国际合作》，《人民法治》2015 年第 11 期。

103. 于文轩、杨芸汀：《我国风电产业'弃风'问题的法律应对》，《中共长春市委党校学报》2015 年第 4 期。

104. 于文轩：《论我国生态损害赔偿金的法律制度构建》，《吉林大学社会科学学报》2017 年第 5 期。

105. 于文轩：《美国能源安全立法及其对我国的借鉴意义》，《中国政法大学学报》2011 年第 6 期。

106. 于文轩：《石油天然气法基本原则探析——以应对气候变化为背景》，载中国社会科学院法院法学研究所社会法研究室编《中国环境法治》2009 年卷（上），法律出版社 2010 年版。

107. 于文轩：《自然资源物权：政策倾向与调整手段》，《山东科技大学学报》（社会科学版）2012 年第 1 期。

108. 于杨曜：《论日本太阳能利用法律制度及其对我国的借鉴》，载肖国兴、叶荣泗主编《中国能源法研究报告》，法律出版社 2010 年版。

109. 于左：《美国矿地复垦法律的经验及对中国的启示》，《权威论坛》2005 年第 5 期。

110. 张海滨：《目前我国天然气定价机制存在的主要问题及对策初探》，《中国科技信息》2009 年第 7 期。

111. 张金川等：《页岩气及其勘探研究意义》，《现代地质》2008 年第 4 期。

112. 张钦：《有关我国电价改革的几点探讨》，《能源技术经济》2011 年第 2 期。

113. 张瑞、高阳：《上海市绿色电力营销策略研究》，《电力需求侧管理》2007 年第 4 期。

114. 张生玲、魏晓博、张晶杰：《"一带一路"战略下中国能源贸易与合作展望》，《国际贸易》2015 年第 8 期。

115. 张文亮、刘壮志、王明俊、杨旭升：《智能电网的研究进展及发展趋势》，《电网技术》2009 年第 13 期。

116. 张正敏、李京京、李俊峰：《美国可再生能源政策》，《中国能源》1999 年第 6 期。

117. 张忠民：《新能源专利联盟的法律规制》，《科技进步与对策》2016 年第 8 期。

118. 赵曙春：《国外电价政策借鉴》，《电力系统自动化》2000 年第 16 期。

119. 郑娟尔、余振国、冯春涛：《澳大利亚矿产资源开发的环境代价及矿山环境管理制度研究》，《中国矿业》2010 年第 11 期。

120. 周凤翱、丛丹：《国际原子能机构核保障制度及其立法对我国的启示》，《华北电力大学学报》（社会科学版）2015 年第 5 期。

121. 周晓东、胡振琪：《石油天然气开发对生态环境的破坏与治理》，《资源·产业》2000 年第 7 期。

122. 周勇刚：《丹麦能源发展战略：节能与环保并举》，《可编程控制器与工厂自动化》2010 年第 5 期。

123. 周玉华、苏宇、郑磊：《煤炭资源安全法律问题的思考》，《北方经贸》2007 年第 2 期。

124.《商务周刊》编辑部：《遥遥无期的输配分离》，《商务周刊》2010 年第 5 期。

125.《世界煤炭工业发展报告》课题组：《英国煤炭工业》，《煤炭科学技术》1999 年第 5 期。

四　研究报告、技术指南和统计文献

1.《BP 世界能源统计（2017 年）》。

2.《国外天然气经济研究》课题组编译：《美国天然气工业与天然气交易》，石油工业出版社 2004 年版。

3. 2010—2016 年《国民经济和社会发展统计公报》。

4. 2017 年《BP 世界能源统计年鉴》。

5. 崔民选主编：《2016 年中国能源发展报告》，社会科学文献出版社 2016 年版。

6. 国际能源署:《开发中国的天然气市场——能源政策的挑战》,朱起煌等译,地质出版社 2003 年版。

7. 国家发展和改革委员会:《中国应对气候变化的改革与行动——2015 年度报告》,2015 年。

8. 国家发展改革委经济体制与管理研究所、《中国石油天然气行业监管体系研究》项目组:《中国石油天然气行业监管体系研究》,石油工业出版社 2007 年版。

9. 国家发展改革委能源局、国家发展改革委能源研究所、中国资源综合利用协会可再生能源专业委员会、中国可再生能源学会产业工作委员会:《我国可再生能源产业发展报告》,2008 年 5 月。

10. 国家发展和改革委员会能源研究生课题组:《中国 2050 年低碳发展之路——能源需求暨碳排放情景分析》,科学出版社 2010 年版。

11. 国家发展改革委石油储备办公室、国家开发银行企业局、中国石油化工集团公司经济技术研究院、国家财政部经济建设司编译:《石油供应安全——2000 年国际能源署成员国应急潜力》,石油工业出版社 2006 年版。

12. 国家统计局:《2011 年国民经济和社会发展统计公报》,2012 年。

13. 国家统计局:《2016 年国民经济和社会发展统计公报》,2017 年。

14. 国务院新闻办公室:《中国的能源状况与政策》,2007 年。

15. 国务院新闻办公室:《中国的能源状况与政策》,2016 年。

16. 华北电力大学高教所编:《新能源与可再生能源发展动态汇编》,2009 年第 12 期。

17. 华建敏:《全国人大常委会执法检查组关于检查〈中华人民共和国节约能源法〉实施情况的报告》。

18. 基础设施咨询基金、世界银行、中国国务院体改办经济体制与管理研究所:《中国:天然气长距离运输和城市配气的经济监管》,石油工业出版社 2002 年版。

19. 雷涯邻、王丽艳等:《中国石油天然气市场管理法研究报告》,2008 年 8 月。

20. 林伯强主编:《中国能源发展报告 2008》,中国财政经济出版社 2008 年版。

21. 史丹等:《中国能源工业市场化改革研究报告》,经济管理出版社

2006 年版。

22. 世界银行、国务院体改办经济体制与管理研究所：《中国石油天然气行业现代化结构改革和监管》，中国财政经济出版社 2001 年版。

23. 魏一鸣、刘兰翠、范英等：《中国能源报告（2008）：碳排放研究》，科学出版社 2008 年版。

24. 魏一鸣等：《中国石油天然气工业上游技术政策研究报告》，科学出版社 2006 年版。

25. 肖国兴、叶荣泗主编：《中国能源法研究报告 2008》，法律出版社 2009 年版。

26. 肖国兴、叶荣泗主编：《中国能源法研究报告 2009》，法律出版社 2010 年版。

27. 薛进军、赵忠秀主编，《中国低碳经济发展报告（2012）》，社会科学文献出版社 2012 年版。

28. 中共中央办公厅国务院办公厅：《关于在部分省份开展生态环境损害赔偿制度改革试点的报告》，2016 年 8 月。

29. 中国能源发展报告编辑委员会：《2007 中国能源发展报告》，中国水利水电出版社 2007 年版。

30. 中国—欧盟能源环境法项目：《世界典型国家不同阶段天然气发展的政策措施及对中国的启示》，2005 年。

31. 中国三星经济研究院：《中国的能源危机与替代能源开发》，2010 年 8 月。

32. 中国循环经济协会可再生能源专业委员会、中国可再生能源学会风能专业委员会、全球风能理事会编制：《中国风电发展报告》（2015），2015 年。

五　会议文献

1. ［加］马乐飞（Michael Laffin）：《加拿大石油天然气业监管框架》（演讲稿），2013 年 10 月 14 日。

2. 史丹：《中国石油工业体制改革的成效、问题及其深化措施》，《打造中国的能源安全》（研讨会资料），2006 年 9 月。

六　报纸资料

1. 何德功：《日本石油期货市场起步晚发展快》，《经济参考报》

2012 年 7 月 12 日。

2. 胡锦涛：《在八国集团同发展中国家领导人对话会议上的书面讲话》，《人民日报》2006 年 7 月 18 日。

3. 黄少中：《加快推进电价改革的基本构想》，《中国能源报》2013年 2 月 25 日。

4. 林伯强：《"政监合一"的大能源监管》，《中国能源报》2013 年 9月 9 日。

5. 卢炳根：《直购电尚需加快择点试行》，《中国能源报》2016 年 4月 11 日。

6. 王秀强：《缓采为储'煤炭储备'写入新〈煤炭法〉》，《世纪经济报道》2010 年 8 月 18 日。

7. 余家豪：《"一带一路"能源合作聚焦三大关键词》，《中国石油报》2015 年 3 月 10 日。

8. 张卫东：《加强完善电力规划机制迫在眉睫》，《中国能源报》2013 年 4 月 8 日。

七　词典

1. 李行健主编：《现代汉语规范词典》，外语教学与研究出版社、语文出版社 2004 年版。

2. 王庆一主编：《能源词典》（第 2 版），中国石化出版社 2005 年版。

3. 中国社会科学院语言研究所词典编辑室编：《现代汉语词典》，商务印书馆 2002 年版。

八　外文文献

1. Andrea Larson and Stephen Keach, *Wind Power*, 2008.

2. Daniel Yergin, "What Does Energy Security Really Means?" *The Wall Street Journal*, July 11, 2006.

3. F. Peter, W. Winteringham, *Energy Use and the Environment*, Lewis Publishers, 1992.

4. Gesetzzur Forderung der Energiewirtschaft—Energiewirtschaftsgesetz (EnWG) of 13 Dezember in 1935. BGBI.

5. Khairul Naim Adham, Chamhuri Siwar, "Empirical Investigation of

Government Green Procurement（GGP）Practices in Malaysia", *OIDA International Journal of Sustainable Development*, Vol. 4, No. 4, 2012.

6. Lincoln L. Davies, "Incentivizing Renewable Energy Deployment: Renewable Portfolio Standards and Feed-In Tariffs", *KLRI Journal of Law and Legislation*, Vol. 1, 2011.

7. Marybeth Holleman, *The Lingering Lessons of the Exxon Valdez Spill*, Seattle Times, 2004.

8. Merrill Jones Barradale, *Impact of Policy Uncertainty on Renewable Energy Investment: Wind Power and PTC*, 2008.

9. Michael Economides, Ronald Oligney, *The Color Of Oil-The History, the Money and the Politics of the World's Biggest Business*, Round Oak Publishing Company, 2000.

10. NRDC, *Reference/Links Glossary of Environmental Terms*, see http://www.nrdc.org/reference/glossary/a.asp, last visited December 1, 2011.

11. Paul A. Samuelson, William D. Nordhaus, *Economics*, McGraw-Hill, 2000.

12. Peter Cameron, *Competition in Energy Market: Law and Regulation in the European Union*, Oxford University Press, 2002.

13. Peter Cameron, *Legal Aspects of EU Energy Regulation*, Oxford University Press, 2005.

14. Richard Eden, Michael Posner, Richard Bending, Edmund Crouch, Joe Stanislaw, *Energy Economics*, Cambridge University Press, 1981.

15. Richard L. Gordon, *An Economic Analysis of World Energy Problems*, The MIT Press, 1981.

16. 桐原貴大、甘利朋矢:「日本の省エネルギー政策の最新動向と今後求められる方向性」,「みずほ情報総研レポート2013 社会動向レポート」。

17. 不動弘幸:「エネルギー管理士試験（熱分野）徹底研究」, オーム社 2010 年版。

18. 近藤かおり:「デンマークのエネルギー政策について―風力発電の導入政策を中心に―」,「レファレンス」平成 25 年（2013 年）9 月号。

19. 経済産業省資源エネルギー庁:「トップランナーの基準――世界最高の省エネルギー機器の創出に向けて」2010 年 3 月。

后　记

我拾到一颗珍珠，那是你的目光。

我小心地吹落尘土，深藏心中。①

　　每部书都记录一段历程，并督促自己完成一次系统的自我反思。这是我的第五部独著专著，也是我在能源法领域的第三部独著专著。六年多的成书过程记录了我在能源法学研究和教学过程中探索与思考的点滴收获。

　　书稿从最初的 40 余万字一直删减完善到如今的篇幅，已记不清到底修改了多少稿。这并非是在研究过程中运用"四十岁后做减法"的人生法则，而是从读者角度进行的调整。除篇幅变化外，在这六年间，通篇结构也在不断调整。我力图以顺畅的逻辑将这些年来在能源法方面的研究成果呈现在读者面前。

　　坦白地讲，这是一部尚未给我自己以足够的完成感的著作。我深刻地体会到了何为"生也有涯，而知也无涯"，也同样深刻地体会到了"以有涯随无涯，殆已"。② 于是，尽管在极尽完美的无涯的追求与身处其中且日日触及的有涯的现实之间，我选择了中庸、平衡与妥协。然而，"中庸其至矣乎，民鲜能久矣"③。既为民，亦难逃此律：我同样未能从自己的中庸中找到足够的完成感。据说，未完之后，通常为"待续"。如此甚好，因之为自己留下了通常所说的（客观上的）"空间"，或称（主观上的）"念想"。我甚至现在就开始期冀在未来的研究中，继续添砖加瓦，不断增添这种完成感。这也使我忆起马克思的一句耳熟能详的论断："在科学上没有平坦的大道，只有不畏劳苦沿着陡峭山路攀登的人，才有希望

---

　　①　出自作者于 1993 年 3 月创作的一首诗。

　　②　《庄子·内篇·养生主》。

　　③　《中庸》第三章。

达到光辉的顶点。"① 是为我愿，孜孜以求之。

我要感谢肖乾刚教授、王灿发教授、孙佑海教授、周凤翔教授、肖国兴教授、李艳芳教授、曹明德教授、王明远教授、李显冬教授、张利宾律师、Michael Dworkin 教授和 Michael Laffin 先生给我的支持和启发。杨罕玲女士为本书石油天然气法制部分提供了诸多具有建设性的意见和建议，衷致谢意。本书最后一章的部分观点源于我与田丹宇和褚建鑫分别合著的论文，感谢二位的贡献。在本书多年的研究和撰写过程中，陈世寅、朱炳成、董坡、贺俊红、朱婷婷、黄厚秘、景璐、汪庆、王婉琳、徐衫、郭瑞丽、杨芸汀、曾娅平、李梦晓、姚丽静、李涛、杨敏、刘品祎、孙阳阳和周征宇，以不同的形式对我的研究工作给予支持，孙昭宇协助对全书进行了勘校，衷致谢意。梁剑琴博士为本书的编辑和出版付出了巨大的努力，深致谢意。

是为后记。

于文轩

2017 年 12 月 31 日

于中国政法大学学院路校区

---

① 马克思：《资本论（第一卷）》，《马克思恩格斯文集》第 5 卷，人民出版社 2009 年版，第 24 页。